CHINA TRANSPORT STATISTICAL YEARBOOK 2016

2016 中国交通运输统计年鉴

中华人民共和国交通运输部 编

Compiled by Ministry of Transport of the People’s Republic of China

人民交通出版社股份有限公司

图书在版编目（CIP）数据

2016中国交通运输统计年鉴 / 中华人民共和国交通运输部编. — 北京：人民交通出版社股份有限公司，2017.12
ISBN 978-7-114-14333-5

Ⅰ.①2… Ⅱ.①中… Ⅲ.①交通运输业—统计资料—中国—2016—年鉴 Ⅳ.①F512.3-54

中国版本图书馆CIP数据核字(2017)第280228号

书　　名：	2016中国交通运输统计年鉴
著　作　者：	中华人民共和国交通运输部
责任编辑：	张征宇　陈　鹏
出版发行：	人民交通出版社股份有限公司
地　　址：	（100011）北京市朝阳区安定门外外馆斜街3号
网　　址：	http://www.ccpress.com.cn
销售电话：	（010）59757973
总 经 销：	人民交通出版社股份有限公司发行部
经　　销：	各地新华书店
印　　刷：	北京盛通印刷股份有限公司
开　　本：	880×1230　1/16
印　　张：	16.5
字　　数：	484千
版　　次：	2017年12月　第1版
印　　次：	2017年12月　第1次印刷
书　　号：	ISBN 978-7-114-14333-5
定　　价：	300.00元

（有印刷、装订质量问题的图书由本公司负责调换

本书附同版本CD-ROM一张，光盘内容以书面文字为准）

《2016 中国交通运输统计年鉴》
编委会和编辑工作人员

编 委 会

主　　　任：	李小鹏	交通运输部	部　　长
副 主 任：	戴东昌	交通运输部	副部长
编　　委：	陈　健	交通运输部综合规划司	司　　长
	徐亚华	交通运输部运输服务司	司　　长
	庞　松	交通运输部科技司	司　　长
	智广路	交通运输部中国海上搜救中心	副主任
	王振亮	交通运输部救捞局	局　　长
	石宝林	交通运输部科学研究院	院　　长
	陈胜营	交通运输部规划研究院	院　　长

编辑工作人员

总 编 辑：陈 健

副 总 编 辑：毛 健　崔学忠

编 辑 部 主 任：郑文英

编辑部副主任：宋颖欣　余高潮

编 辑 人 员：许宝利　林小平　刘秀华　张 慧　刘 方　王 哲
　　　　　　武瑞利　王望雄　王 涛　余丽波　宋晓丽　张子晗
　　　　　　宋肖红　张若旗　潘 伟　程 长　马海燕　夏 丹
　　　　　　龙博学　陈 捷　赵 源　张 赫　张皖杉　岳 雷
　　　　　　徐瑞光　仵思燃　杜雅萍　李贺华　王英平

编 者 说 明

一、为全面反映我国公路、水路交通运输业发展状况，方便各界了解中国交通运输建设与发展现状，交通运输部组织编辑了《2016中国交通运输统计年鉴》，供社会广大读者作为资料性书籍使用。

二、《2016中国交通运输统计年鉴》收录了2016年交通运输主要指标数据，正文内容具体分为交通运输综合指标、公路运输、水路运输、城市客运、港口吞吐量、交通固定资产投资、交通运输科技、救助打捞8篇。附录简要列示了1978年以来的交通运输主要指标，各篇前设简要说明；简要概述本部分的主要内容、资料来源、统计范围、统计方法以及历史变动情况等；各篇末附主要统计指标解释。

三、本资料的统计数据来自于交通运输部综合规划司、运输服务司、科技司、救捞局、中国海上搜救中心，国家铁路局、中国民用航空局、国家邮政局等；个别指标数据引自国家统计局的统计资料。统计数据由交通运输部科学研究院交通信息中心负责整理和汇总。

四、根据2015年开展的公路水路运输量小样本抽样调查，对2015年公路水路运输量统计数据进行了调整。本资料中有关2016年年度公路水路客货运输量同期比均基于调整后的数据进行计算。

五、从2010年起，由交通运输部门管理的公共汽车、出租车不再纳入公路载客汽车统计，该部分数据纳入城市客运运力统计。

六、从2016年2月起，因安徽省部分行政区划和所在地市港口行政部门调整，安庆港、铜陵港、淮南港同期比按可比口径进行计算。

七、本资料中所涉及的全国性统计资料，除国土面积外，均未包括香港和澳门特别行政区以及台湾省的数据。

八、本资料部分数据对因计算单位取舍不同或计算时四舍五入而产生的计算误差未做调整。

九、本资料的符号使用说明：

"-"表示该项数据为零，或没有该项数据，或该项数据不详；

"/"表示该项不宜比较；

"…"表示该项数据不足最小单位数；

"#"表示其中的主要项；

"*"或"1、2、…"表示有注解。

中华人民共和国交通运输部

二〇一七年九月

目 录 CONTENTS

一、交通运输综合指标

简要说明 ·· (2)
1-1　国民经济主要指标 ··· (3)
1-2　交通运输主要指标 ··· (4)

二、公路运输

简要说明 ·· (8)
2-1　全国公路里程（按行政等级分） ··· (9)
2-2　全国公路里程（按技术等级分） ··· (10)
2-3　国道里程（按技术等级分） ··· (11)
2-4　省道里程（按技术等级分） ··· (12)
2-5　县道里程（按技术等级分） ··· (13)
2-6　乡道里程（按技术等级分） ··· (14)
2-7　专用公路里程（按技术等级分） ··· (15)
2-8　村道里程（按技术等级分） ··· (16)
2-9　全国公路里程（按路面类型分） ··· (17)
2-10　国道里程（按路面类型分） ··· (18)
2-11　省道里程（按路面类型分） ··· (19)
2-12　县道里程（按路面类型分） ··· (20)
2-13　乡道里程（按路面类型分） ··· (21)
2-14　专用公路里程（按路面类型分） ··· (22)
2-15　村道里程（按路面类型分） ··· (23)
2-16　全国公路养护里程 ··· (24)
2-17　全国公路绿化里程 ··· (25)
2-18　全国高速公路里程 ··· (26)
2-19　全国公路密度及通达率 ··· (27)
2-20　公路桥梁（按使用年限分） ··· (29)
2-21　公路桥梁（按跨径分） ··· (30)
2-22　公路隧道、渡口 ··· (32)
2-23　全国公路营运车辆拥有量 ··· (34)

2-24	公路客、货运输量	(36)
2-25	交通拥挤度情况	(37)
2-26	道路运输经营业户数	(38)
2-27	道路运输相关业务经营业户数	(40)
2-28	道路客运线路班次	(42)
2-29	道路运输从业人员数	(44)
2-30	机动车维修业及汽车综合性能检测站	(45)
2-31	2016年、2015年出入境汽车运输对比表	(48)
2-32	出入境汽车运输——分国家（特别行政区）运输完成情况	(50)
2-33	出入境汽车运输——中方完成运输情况	(52)
	主要统计指标解释	(54)

三、水路运输

	简要说明	(56)
3-1	全国内河航道通航里程数（按技术等级分）	(57)
3-2	全国内河航道通航里程数（按水系分）	(58)
3-3	全国内河航道通航里程数（按水域类型分）	(59)
3-4	各水系内河航道通航里程数（按技术等级分）	(60)
3-5	各水域类型内河航道通航里程数（按技术等级分）	(60)
3-6	全国内河航道枢纽及通航建筑物数（按行政区域分）	(61)
3-7	全国水路运输工具拥有量	(62)
3-8	远洋运输工具拥有量	(66)
3-9	沿海运输工具拥有量	(70)
3-10	内河运输工具拥有量	(74)
3-11	水路客、货运输量	(78)
3-12	水路旅客运输量（按航区分）	(79)
3-13	水路货物运输量（按航区分）	(80)
3-14	海上险情及搜救活动	(81)
	主要统计指标解释	(82)

四、城市客运

	简要说明	(84)
4-1	全国城市客运经营业户	(85)
4-2	全国城市客运从业人员	(87)
4-3	全国城市客运设施	(88)
4-4	全国公共汽电车数量	(89)
4-5	全国公共汽电车数量（按长度分）	(90)
4-6	全国公共汽电车数量（按燃料类型分）	(91)
4-7	全国公共汽电车数量（按排放标准分）	(92)
4-8	全国公共汽电车场站及线路	(93)

4-9	全国公共汽电车客运量	(94)
4-10	全国出租汽车车辆数	(95)
4-11	全国出租汽车运量	(96)
4-12	全国轨道交通运营车辆数	(97)
4-13	全国轨道交通运营线路条数	(98)
4-14	全国轨道交通运营线路总长度	(99)
4-15	全国轨道交通运量	(100)
4-16	全国城市客运轮渡船舶及航线数	(101)
4-17	全国城市客运轮渡运量	(102)
4-18	中心城市城市客运经营业户	(103)
4-19	中心城市城市客运从业人员	(105)
4-20	中心城市城市客运设施	(106)
4-21	中心城市公共汽电车数量	(107)
4-22	中心城市公共汽电车数量（按长度分）	(108)
4-23	中心城市公共汽电车数量（按燃料类型分）	(109)
4-24	中心城市公共汽电车数量（按排放标准分）	(110)
4-25	中心城市公共汽电车场站及线路	(111)
4-26	中心城市公共汽电车客运量	(112)
4-27	中心城市出租汽车车辆数	(113)
4-28	中心城市出租汽车运量	(114)
4-29	中心城市轨道交通运营车辆数	(115)
4-30	中心城市轨道交通运营线路条数	(116)
4-31	中心城市轨道交通运营线路总长度	(117)
4-32	中心城市轨道交通运量	(118)
4-33	中心城市客运轮渡船舶及航线数	(119)
4-34	中心城市客运轮渡运量	(120)
	主要统计指标解释	(121)

五、港口吞吐量

	简要说明	(124)
5-1	全国港口生产用码头泊位拥有量	(125)
5-2	全国港口吞吐量	(126)
5-3	全国港口货物吞吐量	(127)
5-4	规模以上港口旅客吞吐量	(128)
5-5	规模以上港口货物吞吐量	(132)
5-6	规模以上港口分货类吞吐量	(136)
5-7	沿海规模以上港口分货类吞吐量	(137)
5-8	内河规模以上港口分货类吞吐量	(138)
5-9	规模以上港口煤炭及制品吞吐量	(139)
5-10	规模以上港口石油、天然气及制品吞吐量	(143)
5-11	规模以上港口原油吞吐量	(147)

5-12	规模以上港口金属矿石吞吐量	(151)
5-13	规模以上港口钢铁吞吐量	(155)
5-14	规模以上港口矿建材料吞吐量	(159)
5-15	规模以上港口水泥吞吐量	(163)
5-16	规模以上港口木材吞吐量	(167)
5-17	规模以上港口非金属矿石吞吐量	(171)
5-18	规模以上港口化学肥料及农药吞吐量	(175)
5-19	规模以上港口盐吞吐量	(179)
5-20	规模以上港口粮食吞吐量	(183)
5-21	规模以上港口机械、设备、电器吞吐量	(187)
5-22	规模以上港口化工原料及制品吞吐量	(191)
5-23	规模以上港口有色金属吞吐量	(195)
5-24	规模以上港口轻工、医药产品吞吐量	(199)
5-25	规模以上港口农、林、牧、渔业产品吞吐量	(203)
5-26	规模以上港口其他吞吐量	(207)
5-27	规模以上港口集装箱吞吐量	(211)
5-28	规模以上港口集装箱吞吐量（重箱）	(215)
	主要统计指标解释	(219)

六、交通固定资产投资

	简要说明	(222)
6-1	交通固定资产投资额（按地区和使用方向分）	(223)
6-2	公路建设投资完成额	(224)
6-3	公路建设投资完成额（按设施分）	(226)
	主要统计指标解释	(228)

七、交通运输科技

	简要说明	(230)
7-1	交通运输科技机构数量（按地区分）	(231)
7-2	交通运输科技活动人员数量（按机构性质分）	(232)
7-3	交通运输科研实验室及研究中心数量（按地区分）	(233)
7-4	交通运输科技成果、效益及影响情况	(234)

八、救助打捞

	简要说明	(236)
8-1	救助任务执行情况	(237)
8-2	救捞系统船舶情况	(238)
8-3	救助飞机飞行情况	(239)
8-4	捞、拖完成情况	(239)
	主要统计指标解释	(240)

附录　交通运输历年主要指标数据

简要说明	(242)
附录1-1　全国公路总里程（按行政等级分）	(243)
附录1-2　全国公路总里程（按技术等级分）	(244)
附录1-3　全国公路密度及通达情况	(245)
附录1-4　全国内河航道里程及构筑物数量	(246)
附录1-5　公路客、货运输量	(247)
附录1-6　水路客、货运输量	(248)
附录2-1　沿海规模以上港口泊位及吞吐量	(249)
附录2-2　内河规模以上港口泊位及吞吐量	(250)
附录3-1　交通固定资产投资（按使用方向分）	(251)

一、交通运输综合指标

简 要 说 明

本篇资料反映我国国民经济和交通运输的主要指标。

国民经济和综合运输主要指标包括：国内生产总值、固定资产投资、人口数等。

交通运输主要指标包括：公路基础设施、港口设施、公路水路运输装备、公路水路运输量、城市客运、港口生产、交通固定资产投资等。

1-1 国民经济主要指标

指标	单位	2013年	2014年	2015年	2016年
一、国内生产总值（按当年价格计算）	亿元	595 244	643 974	689 052	744 127
第一产业	亿元	55 329	58 344	60 862	63 671
第二产业	亿元	261 956	277 572	282 040	296 236
第三产业	亿元	277 959	308 059	346 150	384 221
二、全社会固定资产投资额	亿元	447 074	512 761	562 000	606 466
东部地区	亿元	179 092	206 454	232 107	249 665
中部地区	亿元	105 894	124 112	143 118	156 762
西部地区	亿元	109 228	129 171	140 416	154 054
东北地区	亿元	47 367	46 096	40 806	30 642
三、全社会消费品零售总额	亿元	242 843	271 896	300 931	332 316
四、货物进出口总额	亿美元	41 590	43 015	39 530	36 856
进口	亿美元	19 500	19 592	16 796	15 874
出口	亿美元	22 090	23 423	22 735	20 982
五、全国公共财政收入	亿元	129 210	140 370	152 269	159 552
其中：税收收入	亿元	110 531	119 175	124 922	130 354
六、广义货币供应量	万亿元	110.7	122.8	139.2	155.0
七、全国人口数	万人	136 072	136 782	137 462	138 271
其中：城镇	万人	73 111	74 916	77 116	79 298
乡村	万人	62 961	61 866	60 346	58 973
八、社会物流总费用	万亿元	10.2	10.6	10.8	11.1
其中：运输	万亿元	5.4	5.6	5.8	6.0
全国社会物流总额	万亿元	197.8	213.5	219.2	229.7
全国物流业增加值	万亿元	3.3	3.5	3.6	3.8

1-2 交通运输主要指标

指 标 名 称	计算单位	2016年	2015年	2016年比2015年增减	2016年为2015年%
一、交通设施及运输线路拥有量					
1. 铁路营业里程	万公里	12.40	12.10	0.30	102.5
2. 公路线路里程	万公里	469.63	457.73	11.90	102.6
其中： 高速公路里程	万公里	13.10	12.35	0.74	106.0
高速公路车道里程	万公里	57.95	54.84	3.11	105.7
二级及以上公路里程	万公里	60.12	57.49	2.63	104.6
等级公路里程	万公里	422.65	404.63	18.03	104.5
3. 公路桥梁　数量	万座	80.53	77.92	2.61	103.4
长度	万米	4 916.97	4 592.77	324.19	107.1
4. 公路隧道　数量	万处	1.52	1.40	0.12	108.4
长度	万米	1 403.97	1 268.39	135.58	110.7
5. 全国公共汽电车运营线路总长度	万公里	98.12	89.43	8.69	109.7
# 无轨电车运营线路总长度	公里	924	944	-20	97.9
6. 全国公交专用车道长度	公里	9 778	8 569	1 209	114.1
7. 全国轨道交通运营线路总长度	公里	3 728	3 195	532	116.7
8. 内河航道通航里程	万公里	12.71	12.70	0.01	100.1
# 等级航道	万公里	6.64	6.63	0.02	100.2
9. 港口生产用码头泊位	个	30 388	31 259	-871	97.2
沿海	个	5 887	5 899	-12	99.8
内河	个	24 501	25 360	-859	96.6
# 万吨级及以上码头泊位	个	2 317	2 221	96	104.3
10. 颁证民用航空机场	个	218	210	8	103.8
其中：定期航班通航机场	个	216	206	10	104.9
11. 邮路总长度	万公里	658.50	637.64	20.86	103.3
其中：航空邮路	万公里	372.94	355.88	17.06	104.8
铁路邮路	万公里	20.37	21.80	-1.43	93.4
汽车邮路	万公里	264.47	248.65	15.83	106.4
二、交通运输工具拥有量					
1. 铁路					
客车拥有量	万辆	7.09	6.77	0.32	104.7
货车拥有量	万辆	76.48	76.85	-0.37	99.5
机车拥有量	万台	2.15	2.14	0.01	100.4
2. 公路					
公路营运汽车	万辆	1 435.77	1 473.12	-37.35	97.5
载货汽车	万辆	1 351.77	1 389.19	-37.42	97.3
	万吨位	10 826.78	10 366.50	460.28	104.4
载客汽车	万辆	84.00	83.93	0.07	100.1
	万客位	2 140.26	2 148.58	-8.32	99.6
3. 城市客运					
全国公共汽电车运营车辆数	万辆	60.86	56.18	4.69	108.3

1-2（续表一）

指 标 名 称	计算单位	2016年	2015年	2016年比2015年增减	2016年为2015年%
	万标台	68.73	63.29	5.43	108.6
#无轨电车运营车辆数	辆	2 241	1 934	307	115.9
全国轨道交通运营车辆数	辆	23 791	19 941	3 850	119.3
	标台	57 627	48 165	9 462	119.6
全国出租汽车运营车辆数	万辆	140.40	139.25	1.15	100.8
全国客运轮渡营运船舶	艘	282	310	−28	91.0
4.全国营业性民用运输轮驳船拥有量					
艘数	万艘	16.01	16.59	−0.58	96.5
净载重量	万吨	26 622.71	27 244.29	−621.57	97.7
载客量	万客位	100.21	101.73	−1.52	98.5
集装箱箱位	万TEU	191.04	260.40	−69.35	73.4
总功率	万千瓦	6 701.82	7 259.68	−557.87	92.3
（1）机动船					
艘数	万艘	14.46	14.97	−0.51	96.6
净载重量	万吨	25 517.08	26 143.49	−626.40	97.6
载客量	万客位	99.90	101.59	−1.69	98.3
集装箱箱位	万TEU	190.71	260.18	−69.47	73.3
总功率	万千瓦	6 701.82	7 259.68	−557.87	92.3
（2）驳船					
艘数	万艘	1.56	1.62	−0.07	95.9
净载重量	万吨	1 105.63	1 100.80	4.83	100.4
载客量	万客位	0.31	0.14	0.17	224.6
集装箱箱位	万TEU	0.34	0.22	0.12	152.8
三、客货运输量					
1.铁路运输					
（1）客运量	亿人	28.14	25.35	2.79	111.0
其中：国家铁路	亿人	27.73	24.96	2.77	111.1
（2）旅客周转量	亿人公里	12 579.30	11 960.60	618.70	105.2
其中：国家铁路	亿人公里	12 527.90	11 907.40	620.50	105.2
（3）货运总量	亿吨	33.32	33.58	−0.26	99.2
其中：国家铁路	亿吨	26.52	27.14	−0.62	97.7
（4）货运总周转量	亿吨公里	23 792.30	23 754.31	37.99	100.2
其中：国家铁路	亿吨公里	21 273.20	21 598.37	−325.17	98.5
2.公路运输					
（1）全国营业性公路客运量	亿人	154.28	161.91	−7.63	95.3
（2）全国营业性公路旅客周转量	亿人公里	10 228.71	10 742.66	−513.95	95.2
（3）全国营业性公路货运量	亿吨	334.13	315.00	19.12	106.1
（4）全国营业性公路货物周转量	亿吨公里	61 080.10	57 955.72	3 124.37	105.4
3.城市客运					
全国公共交通客运量	亿人次	1 285.15	1 303.17	−18.02	98.6

1-2（续表二）

指 标 名 称	计算单位	2016年	2015年	2016年比2015年增减	2016年为2015年 %
#公共汽电车客运总量	亿人次	745.35	765.40	-20.05	97.4
轨道交通客运总量	亿人次	161.51	140.01	21.50	115.4
出租汽车客运总量	亿人次	377.35	396.74	-19.39	95.1
客运轮渡客运总量	亿人次	0.94	1.01	-0.07	92.8
4. 水路运输					
（1）全国营业性水路客运量	亿人	2.72	2.71	0.02	100.6
（2）全国营业性水路旅客周转量	亿人公里	72.33	73.08	-0.76	99.0
（3）全国营业性水路货运量	亿吨	63.82	61.36	2.47	104.0
（4）全国营业性水路货物周转量	亿吨公里	97 338.80	91 772.45	5 566.35	106.1
5. 港口生产					
（1）全国港口货物吞吐量	亿吨	132.01	127.50	4.51	103.5
#规模以上港口货物吞吐量	亿吨	118.89	114.66	4.23	103.7
（2）全国港口外贸货物吞吐量	亿吨	38.51	36.64	1.88	105.1
（3）全国港口集装箱吞吐量	亿TEU	2.20	2.12	0.08	104.0
（4）全国港口旅客吞吐量	亿人	1.85	1.85	-0.01	99.7
6. 运输航空					
（1）旅客运输量	亿人次	4.88	4.36	0.52	111.9
（2）旅客周转量	亿人公里	8 378.13	7 282.55	1 095.58	115.0
（3）货邮运输量	亿吨	0.07	0.06	…	106.2
（4）货邮周转量	亿吨公里	222.45	208.07	14.38	106.9
7. 邮电运输					
（1）邮政业务总量	亿元	7 397.24	5 078.72	2 318.52	145.7
（2）邮政函件业务	亿件	36.19	45.81	-9.62	79.0
（3）包裹业务	亿件	0.28	0.42	-0.14	65.8
（4）快递业务量	亿件	312.83	206.66	106.17	151.4
四、交通固定资产投资					
1. 铁路固定资产投资	亿元	8 015.00	8 238.00	-223.00	97.3
2. 公路、水路固定资产投资	亿元	19 887.63	18 421.00	1 466.63	108.0
五、新增生产能力					
1. 铁路新增生产能力					
新线投产里程	公里	3 281	9 531	-6 250	34.4
其中：高速铁路	公里	1 903	3 306	-1 403	57.6
2. 公路、水路新增生产能力					
新建公路	公里	61 439	60 372	1 067	101.8
改建公路	公里	268 421	223 702	44 719	120.0
新增及改善内河航道	公里	750	932	-182	80.5
新、改（扩）建码头泊位	个	344	291	53	118.2

注：1. 铁路货运总量中含行包运量，货运总周转量中含行包周转量。
　　2. 城市客运统计范围指城市（县城）。

二、公路运输

简 要 说 明

一、本篇资料反映我国公路基础设施、运输装备和公路运输发展的基本情况。主要包括：公路里程、营运车辆拥有量、公路旅客运输量、货物运输量、交通量、道路运输统计资料。

二、公路里程为年末通车里程，不含在建和未正式投入使用的公路里程。按照《国家公路网规划（2013—2030年）》，结合各省（区、市）路网调整情况，国道、省道、县道、乡道、村道里程的统计口径作了部分调整。

三、从2010年起，由交通运输部门管理的公共汽电车、出租汽车，不再纳入公路载客汽车统计，该部分数据纳入城市客运运力统计。

四、从2013年起，公路营运载货汽车包括货车、牵引车和挂车。

五、公路运输量范围为在道路运输管理部门注册登记从事公路运输的营业性运输工具产生的运输量，包括营业性客运车辆和营业性货运车辆。在公路上进行旅客运输的公共汽电车、出租汽车不纳入公路运输量的统计范围。

六、根据2015年开展的公路水路运输量小样本抽样调查，对2015年公路水路运输量统计数据进行了调整。本资料中有关2016年年度公路水路客货运输量同期比均基于调整后的数据进行计算。

七、出入境汽车运输量统计的是由中、外双方承运者完成的通过我国已开通汽车运输边境口岸公路的旅客、货物运输量。

2-1 全国公路里程（按行政等级分）

单位：公里

地区	总计	国道	国家高速公路	省道	县道	乡道	专用公路	村道
全国总计	4 696 263	354 849	99 159	313 324	562 103	1 147 192	68 325	2 250 469
北京	22 026	1 883	618	1 895	3 861	7 981	610	5 795
天津	16 764	1 528	547	2 252	1 317	3 935	1 007	6 724
河北	188 431	15 305	5 094	9 779	12 449	45 716	1 785	103 397
山西	142 066	11 096	3 193	6 701	19 961	48 896	546	54 865
内蒙古	196 061	20 753	4 213	17 170	38 747	39 367	962	79 061
辽宁	120 613	10 549	3 442	10 447	8 950	30 838	887	58 942
吉林	102 484	9 771	2 548	4 737	10 712	28 175	1 591	47 498
黑龙江	164 502	14 752	3 382	12 968	3 332	49 729	18 646	65 074
上海	13 292	715	477	1 023	2 934	7 101	-	1 519
江苏	157 304	8 285	3 440	7 105	23 522	52 748	166	65 478
浙江	119 053	7 262	3 060	4 563	28 775	19 569	620	58 264
安徽	197 588	10 900	3 574	4 461	23 604	36 541	1 002	121 080
福建	106 757	10 404	3 412	5 196	14 996	41 134	118	34 909
江西	161 909	11 827	4 143	12 615	21 728	41 851	567	73 321
山东	265 720	12 661	4 456	12 547	23 247	32 429	2 218	182 618
河南	267 441	13 925	4 237	23 142	27 285	59 005	-	144 085
湖北	260 179	14 078	4 792	19 269	10 506	61 334	743	154 248
湖南	238 273	13 509	4 714	23 757	41 470	54 422	1 534	103 582
广东	218 085	14 349	5 170	11 056	17 466	102 538	388	72 288
广西	120 547	14 199	3 226	10 081	18 024	28 284	363	49 595
海南	28 217	2 159	779	1 399	2 858	6 319	25	15 457
重庆	142 921	7 888	2 481	10 008	7 043	14 483	558	102 941
四川	324 138	22 059	4 634	4 695	37 959	52 219	5 084	202 121
贵州	191 626	11 620	3 179	19 980	34 456	45 827	-	79 744
云南	238 052	18 848	3 663	23 731	50 825	106 417	3 403	34 829
西藏	82 096	13 399	-	15 163	18 351	11 402	4 485	19 297
陕西	172 471	13 385	4 434	3 352	16 028	23 723	2 166	113 818
甘肃	143 039	13 664	4 310	16 686	7 831	10 406	2 556	91 895
青海	78 585	12 849	2 820	4 187	8 920	15 212	1 127	36 291
宁夏	33 940	3 753	1 337	2 836	798	8 981	2 133	15 439
新疆	182 085	17 474	3 784	10 523	24 150	60 611	13 034	56 293

2-2 全国公路里程（按技术等级分）

单位：公里

地区	总计	等级公路 合计	高速	一级	二级	三级	四级	等外公路
全国总计	4 696 263	4 226 543	130 973	99 152	371 102	424 443	3 200 874	469 719
北京	22 026	22 026	1 013	1 405	3 420	4 147	12 040	-
天津	16 764	16 764	1 208	1 214	3 215	1 270	9 857	-
河北	188 431	182 626	6 502	5 560	19 902	19 593	131 069	5 805
山西	142 066	139 110	5 265	2 576	15 397	18 891	96 980	2 956
内蒙古	196 061	188 340	5 153	6 682	16 913	32 348	127 244	7 721
辽宁	120 613	107 959	4 195	4 063	17 913	32 172	49 617	12 654
吉林	102 484	97 158	3 113	2 081	9 432	9 107	73 425	5 326
黑龙江	164 502	138 512	4 350	2 393	11 552	34 321	85 896	25 990
上海	13 292	13 292	825	483	3 535	2 728	5 721	-
江苏	157 304	154 405	4 657	12 955	23 054	15 902	97 837	2 899
浙江	119 053	116 869	4 062	6 359	10 162	8 083	88 202	2 184
安徽	197 588	194 136	4 543	3 833	10 727	20 332	154 701	3 453
福建	106 757	89 829	4 831	1 035	10 051	8 384	65 528	16 927
江西	161 909	134 025	5 894	2 618	10 643	12 723	102 147	27 883
山东	265 720	264 752	5 710	10 026	24 476	25 183	199 357	968
河南	267 441	230 288	6 448	3 065	26 180	21 033	173 563	37 153
湖北	260 179	249 819	6 204	5 460	22 005	10 707	205 443	10 360
湖南	238 273	215 904	6 080	1 568	13 567	5 582	189 108	22 369
广东	218 085	204 614	7 683	11 332	19 200	18 838	147 561	13 471
广西	120 547	108 947	4 603	1 372	11 934	8 016	83 021	11 600
海南	28 217	27 732	795	371	1 739	1 585	23 242	485
重庆	142 921	115 955	2 817	713	7 479	5 474	99 471	26 966
四川	324 138	279 200	6 523	3 628	14 509	13 746	240 793	44 938
贵州	191 626	132 264	5 434	1 140	6 681	7 483	111 527	59 363
云南	238 052	200 898	4 134	1 196	11 752	8 618	175 198	37 154
西藏	82 096	71 356	38	266	1 036	8 473	61 543	10 741
陕西	172 471	156 844	5 181	1 580	8 990	15 340	125 752	15 627
甘肃	143 039	125 085	4 827	405	9 312	13 441	97 101	17 954
青海	78 585	69 956	2 878	622	7 058	5 133	54 264	8 629
宁夏	33 940	33 767	1 609	1 826	3 595	6 660	20 075	174
新疆	182 085	144 113	4 395	1 323	15 671	29 130	93 593	37 972

2-3 国道里程（按技术等级分）

单位：公里

地区	总计	等级公路						等外公路
		合计	高速	一级	二级	三级	四级	
全国总计	354 849	351 777	99 516	44 799	139 141	46 593	21 727	3 073
北京	1 883	1 883	703	406	576	198	-	-
天津	1 528	1 528	547	546	395	24	17	-
河北	15 305	15 305	5 094	2 952	5 930	1 308	22	-
山西	11 096	11 093	3 193	1 256	5 501	1 014	128	3
内蒙古	20 753	20 728	4 213	3 584	7 998	3 095	1 839	25
辽宁	10 549	10 549	3 442	1 903	4 947	222	35	-
吉林	9 771	9 771	2 548	1 307	4 849	927	140	-
黑龙江	14 752	14 722	3 386	1 556	6 682	2 823	274	31
上海	715	715	477	96	142	-	-	-
江苏	8 285	8 285	3 479	4 049	735	21	-	-
浙江	7 262	7 262	3 060	2 135	1 763	112	193	-
安徽	10 900	10 900	3 576	2 335	4 222	555	212	-
福建	10 404	10 404	3 418	403	5 144	965	475	-
江西	11 827	11 817	4 143	1 502	5 099	730	343	10
山东	12 661	12 661	4 456	5 090	3 016	99	-	-
河南	13 925	13 875	4 237	2 057	6 345	1 022	214	50
湖北	14 078	14 073	4 796	1 910	6 755	216	395	5
湖南	13 509	13 509	4 714	674	6 278	997	845	-
广东	14 349	14 349	5 213	3 771	4 400	619	347	-
广西	14 199	14 119	3 226	1 054	6 986	1 500	1 352	81
海南	2 159	2 159	779	139	1 148	93	-	-
重庆	7 888	7 877	2 481	309	3 660	913	515	10
四川	22 059	21 848	4 637	1 908	8 224	4 038	3 041	211
贵州	11 620	11 584	3 179	690	4 211	2 313	1 191	36
云南	18 848	18 535	3 672	812	6 857	3 240	3 954	313
西藏	13 399	11 813	-	3	969	7 664	3 178	1 586
陕西	13 385	13 364	4 434	827	4 637	2 908	559	20
甘肃	13 664	13 630	4 368	160	6 265	2 180	657	34
青海	12 849	12 295	2 854	231	5 577	2 097	1 535	554
宁夏	3 753	3 753	1 337	390	1 687	301	38	-
新疆	17 474	17 370	3 854	743	8 144	4 399	230	104

2-4 省道里程（按技术等级分）

单位：公里

地区	总计	等级公路 合计	高速	一级	二级	三级	四级	等外公路
全国总计	313 324	306 213	31 147	26 700	100 376	59 361	88 629	7 111
北京	1 895	1 895	310	481	953	152	-	-
天津	2 252	2 252	661	515	974	102	-	-
河北	9 779	9 779	1 408	1 860	5 207	1 304	-	-
山西	6 701	6 701	2 072	540	3 346	581	162	-
内蒙古	17 170	17 141	940	2 113	3 962	7 398	2 727	29
辽宁	10 447	10 426	753	1 288	6 972	1 285	127	21
吉林	4 737	4 723	565	460	2 001	1 242	456	14
黑龙江	12 968	12 853	910	405	3 431	5 925	2 182	115
上海	1 023	1 023	349	195	450	29	-	-
江苏	7 105	7 105	1 166	3 980	1 835	124	-	-
浙江	4 563	4 563	1 002	1 153	1 620	546	242	-
安徽	4 461	4 461	967	850	2 211	264	170	-
福建	5 196	5 185	1 348	229	1 799	972	838	10
江西	12 615	12 459	1 735	739	4 308	3 412	2 265	156
山东	12 547	12 547	1 254	3 605	6 985	682	21	-
河南	23 142	22 784	2 210	1 008	10 615	4 713	4 238	358
湖北	19 269	19 242	1 318	1 402	10 803	2 587	3 133	28
湖南	23 757	23 655	1 365	368	5 075	2 266	14 581	102
广东	11 056	11 056	2 470	2 435	4 108	1 268	775	-
广西	10 081	9 919	1 357	117	3 511	1 672	3 263	162
海南	1 399	1 399	17	217	457	395	314	-
重庆	10 008	9 887	337	162	2 870	2 108	4 411	121
四川	4 695	4 695	1 839	235	1 653	648	320	-
贵州	19 980	19 431	2 255	330	2 100	3 462	11 284	549
云南	23 731	22 926	462	202	3 874	2 162	16 226	805
西藏	15 163	12 130	38	257	66	752	11 018	3 032
陕西	3 352	3 352	747	351	1 185	946	122	-
甘肃	16 686	16 270	459	124	2 295	5 164	8 228	416
青海	4 187	3 782	24	384	1 171	1 407	796	405
宁夏	2 836	2 826	273	308	488	1 624	134	10
新疆	10 523	9 743	536	387	4 051	4 171	599	780

2-5 县道里程（按技术等级分）

单位：公里

地区	总计	等级公路						等外公路
		合计	高速	一级	二级	三级	四级	
全国总计	562 103	542 145	124	13 924	78 786	152 851	296 460	19 958
北京	3 861	3 861	-	350	1 259	2 123	130	-
天津	1 317	1 317	-	95	434	519	270	-
河北	12 449	12 374	-	147	4 891	6 175	1 161	75
山西	19 961	19 878	-	344	4 463	9 890	5 181	83
内蒙古	38 747	37 894	-	714	3 101	14 497	19 582	853
辽宁	8 950	8 950	-	800	5 052	3 054	44	-
吉林	10 712	10 538	-	137	1 830	4 501	4 070	174
黑龙江	3 332	3 302	-	64	297	2 101	840	30
上海	2 934	2 934	-	193	1 699	1 037	5	-
江苏	23 522	23 262	12	2 923	11 615	6 725	1 987	260
浙江	28 775	28 675	-	2 906	5 302	4 828	15 639	100
安徽	23 604	23 604	-	309	3 341	14 577	5 376	-
福建	14 996	14 073	65	329	1 926	4 365	7 387	923
江西	21 728	19 986	-	162	607	6 571	12 646	1 741
山东	23 247	23 247	-	639	7 448	9 507	5 654	-
河南	27 285	26 326	-	-	6 039	8 597	11 691	958
湖北	10 506	10 505	-	348	1 853	3 186	5 117	1
湖南	41 470	40 564	-	520	2 129	2 124	35 792	906
广东	17 466	17 412	-	1 426	5 141	7 410	3 435	53
广西	18 024	17 499	-	171	1 263	4 113	11 952	526
海南	2 858	2 837	-	10	49	910	1 868	20
重庆	7 043	6 996	-	76	544	1 230	5 146	47
四川	37 959	35 900	47	759	3 346	6 489	25 259	2 059
贵州	34 456	29 162	-	68	223	1 409	27 461	5 294
云南	50 825	48 512	-	145	880	2 711	44 777	2 313
西藏	18 351	17 020	-	-	-	31	16 989	1 330
陕西	16 028	16 028	-	61	1 736	6 969	7 261	-
甘肃	7 831	7 452	-	74	208	3 447	3 724	379
青海	8 920	8 779	-	7	117	1 203	7 452	141
宁夏	798	798	-	73	121	559	46	-
新疆	24 150	22 460	-	73	1 875	11 993	8 518	1 691

2-6 乡道里程（按技术等级分）

单位：公里

地区	总计	等级公路 合计	高速	一级	二级	三级	四级	等外公路
全国总计	1 147 192	1 059 414	–	6 380	26 758	110 008	916 268	87 778
北京	7 981	7 981	–	113	293	1 188	6 386	–
天津	3 935	3 935	–	–	323	239	3 372	–
河北	45 716	44 293	–	358	2 363	8 508	33 064	1 423
山西	48 896	48 226	–	281	1 280	4 648	42 017	670
内蒙古	39 367	38 546	–	206	1 086	3 998	33 256	822
辽宁	30 838	30 838	–	33	713	23 516	6 577	–
吉林	28 175	27 289	–	60	372	1 900	24 957	886
黑龙江	49 729	46 013	–	70	518	13 675	31 750	3 717
上海	7 101	7 101	–	–	1 210	1 554	4 336	–
江苏	52 748	52 386	–	945	4 106	5 293	42 042	362
浙江	19 569	19 308	–	62	553	1 322	17 372	261
安徽	36 541	35 798	–	13	353	3 272	32 160	744
福建	41 134	36 259	–	69	981	1 681	33 527	4 876
江西	41 851	33 848	–	105	263	1 271	32 209	8 003
山东	32 429	32 429	–	139	2 421	6 103	23 766	–
河南	59 005	54 533	–	–	2 109	5 184	47 240	4 471
湖北	61 334	60 396	–	197	929	3 642	55 628	938
湖南	54 422	52 224	–	–	51	138	52 036	2 198
广东	102 538	100 259	–	2 865	4 109	7 783	85 501	2 279
广西	28 284	26 670	–	17	126	572	25 955	1 614
海南	6 319	6 079	–	3	76	87	5 914	240
重庆	14 483	13 163	–	31	113	632	12 387	1 320
四川	52 219	43 993	–	402	740	1 582	41 269	8 225
贵州	45 827	32 161	–	38	62	160	31 901	13 666
云南	106 417	91 903	–	25	102	374	91 402	14 514
西藏	11 402	10 525	–	6	–	4	10 515	877
陕西	23 723	23 396	–	35	270	2 488	20 604	326
甘肃	10 406	9 257	–	4	152	1 650	7 451	1 149
青海	15 212	12 964	–	–	5	261	12 699	2 247
宁夏	8 981	8 975	–	291	517	3 110	5 057	6
新疆	60 611	48 665	–	12	561	4 173	43 919	11 946

2-7 专用公路里程（按技术等级分）

单位：公里

地区	总计	等级公路						等外公路
		合计	高速	一级	二级	三级	四级	
全国总计	68 325	48 437	177	1 439	4 356	9 446	33 018	19 888
北京	610	610	-	42	253	207	107	-
天津	1 007	1 007	-	58	596	153	200	-
河北	1 785	1 761	-	69	285	320	1 087	24
山西	546	546	-	7	53	282	205	-
内蒙古	962	962	-	17	164	204	577	-
辽宁	887	869	-	11	68	367	423	17
吉林	1 591	1 508	-	16	5	42	1 445	83
黑龙江	18 646	9 813	45	188	286	2 573	6 720	8 833
上海	-	-	-	-	-	-	-	-
江苏	166	166	-	13	23	73	57	-
浙江	620	556	-	10	22	115	408	63
安徽	1 002	992	-	-	46	241	704	11
福建	118	112	-	-	11	5	95	6
江西	567	406	16	21	34	41	294	162
山东	2 218	2 218	-	46	122	336	1 714	-
河南	-	-	-	-	-	-	-	-
湖北	743	724	90	-	59	63	512	19
湖南	1 534	935	-	5	1	-	929	598
广东	388	362	-	30	59	45	228	26
广西	363	216	21	11	18	21	145	148
海南	25	25	-	-	-	-	25	-
重庆	558	448	-	4	26	86	332	110
四川	5 084	2 396	-	17	86	172	2 121	2 688
贵州	-	-	-	-	-	-	-	-
云南	3 403	2 239	-	-	31	105	2 102	1 164
西藏	4 485	3 471	-	-	1	19	3 451	1 013
陕西	2 166	2 108	-	92	414	329	1 274	58
甘肃	2 556	1 976	-	19	171	340	1 444	581
青海	1 127	764	-	-	182	58	524	363
宁夏	2 133	2 133	-	654	396	215	868	-
新疆	13 034	9 114	5	108	942	3 034	5 025	3 920

2-8 村道里程（按技术等级分）

单位：公里

地区	总计	等级公路						等外公路
		合计	高速	一级	二级	三级	四级	
全国总计	**2 250 469**	**1 918 558**	**8**	**5 909**	**21 685**	**46 185**	**1 844 771**	**331 911**
北京	5 795	5 795	–	13	86	279	5 417	–
天津	6 724	6 724	–	–	493	234	5 998	–
河北	103 397	99 114	–	173	1 226	1 980	95 735	4 283
山西	54 865	52 665	–	148	754	2 476	49 287	2 200
内蒙古	79 061	73 069	–	48	603	3 157	69 262	5 992
辽宁	58 942	46 327	–	29	160	3 729	42 409	12 616
吉林	47 498	43 329	–	102	375	495	42 357	4 169
黑龙江	65 074	51 810	8	110	337	7 223	44 131	13 265
上海	1 519	1 519	–	–	32	107	1 380	–
江苏	65 478	63 202	–	1 046	4 739	3 665	53 752	2 276
浙江	58 264	56 504	–	94	902	1 161	54 348	1 759
安徽	121 080	118 382	–	326	555	1 423	116 078	2 698
福建	34 909	23 796	–	5	191	395	23 205	11 113
江西	73 321	55 509	–	88	334	697	54 390	17 812
山东	182 618	181 650	–	507	4 484	8 457	168 202	968
河南	144 085	112 770	–	–	1 072	1 517	110 180	31 315
湖北	154 248	144 880	–	1 603	1 606	1 013	140 658	9 368
湖南	103 582	85 017	–	1	34	57	84 925	18 566
广东	72 288	61 176	–	804	1 383	1 713	57 275	11 113
广西	49 595	40 524	–	1	31	137	40 355	9 071
海南	15 457	15 232	–	3	9	100	15 121	225
重庆	102 941	77 583	–	131	266	506	76 681	25 358
四川	202 121	170 367	–	306	460	817	168 783	31 754
贵州	79 744	39 925	–	13	84	138	39 690	39 819
云南	34 829	16 784	–	11	10	27	16 737	18 044
西藏	19 297	16 395	–	–	–	3	16 392	2 902
陕西	113 818	98 596	–	214	748	1 701	95 933	15 222
甘肃	91 895	76 500	–	24	220	659	75 597	15 396
青海	36 291	31 371	–	–	5	107	31 258	4 919
宁夏	15 439	15 281	–	111	387	851	13 932	158
新疆	56 293	36 761	–	–	98	1 360	35 303	19 532

2-9　全国公路里程（按路面类型分）

单位：公里

地区	总计	有铺装路面（高级）			简易铺装路面（次高级）	未铺装路面（中级、低级、无路面）
		合计	沥青混凝土	水泥混凝土		
全国总计	4 696 263	3 137 395	879 613	2 257 782	426 972	1 131 895
北京	22 026	21 571	16 538	5 034	-	454
天津	16 764	16 764	12 634	4 130	-	-
河北	188 431	159 130	59 778	99 352	9 853	19 448
山西	142 066	103 844	34 700	69 143	20 949	17 273
内蒙古	196 061	129 427	69 577	59 851	12 350	54 284
辽宁	120 613	59 634	48 601	11 032	22 541	38 438
吉林	102 484	83 647	20 595	63 052	35	18 801
黑龙江	164 502	117 154	14 120	103 034	858	46 490
上海	13 292	13 292	6 560	6 733	-	-
江苏	157 304	151 396	48 073	103 324	2 224	3 683
浙江	119 053	113 754	35 532	78 223	3 578	1 720
安徽	197 588	136 004	25 235	110 769	13 992	47 593
福建	106 757	87 389	6 590	80 800	1 681	17 686
江西	161 909	124 027	16 033	107 994	3 534	34 347
山东	265 720	185 803	77 359	108 444	63 809	16 108
河南	267 441	194 442	47 915	146 527	25 806	47 192
湖北	260 179	214 454	24 299	190 155	15 334	30 391
湖南	238 273	175 983	17 774	158 209	2 955	59 336
广东	218 085	153 063	15 588	137 475	8 443	56 579
广西	120 547	78 245	9 917	68 328	15 728	26 574
海南	28 217	27 456	3 527	23 929	150	610
重庆	142 921	89 765	20 990	68 775	6 880	46 276
四川	324 138	207 450	38 844	168 606	19 931	96 757
贵州	191 626	74 310	15 316	58 994	33 469	83 847
云南	238 052	113 552	55 934	57 618	7 557	116 943
西藏	82 096	17 720	14 068	3 653	658	63 718
陕西	172 471	113 804	29 112	84 692	17 923	40 744
甘肃	143 039	68 332	17 948	50 384	31 678	43 028
青海	78 585	34 128	13 510	20 618	4 524	39 932
宁夏	33 940	25 364	17 046	8 318	3 090	5 487
新疆	182 085	46 488	45 900	587	77 441	58 156

2-10 国道里程（按路面类型分）

单位：公里

地区	总计	有铺装路面（高级）			简易铺装路面（次高级）	未铺装路面（中级、低级、无路面）
		合计	沥青混凝土	水泥混凝土		
全国总计	354 849	322 639	276 481	46 158	21 789	10 422
北京	1 883	1 883	1 883	-	-	-
天津	1 528	1 528	1 526	2	-	-
河北	15 305	15 029	14 593	436	277	-
山西	11 096	10 763	10 192	570	327	6
内蒙古	20 753	18 101	17 652	448	1 257	1 396
辽宁	10 549	10 390	10 374	16	159	-
吉林	9 771	9 681	8 655	1 026	-	90
黑龙江	14 752	14 146	6 644	7 502	91	516
上海	715	715	697	18	-	-
江苏	8 285	8 285	8 246	40	-	-
浙江	7 262	7 262	6 688	574	-	-
安徽	10 900	10 824	9 841	983	75	-
福建	10 404	10 313	4 196	6 117	89	2
江西	11 827	11 322	8 880	2 442	483	22
山东	12 661	12 648	12 467	181	13	-
河南	13 925	13 587	12 402	1 185	286	51
湖北	14 078	12 987	10 615	2 372	1 060	32
湖南	13 509	13 472	9 103	4 368	23	14
广东	14 349	14 243	7 534	6 709	96	11
广西	14 199	11 229	6 498	4 732	2 856	114
海南	2 159	2 159	1 645	514	-	-
重庆	7 888	7 681	6 812	869	187	19
四川	22 059	18 854	16 522	2 332	2 283	923
贵州	11 620	8 455	8 345	110	3 095	70
云南	18 848	16 809	16 078	731	1 150	889
西藏	13 399	9 056	8 926	131	266	4 077
陕西	13 385	13 145	12 281	864	192	48
甘肃	13 664	10 973	10 799	174	2 579	113
青海	12 849	10 292	9 718	574	1 031	1 525
宁夏	3 753	3 600	3 578	22	153	-
新疆	17 474	13 207	13 091	116	3 763	504

2-11 省道里程（按路面类型分）

单位：公里

地区	总计	有铺装路面（高级）			简易铺装路面（次高级）	未铺装路面（中级、低级、无路面）
		合计	沥青混凝土	水泥混凝土		
全国总计	313 324	245 765	170 964	74 801	39 601	27 957
北京	1 895	1 895	1 892	3	-	-
天津	2 252	2 252	2 252	-	-	-
河北	9 779	9 640	9 203	437	139	-
山西	6 701	6 461	6 132	330	240	-
内蒙古	17 170	14 198	12 305	1 893	1 581	1 392
辽宁	10 447	9 892	9 833	59	472	83
吉林	4 737	4 594	3 388	1 206	-	143
黑龙江	12 968	11 541	2 874	8 667	183	1 244
上海	1 023	1 023	987	36	-	-
江苏	7 105	7 105	6 959	146	-	-
浙江	4 563	4 563	3 814	749	-	-
安徽	4 461	4 370	3 677	692	92	-
福建	5 196	4 949	1 673	3 276	239	8
江西	12 615	11 296	5 486	5 809	1 149	170
山东	12 547	12 427	12 151	275	120	-
河南	23 142	21 048	15 179	5 869	1 639	455
湖北	19 269	16 124	8 793	7 331	2 822	323
湖南	23 757	21 484	5 811	15 673	1 295	979
广东	11 056	10 952	4 359	6 592	104	-
广西	10 081	6 770	2 698	4 072	2 933	378
海南	1 399	1 363	935	428	37	-
重庆	10 008	8 881	5 275	3 606	734	393
四川	4 695	4 437	4 022	414	190	69
贵州	19 980	6 960	5 266	1 693	11 426	1 594
云南	23 731	17 384	14 733	2 651	1 990	4 357
西藏	15 163	2 786	2 653	133	235	12 142
陕西	3 352	3 344	3 095	249	7	-
甘肃	16 686	6 564	4 342	2 222	8 343	1 779
青海	4 187	2 745	2 522	222	354	1 089
宁夏	2 836	2 317	2 256	61	496	23
新疆	10 523	6 403	6 397	5	2 782	1 338

2-12 县道里程（按路面类型分）

单位：公里

地区	总计	有铺装路面（高级）			简易铺装路面（次高级）	未铺装路面（中级、低级、无路面）
		合计	沥青混凝土	水泥混凝土		
全国总计	562 103	400 952	173 305	227 647	85 062	76 090
北京	3 861	3 838	3 779	59	-	23
天津	1 317	1 317	1 284	33	-	-
河北	12 449	11 141	7 769	3 372	953	355
山西	19 961	14 139	9 706	4 433	5 227	595
内蒙古	38 747	26 927	17 175	9 752	4 552	7 269
辽宁	8 950	7 636	7 495	141	1 251	63
吉林	10 712	9 985	4 187	5 798	-	727
黑龙江	3 332	2 888	426	2 461	29	415
上海	2 934	2 934	2 621	313	-	-
江苏	23 522	23 170	16 422	6 748	239	114
浙江	28 775	26 851	14 861	11 991	1 917	7
安徽	23 604	19 361	8 688	10 673	3 785	458
福建	14 996	13 413	501	12 912	508	1 075
江西	21 728	18 875	1 049	17 827	661	2 192
山东	23 247	19 348	14 526	4 822	3 771	128
河南	27 285	24 360	8 970	15 389	1 724	1 201
湖北	10 506	7 647	1 365	6 282	2 485	374
湖南	41 470	35 277	2 610	32 667	1 383	4 810
广东	17 466	16 044	1 269	14 775	1 064	358
广西	18 024	9 073	464	8 608	7 475	1 476
海南	2 858	2 727	745	1 982	102	29
重庆	7 043	6 079	1 821	4 258	705	259
四川	37 959	26 640	9 083	17 557	6 003	5 315
贵州	34 456	12 407	1 029	11 378	12 522	9 526
云南	50 825	31 371	17 544	13 827	3 346	16 108
西藏	18 351	2 641	1 716	925	104	15 606
陕西	16 028	11 010	6 709	4 300	4 686	332
甘肃	7 831	2 392	1 163	1 229	4 198	1 240
青海	8 920	3 962	908	3 054	1 874	3 084
宁夏	798	582	574	8	186	31
新疆	24 150	6 917	6 844	73	14 311	2 922

2-13 乡道里程（按路面类型分）

单位：公里

地区	总计	有铺装路面（高级）			简易铺装路面（次高级）	未铺装路面（中级、低级、无路面）
		合计	沥青混凝土	水泥混凝土		
全国总计	1 147 192	774 231	123 328	650 903	113 536	259 425
北京	7 981	7 714	5 527	2 187	-	267
天津	3 935	3 935	2 984	951	-	-
河北	45 716	37 482	11 724	25 758	3 859	4 376
山西	48 896	32 853	5 028	27 826	8 871	7 172
内蒙古	39 367	25 881	9 903	15 977	2 898	10 588
辽宁	30 838	17 217	13 528	3 690	11 336	2 285
吉林	28 175	24 616	2 432	22 183	-	3 559
黑龙江	49 729	40 537	2 010	38 527	405	8 788
上海	7 101	7 101	1 926	5 175	-	-
江苏	52 748	51 810	8 337	43 473	449	489
浙江	19 569	18 272	4 074	14 198	1 196	102
安徽	36 541	23 781	1 297	22 484	4 096	8 665
福建	41 134	35 586	164	35 422	533	5 015
江西	41 851	31 370	266	31 104	633	9 848
山东	32 429	22 923	10 341	12 581	8 171	1 336
河南	59 005	47 165	6 376	40 789	6 212	5 628
湖北	61 334	48 217	980	47 237	5 470	7 647
湖南	54 422	40 619	125	40 494	143	13 660
广东	102 538	76 855	1 950	74 905	3 166	22 516
广西	28 284	21 289	151	21 138	1 701	5 294
海南	6 319	5 999	133	5 866	11	309
重庆	14 483	10 063	782	9 281	1 099	3 320
四川	52 219	32 903	6 171	26 732	4 561	14 755
贵州	45 827	21 263	361	20 902	4 033	20 531
云南	106 417	44 936	6 956	37 980	624	60 857
西藏	11 402	698	322	376	8	10 696
陕西	23 723	15 788	3 346	12 442	5 485	2 450
甘肃	10 406	3 493	690	2 803	4 539	2 373
青海	15 212	6 483	83	6 400	965	7 764
宁夏	8 981	6 869	4 944	1 925	1 138	974
新疆	60 611	10 514	10 416	99	31 934	18 162

2-14 专用公路里程（按路面类型分）

单位：公里

地区	总计	有铺装路面（高级）			简易铺装路面（次高级）	未铺装路面（中级、低级、无路面）
		合计	沥青混凝土	水泥混凝土		
全国总计	68 325	27 385	11 791	15 594	8 005	32 935
北京	610	610	530	79	-	-
天津	1 007	1 007	833	174	-	-
河北	1 785	1 534	915	619	157	94
山西	546	376	175	200	125	46
内蒙古	962	407	291	116	60	495
辽宁	887	187	164	23	329	371
吉林	1 591	463	100	363	3	1 126
黑龙江	18 646	8 805	1 235	7 570	21	9 820
上海	-	-	-	-	-	-
江苏	166	165	35	129	1	-
浙江	620	481	163	318	65	74
安徽	1 002	407	49	358	124	472
福建	118	93	-	93	4	21
江西	567	353	63	290	13	201
山东	2 218	1 193	903	290	991	35
河南	-	-	-	-	-	-
湖北	743	475	134	340	133	135
湖南	1 534	516	26	490	17	1 001
广东	388	300	38	262	-	88
广西	363	162	59	104	21	181
海南	25	25	4	21	-	-
重庆	558	395	59	336	22	141
四川	5 084	1 310	405	905	281	3 493
贵州	-	-	-	-	-	-
云南	3 403	734	331	403	226	2 443
西藏	4 485	571	197	374	27	3 887
陕西	2 166	1 460	614	846	273	433
甘肃	2 556	517	200	318	666	1 373
青海	1 127	432	214	218	25	670
宁夏	2 133	1 463	1 168	295	142	528
新疆	13 034	2 944	2 884	59	4 281	5 809

2-15 村道里程（按路面类型分）

单位：公里

地区	总计	有铺装路面（高级）			简易铺装路面（次高级）	未铺装路面（中级、低级、无路面）
		合计	沥青混凝土	水泥混凝土		
全国总计	2 250 469	1 366 423	123 744	1 242 679	158 980	725 066
北京	5 795	5 632	2 926	2 706	-	164
天津	6 724	6 724	3 755	2 970	-	-
河北	103 397	84 305	15 573	68 731	4 468	14 624
山西	54 865	39 251	3 467	35 784	6 159	9 454
内蒙古	79 061	43 915	12 250	31 665	2 002	33 144
辽宁	58 942	14 311	7 208	7 103	8 995	35 636
吉林	47 498	34 309	1 833	32 476	33	13 157
黑龙江	65 074	39 237	930	38 307	130	25 707
上海	1 519	1 519	328	1 191	-	-
江苏	65 478	60 862	8 074	52 788	1 536	3 080
浙江	58 264	56 326	5 932	50 394	400	1 538
安徽	121 080	77 261	1 682	75 579	5 821	37 999
福建	34 909	23 035	55	22 980	308	11 566
江西	73 321	50 811	289	50 522	595	21 915
山东	182 618	117 264	26 970	90 294	50 744	14 610
河南	144 085	88 283	4 988	83 295	15 944	39 857
湖北	154 248	129 004	2 412	126 592	3 364	21 881
湖南	103 582	64 616	99	64 517	94	38 872
广东	72 288	34 669	437	34 232	4 013	33 606
广西	49 595	29 722	48	29 674	743	19 130
海南	15 457	15 185	67	15 118	1	271
重庆	102 941	56 666	6 240	50 426	4 132	42 143
四川	202 121	123 306	2 641	120 665	6 614	72 201
贵州	79 744	25 225	315	24 911	2 393	52 126
云南	34 829	2 318	292	2 026	221	32 290
西藏	19 297	1 968	254	1 714	17	17 312
陕西	113 818	69 057	3 066	65 991	7 280	37 481
甘肃	91 895	44 392	754	43 638	11 352	36 150
青海	36 291	10 215	65	10 151	275	25 800
宁夏	15 439	10 533	4 527	6 006	975	3 931
新疆	56 293	6 503	6 268	235	20 370	29 420

2-16　全国公路养护里程

单位：公里

地区	总计	国道	省道	县道	乡道	专用公路	村道
全国总计	4 590 036	353 774	312 917	555 667	1 130 828	63 320	2 173 530
北京	22 026	1 883	1 895	3 861	7 981	610	5 795
天津	16 764	1 528	2 252	1 317	3 935	1 007	6 724
河北	188 156	15 272	9 766	12 449	45 716	1 737	103 217
山西	141 955	10 985	6 701	19 961	48 896	546	54 865
内蒙古	190 597	20 753	17 170	38 177	38 343	792	75 362
辽宁	120 596	10 549	10 447	8 948	30 838	887	58 927
吉林	102 484	9 771	4 737	10 712	28 175	1 591	47 498
黑龙江	164 502	14 752	12 968	3 332	49 729	18 646	65 074
上海	13 292	715	1 023	2 934	7 101	-	1 519
江苏	154 372	8 285	7 105	23 260	52 467	165	63 089
浙江	119 053	7 262	4 563	28 775	19 569	620	58 264
安徽	196 275	10 320	4 247	23 434	36 541	674	121 058
福建	106 757	10 404	5 196	14 996	41 134	118	34 909
江西	156 377	11 597	12 548	21 537	40 712	567	69 417
山东	265 720	12 661	12 547	23 247	32 429	2 218	182 618
河南	262 940	13 925	23 142	27 285	58 350	-	140 239
湖北	260 163	14 073	19 259	10 506	61 334	743	154 247
湖南	238 273	13 509	23 757	41 470	54 422	1 534	103 582
广东	215 885	14 286	11 008	17 436	102 361	336	70 458
广西	120 497	14 199	10 081	18 015	28 263	362	49 577
海南	28 217	2 159	1 399	2 858	6 319	25	15 457
重庆	137 392	7 888	10 008	7 043	14 469	558	97 426
四川	306 310	22 059	4 695	37 942	51 105	4 816	185 692
贵州	189 081	11 620	19 980	34 223	45 277	-	77 982
云南	237 727	18 848	23 731	50 735	106 214	3 403	34 796
西藏	67 118	13 399	15 163	14 755	9 014	1 977	12 810
陕西	170 336	13 332	3 347	16 027	23 638	2 134	111 858
甘肃	130 527	13 664	16 636	7 785	10 307	2 552	79 582
青海	78 325	12 849	4 187	8 920	15 212	1 127	36 031
宁夏	33 940	3 753	2 836	798	8 981	2 133	15 439
新疆	154 381	17 474	10 523	22 931	51 993	11 443	40 016

2-17　全国公路绿化里程

单位：公里

地区	总计	国道	省道	县道	乡道	专用公路	村道
全国总计	2 594 467	266 860	226 207	389 178	680 963	35 942	995 318
北京	20 437	1 883	1 895	3 828	7 315	436	5 081
天津	15 147	1 139	1 995	1 307	3 624	960	6 121
河北	89 119	13 896	8 465	7 894	19 296	808	38 758
山西	60 883	8 269	4 879	13 958	20 657	254	12 865
内蒙古	29 898	7 530	4 604	8 989	5 849	92	2 835
辽宁	69 119	9 430	9 310	7 874	21 755	639	20 112
吉林	88 227	9 603	4 560	9 891	24 820	1 456	37 897
黑龙江	124 060	12 296	10 311	2 916	40 242	13 125	45 170
上海	11 690	562	807	2 667	6 355	-	1 299
江苏	141 493	8 012	7 002	22 564	48 653	157	55 105
浙江	74 899	6 532	4 156	23 715	13 183	451	26 862
安徽	153 706	10 236	4 034	21 332	33 431	755	83 919
福建	87 947	8 871	4 515	12 603	34 884	104	26 969
江西	96 537	11 250	11 636	18 936	24 525	146	30 043
山东	212 370	11 621	11 513	20 285	26 642	1 508	140 800
河南	212 825	13 158	20 861	24 116	48 793	-	105 898
湖北	109 317	11 500	15 451	7 605	26 521	533	47 707
湖南	195 399	11 801	20 025	34 350	44 993	1 085	83 145
广东	106 685	13 879	10 269	15 265	52 541	250	14 481
广西	47 986	11 119	6 539	11 236	11 077	112	7 903
海南	26 112	1 981	1 290	2 615	6 038	25	14 164
重庆	60 324	6 522	9 167	5 398	8 930	220	30 087
四川	132 971	18 102	4 197	28 096	29 546	2 101	50 928
贵州	42 857	8 212	11 600	6 715	6 278	-	10 053
云南	132 117	12 979	14 602	35 760	53 134	1 202	14 441
西藏	21 718	2 494	1 629	5 435	3 152	1 953	7 053
陕西	42 488	10 064	2 774	8 466	7 385	1 008	12 791
甘肃	28 874	6 851	8 176	3 536	3 458	427	6 427
青海	40 448	8 481	2 810	5 755	7 121	426	15 856
宁夏	20 139	3 031	2 160	664	7 071	1 454	5 758
新疆	98 676	5 556	4 973	15 407	33 696	4 257	34 788

2-18　全国高速公路里程

单位：公里

地区	高速公路 合计	四车道	六车道	八车道及以上	车道里程
全国总计	130 973	108 256	17 644	5 073	579 471
北京	1 013	450	497	65	5 308
天津	1 208	354	728	127	6 795
河北	6 502	4 279	1 719	505	31 466
山西	5 265	4 379	884	3	22 842
内蒙古	5 153	4 655	273	225	22 056
辽宁	4 195	3 208	337	650	20 053
吉林	3 113	2 953	62	98	12 967
黑龙江	4 350	4 350	-	-	17 398
上海	825	261	365	200	4 829
江苏	4 657	2 610	1 757	290	23 305
浙江	4 062	3 027	675	360	19 039
安徽	4 543	4 182	306	55	19 000
福建	4 831	3 783	803	245	21 911
江西	5 894	5 590	203	102	24 390
山东	5 710	4 762	925	24	24 783
河南	6 448	4 909	511	1 027	30 921
湖北	6 204	5 834	324	46	25 651
湖南	6 080	5 758	321	-	24 961
广东	7 683	3 567	3 581	535	40 033
广西	4 603	4 417	117	69	18 922
海南	795	795	-	-	3 181
重庆	2 817	2 386	431	-	12 133
四川	6 523	5 875	648	-	27 388
贵州	5 434	5 288	145	-	22 024
云南	4 134	3 332	714	89	18 318
西藏	38	38	-	-	151
陕西	5 181	3 921	914	347	23 941
甘肃	4 827	4 648	166	13	19 694
青海	2 878	2 746	132	-	11 780
宁夏	1 609	1 590	20	-	6 477
新疆	4 395	4 309	86	-	17 753

2-19　全国公路密度及通达率

地　区	公　路　密　度		公　路　通　达　率（%）			
	以国土面积计算（公里/百平方公里）	以人口计算（公里/万人）	乡（镇）	通硬化路面所占比重	行政村	通硬化路面所占比重
全国总计	48.92	33.96	99.99	99.00	99.94	96.69
北　京	134.21	10.91	100.00	100.00	100.00	100.00
天　津	140.87	10.84	100.00	100.00	100.00	100.00
河　北	100.39	25.20	100.00	100.00	100.00	100.00
山　西	90.89	38.77	100.00	100.00	99.93	99.54
内蒙古	16.57	79.28	100.00	100.00	99.98	96.02
辽　宁	82.67	28.52	100.00	100.00	100.00	100.00
吉　林	54.69	38.50	100.00	100.00	100.00	100.00
黑龙江	36.23	42.91	100.00	100.00	100.00	99.96
上　海	209.63	5.50	100.00	100.00	100.00	100.00
江　苏	153.32	19.76	100.00	100.00	100.00	100.00
浙　江	116.95	24.43	100.00	100.00	99.81	99.81
安　徽	151.99	28.43	100.00	100.00	99.99	99.99
福　建	87.94	27.81	100.00	100.00	100.00	100.00
江　西	97.01	35.46	100.00	100.00	100.00	100.00
山　东	169.57	27.72	100.00	100.00	100.00	100.00
河　南	160.14	24.79	100.00	100.00	100.00	100.00
湖　北	139.96	44.43	100.00	100.00	100.00	100.00
湖　南	112.50	35.13	100.00	100.00	99.97	99.94
广　东	122.59	20.10	100.00	100.00	100.00	100.00
广　西	50.93	21.85	100.00	100.00	99.97	95.77

2-19 （续表一）

地 区	公 路 密 度		公 路 通 达 率（%）			
	以国土面积计算（公里/百平方公里）	以人口计算（公里/万人）	乡（镇）	通硬化路面所占比重	行政村	通硬化路面所占比重
海 南	83.24	31.09	100.00	100.00	99.97	99.91
重 庆	173.45	49.37	100.00	100.00	100.00	84.29
四 川	66.48	35.60	100.00	97.19	99.74	91.85
贵 州	108.82	54.60	100.00	100.00	100.00	81.31
云 南	60.42	50.20	100.00	100.00	99.89	89.59
西 藏	6.68	253.38	99.71	66.19	99.34	34.97
陕 西	83.89	45.69	100.00	100.00	100.00	92.39
甘 肃	31.48	55.23	100.00	100.00	100.00	86.91
青 海	10.90	136.92	100.00	98.57	100.00	92.14
宁 夏	51.12	51.31	100.00	100.00	100.00	95.16
新 疆	10.97	80.43	100.00	99.40	99.04	96.63

2-20　公路桥梁（按使用年限分）

地　区	总　计		总计中：永久式桥梁		总计中：危桥	
	数量（座）	长度（米）	数量（座）	长度（米）	数量（座）	长度（米）
全国总计	**805 291**	**49 169 681**	**790 802**	**48 831 947**	**71 441**	**2 078 530**
北　京	6 485	578 917	6 485	578 917	28	1 612
天　津	2 922	472 628	2 898	471 996	4	120
河　北	41 143	2 940 748	40 847	2 933 375	2 678	84 476
山　西	14 661	1 268 151	14 574	1 265 293	770	22 800
内蒙古	18 410	826 705	17 523	807 461	2 814	71 547
辽　宁	45 532	1 882 939	45 505	1 882 299	948	29 007
吉　林	16 041	654 779	15 819	648 707	1 268	33 635
黑龙江	22 734	941 872	20 670	907 822	5 986	124 365
上　海	11 266	705 394	11 262	705 289	42	5 385
江　苏	69 823	3 438 053	69 435	3 429 205	8 222	217 583
浙　江	49 129	2 883 090	49 116	2 882 805	646	30 384
安　徽	37 469	2 267 412	37 239	2 262 043	2 197	49 912
福　建	26 923	1 981 211	26 871	1 979 121	547	22 940
江　西	27 605	1 587 567	25 921	1 554 707	4 758	169 883
山　东	49 046	2 227 366	49 046	2 227 366	4 331	172 118
河　南	48 576	2 327 177	47 654	2 308 788	13 260	332 644
湖　北	40 668	2 678 588	40 667	2 678 502	8 772	211 179
湖　南	38 117	2 111 393	37 411	2 095 760	1 216	31 833
广　东	46 485	3 487 336	46 398	3 484 884	993	66 111
广　西	17 797	976 550	17 724	974 131	784	32 239
海　南	6 034	207 693	5 960	205 970	490	16 007
重　庆	11 101	778 285	10 920	772 197	551	15 351
四　川	40 354	2 688 744	39 390	2 662 579	1 653	65 590
贵　州	20 640	2 516 428	20 592	2 514 787	2 285	72 365
云　南	26 020	2 312 395	25 661	2 293 696	1 476	55 055
西　藏	9 191	307 353	7 063	259 282	591	19 708
陕　西	25 429	2 418 009	24 271	2 389 065	968	31 334
甘　肃	11 251	597 980	10 831	583 093	1 166	44 832
青　海	5 894	334 106	5 767	327 217	302	7 324
宁　夏	4 692	249 602	4 692	249 602	201	5 303
新　疆	13 853	521 209	12 590	495 986	1 494	35 889

2-21 公路桥

地区	总计 数量（座）	总计 长度（米）	特大桥 数量（座）	特大桥 长度（米）	大 数量（座）
全国总计	805 291	49 169 681	4 257	7 535 423	86 178
北 京	6 485	578 917	72	141 086	978
天 津	2 922	472 628	106	193 450	508
河 北	41 143	2 940 748	273	543 312	5 364
山 西	14 661	1 268 151	90	138 925	2 903
内蒙古	18 410	826 705	34	67 649	1 490
辽 宁	45 532	1 882 939	97	179 939	3 072
吉 林	16 041	654 779	22	30 195	1 022
黑龙江	22 734	941 872	36	67 422	1 490
上 海	11 266	705 394	77	189 344	664
江 苏	69 823	3 438 053	250	506 289	3 962
浙 江	49 129	2 883 090	271	633 848	3 948
安 徽	37 469	2 267 412	263	530 890	2 845
福 建	26 923	1 981 211	199	353 313	3 685
江 西	27 605	1 587 567	69	123 579	3 328
山 东	49 046	2 227 366	95	226 756	2 905
河 南	48 576	2 327 177	98	173 788	3 914
湖 北	40 668	2 678 588	308	601 970	4 488
湖 南	38 117	2 111 393	140	274 811	4 007
广 东	46 485	3 487 336	506	878 778	4 912
广 西	17 797	976 550	30	32 441	2 015
海 南	6 034	207 693	4	5 450	291
重 庆	11 101	778 285	86	74 876	1 930
四 川	40 354	2 688 744	228	341 615	6 043
贵 州	20 640	2 516 428	295	298 157	5 894
云 南	26 020	2 312 395	189	242 674	5 895
西 藏	9 191	307 353	37	51 947	421
陕 西	25 429	2 418 009	274	480 280	5 050
甘 肃	11 251	597 980	35	42 180	1 335
青 海	5 894	334 106	28	43 467	600
宁 夏	4 692	249 602	18	25 843	452
新 疆	13 853	521 209	27	41 149	767

梁（按跨径分）

桥	中 桥		小 桥	
长度（米）	数量（座）	长度（米）	数量（座）	长度（米）
22 515 045	183 381	9 989 249	531 475	9 129 964
261 956	1 856	110 211	3 579	65 663
201 747	911	49 540	1 397	27 891
1 404 623	9 521	566 274	25 985	426 539
768 456	3 371	206 215	8 297	154 554
323 152	3 401	210 670	13 485	225 234
729 665	7 681	452 132	34 682	521 202
243 652	3 338	191 027	11 659	189 905
326 451	5 069	299 824	16 139	248 175
239 645	3 065	133 189	7 460	143 216
1 128 343	18 909	902 802	46 702	900 618
1 098 362	11 559	578 401	33 351	572 480
854 651	7 420	402 059	26 941	479 812
1 033 395	5 445	298 831	17 594	295 673
813 867	7 348	398 560	16 860	251 562
694 165	12 273	681 833	33 773	624 613
920 286	13 260	675 886	31 304	557 216
1 223 663	6 921	374 210	28 951	478 745
1 009 890	7 024	380 842	26 946	445 850
1 570 296	9 011	506 820	32 056	531 442
442 582	5 061	297 438	10 691	204 090
57 699	1 348	71 636	4 391	72 909
447 906	2 342	129 033	6 743	126 470
1 440 525	8 756	457 703	25 327	448 901
1 774 406	4 848	264 330	9 603	179 535
1 382 542	7 791	467 279	12 145	219 900
77 371	1 766	76 564	6 967	101 472
1 364 992	5 826	343 768	14 279	228 969
278 112	2 923	158 372	6 958	119 316
142 250	1 460	84 613	3 806	63 776
97 747	1 357	76 187	2 865	49 826
162 649	2 520	143 002	10 539	174 409

2–22 公路

地区	公路					
	总计		特长隧道		长隧道	
	数量（处）	长度（米）	数量（处）	长度（米）	数量（处）	长度（米）
全国总计	**15 181**	**14 039 734**	**815**	**3 622 700**	**3 520**	**6 045 458**
北京	123	66 905	4	13 238	12	23 347
天津	4	7 572	–	–	4	7 572
河北	648	604 165	37	158 219	158	273 878
山西	943	1 034 706	89	484 235	163	281 577
内蒙古	42	58 662	7	24 840	13	23 321
辽宁	256	223 984	4	13 624	72	108 072
吉林	171	206 141	7	23 711	75	135 178
黑龙江	4	4 435	–	–	2	3 350
上海	2	10 757	1	8 955	1	1 802
江苏	24	33 255	3	11 275	7	14 725
浙江	1 691	1 146 017	35	154 129	309	523 170
安徽	324	249 565	14	46 877	59	106 780
福建	1 459	1 771 796	133	577 004	429	751 043
江西	287	280 580	13	58 267	81	136 706
山东	69	76 006	4	23 360	16	27 226
河南	489	245 000	4	13 662	55	90 232
湖北	983	963 587	76	342 360	208	343 205
湖南	735	612 760	28	114 579	147	252 388
广东	557	562 954	30	122 046	159	274 667
广西	591	365 782	12	43 191	84	138 471
海南	18	13 996	–	–	7	8 002
重庆	621	652 801	52	242 242	138	257 681
四川	1 026	1 058 744	73	315 997	271	452 787
贵州	1 502	1 482 829	62	227 046	473	794 262
云南	865	685 810	30	117 663	169	309 227
西藏	49	25 260	1	3 340	6	11 553
陕西	1 322	1 127 482	69	349 983	271	452 920
甘肃	213	258 873	15	75 856	75	134 222
青海	99	134 985	10	38 031	38	74 052
宁夏	26	40 799	2	18 970	5	10 243
新疆	38	33 526	–	–	13	23 803

隧道、渡口

隧 道				公 路 渡 口	
中 隧 道		短 隧 道		总 计（处）	机 动 渡 口（处）
数量（处）	长度（米）	数量（处）	长度（米）		
3 470	**2 477 850**	**7 376**	**1 893 726**	**1 867**	**784**
19	12 846	88	17 474	-	-
-	-	-	-	-	-
133	94 241	320	77 828	-	-
217	154 537	474	114 357	-	-
10	7 286	12	3 215	19	8
116	79 457	64	22 832	195	24
50	38 344	39	8 909	48	25
2	1 085	-	-	294	38
-	-	-	-	-	-
7	5 051	7	2 204	47	25
314	216 562	1 033	252 157	23	20
77	54 557	174	41 351	56	19
396	287 752	501	155 998	9	3
77	53 956	116	31 650	112	45
28	19 519	21	5 902	20	19
92	63 665	338	77 441	-	-
239	169 915	460	108 108	157	127
202	147 529	358	98 264	293	104
127	91 270	241	74 972	80	60
130	88 384	365	95 735	141	74
5	3 625	6	2 369	6	4
117	85 621	314	67 257	61	49
239	172 635	443	117 325	187	108
414	301 839	553	159 682	46	3
181	130 895	485	128 025	11	3
6	3 972	36	6 395	-	-
195	134 955	787	189 623	44	14
37	28 116	86	20 679	6	2
19	14 174	32	8 729	-	-
14	10 485	5	1 101	9	9
7	5 579	18	4 144	3	1

2–23 全国公路营

地 区	汽车数量合计（辆）	载 客 汽 车				载 货					
				大 型		合 计		货			
								普通货车		大 型	
		辆	客 位	辆	客 位	辆	吨 位	辆	吨 位	辆	吨 位
全国总计	**14 357 741**	**840 036**	**21 402 638**	**305 654**	**13 325 696**	**13 517 705**	**108 267 789**	**9 460 321**	**48 438 281**	**3 277 874**	**39 379 894**
北 京	250 948	69 850	815 007	7 944	389 023	181 098	1 021 452	148 178	602 493	47 963	456 406
天 津	193 378	8 244	334 084	6 680	299 257	185 134	1 221 949	127 224	357 015	19 979	197 068
河 北	1 451 827	25 302	702 280	9 692	391 696	1 426 525	13 560 407	763 233	3 370 491	207 950	2 557 110
山 西	499 682	14 516	380 417	5 514	224 207	485 166	5 508 638	236 617	1 504 848	95 798	1 316 655
内蒙古	319 761	11 719	397 458	7 513	313 791	308 042	2 314 223	209 475	1 103 738	61 905	870 687
辽 宁	771 729	30 583	827 028	12 349	546 666	741 146	4 989 928	549 398	2 300 375	144 672	1 729 801
吉 林	342 927	14 244	460 303	7 128	305 659	328 683	2 216 592	252 981	1 235 571	80 833	966 527
黑龙江	510 498	16 198	521 651	9 156	377 392	494 300	3 653 120	386 130	2 114 787	127 465	1 735 824
上 海	238 825	36 921	627 458	9 533	452 607	201 904	2 314 044	84 683	629 260	57 888	579 459
江 苏	807 012	48 126	1 637 037	29 956	1 420 616	758 886	6 859 566	513 832	3 169 997	272 811	2 762 342
浙 江	366 296	23 990	824 113	13 617	613 337	342 306	2 715 941	234 089	1 131 787	84 630	919 194
安 徽	685 228	29 224	825 011	10 944	492 114	656 004	5 898 712	447 396	2 904 883	182 280	2 539 002
福 建	266 867	16 529	474 853	6 924	298 273	250 338	2 121 149	169 964	800 318	51 523	643 227
江 西	329 302	16 078	460 346	5 701	246 021	313 224	3 199 111	191 512	1 281 826	81 758	1 094 731
山 东	1 025 674	25 593	884 947	15 805	661 055	1 000 081	11 880 984	456 740	3 410 730	253 508	3 059 262
河 南	1 014 037	44 980	1 381 625	18 221	801 143	969 057	8 143 172	640 454	3 337 005	219 205	2 648 070
湖 北	419 164	37 832	840 159	7 930	337 286	381 332	2 728 272	284 487	1 537 549	107 680	1 246 087
湖 南	415 251	45 065	1 078 620	11 042	469 945	370 186	2 239 973	316 286	1 404 657	93 853	1 095 019
广 东	737 682	39 329	1 636 987	31 714	1 454 910	698 353	5 390 514	508 061	2 452 094	156 448	1 925 048
广 西	522 115	32 515	940 132	15 008	629 932	489 600	3 063 170	422 026	2 121 369	142 696	1 712 670
海 南	68 149	6 286	185 911	2 894	113 911	61 863	265 304	55 855	174 165	9 950	112 641
重 庆	287 084	19 032	502 950	6 685	279 999	268 052	1 786 570	236 383	1 379 732	91 662	1 193 347
四 川	569 375	49 356	1 168 539	12 622	503 682	520 019	3 272 325	451 280	2 252 478	155 203	1 830 940
贵 州	281 982	30 012	653 088	4 994	220 308	251 970	1 123 751	231 013	980 649	64 858	730 549
云 南	638 039	48 720	804 476	8 054	319 931	589 319	2 492 480	562 464	2 112 769	137 405	1 585 572
西 藏	57 221	5 389	102 619	712	27 871	51 832	357 689	48 508	318 383	29 016	279 317
陕 西	433 324	28 859	597 901	8 119	338 669	404 465	2 505 801	323 660	1 457 798	87 220	1 148 434
甘 肃	313 165	20 534	469 182	7 203	288 151	292 631	1 397 249	263 250	1 029 737	77 929	784 499
青 海	78 082	3 339	93 350	1 510	63 317	74 743	427 906	63 230	269 596	15 975	214 443
宁 夏	108 974	5 318	160 904	2 525	112 294	103 656	954 254	66 044	462 488	31 077	419 131
新 疆	354 143	36 353	614 202	7 965	332 633	317 790	2 643 543	215 868	1 229 693	86 734	1 026 832

运车辆拥有量

汽车							其他机动车		轮胎式拖拉机	
车				牵引车	挂车					
专用货车		集装箱车								
辆	吨位	辆	TEU	辆	辆	吨	辆	吨位	辆	吨位
475 613	**5 276 267**	**21 002**	**31 692**	**1 742 091**	**1 839 680**	**54 553 241**	**276 377**	**273 217**	**129 820**	**134 256**
20 371	266 283	3 022	6 498	7 495	5 054	152 676	–	–	–	–
5 972	51 075	26	52	24 862	27 076	813 859	–	–	–	–
48 311	610 244	37	69	297 790	317 191	9 579 672	48 156	35 535	835	980
5 526	67 455	–	–	117 515	125 508	3 936 335	398	433	84	75
9 046	127 512	23	41	42 057	47 464	1 082 973	53	482	–	–
31 151	290 504	374	727	79 902	80 695	2 399 049	20 986	27 857	–	–
8 580	85 476	59	96	35 288	31 834	895 545	–	–	–	–
9 745	110 565	647	1 012	46 344	52 081	1 427 768	2 359	2 767	–	–
14 067	106 358	7	8	49 674	53 480	1 578 426	–	–	–	–
38 524	391 222	12	20	101 836	104 694	3 298 347	–	–	–	–
12 630	100 724	5	10	46 760	48 827	1 483 430	–	–	–	–
34 689	454 290	531	853	92 110	81 809	2 539 539	7 768	24 708	–	–
8 811	110 176	922	1 625	31 037	40 526	1 210 655	1 239	1 334	–	–
14 921	175 125	–	–	45 658	61 133	1 742 160	32 856	42 732	180	137
26 369	314 182	2 401	3 571	258 398	258 574	8 156 072	–	–	–	–
16 379	179 050	–	–	155 259	156 965	4 627 117	89 119	73 945	9 329	16 020
21 393	187 075	286	546	32 354	43 098	1 003 648	1 418	1 934	56	52
12 149	106 863	6	6	17 389	24 362	728 453	13 857	14 534	2 140	2 199
27 071	394 456	9 222	11 977	78 185	85 036	2 543 964	4	10	–	–
14 932	121 577	945	451	23 777	28 865	820 224	26 387	10 369	103 012	100 747
2 012	25 706	326	642	1 778	2 218	65 433	75	54	–	–
8 675	87 298	288	406	11 798	11 196	319 540	5	5	1 076	1 043
22 239	253 624	1 669	2 875	21 433	25 067	766 223	–	–	7 984	7 002
14 783	96 243	135	100	758	5 416	46 859	791	1 469	–	–
7 482	78 031	–	–	9 195	10 178	301 680	385	166	3 194	3 163
743	5 723	–	–	1 330	1 251	33 583	–	–	–	–
10 612	151 421	59	107	34 839	35 354	896 582	30 521	34 883	1 930	2 838
7 542	99 424	–	–	11 287	10 552	268 088	–	–	–	–
2 222	25 545	–	–	4 806	4 485	132 765	–	–	–	–
1 730	23 321	–	–	17 745	18 137	468 445	–	–	–	–
16 936	179 719	–	–	43 432	41 554	1 234 131	–	–	–	–

2-24 公路客、货运输量

地区	客运量（万人）	旅客周转量（万人公里）	货运量（万吨）	货物周转量（万吨公里）
全国总计	1 542 759	102 287 077	3 341 259	610 800 968
北　京	48 040	1 176 740	19 972	1 613 192
天　津	13 741	783 880	32 841	3 724 922
河　北	39 925	2 441 786	189 822	72 945 913
山　西	18 702	1 411 424	102 200	14 520 591
内蒙古	10 347	1 527 499	130 613	24 236 409
辽　宁	59 054	3 067 031	177 371	29 367 566
吉　林	27 186	1 687 249	40 777	10 847 715
黑龙江	28 550	2 000 960	42 897	9 047 558
上　海	3 402	1 149 761	39 055	2 819 765
江　苏	113 494	7 799 808	117 166	21 403 315
浙　江	83 033	4 651 202	133 999	16 267 849
安　徽	70 523	4 912 659	244 526	49 157 085
福　建	39 137	2 519 470	85 770	10 946 981
江　西	53 366	2 823 357	122 872	31 474 967
山　东	48 823	4 724 039	249 752	60 714 320
河　南	106 415	7 605 730	184 255	48 385 288
湖　北	88 221	4 873 270	122 656	25 068 580
湖　南	108 627	5 770 252	178 968	26 865 733
广　东	102 094	10 797 988	272 826	33 819 244
广　西	39 750	3 900 512	128 247	22 484 598
海　南	9 920	753 612	10 879	761 123
重　庆	55 594	3 367 483	89 390	9 354 493
四　川	109 716	5 978 420	146 046	15 653 087
贵　州	82 199	4 430 979	82 237	8 732 315
云　南	41 208	3 199 939	109 487	11 730 551
西　藏	889	237 417	1 906	944 962
陕　西	61 093	2 908 032	113 363	19 258 259
甘　肃	37 932	2 532 613	54 761	9 496 431
青　海	4 873	475 011	14 047	2 360 385
宁　夏	7 910	644 214	37 421	5 775 642
新　疆	28 993	2 134 739	65 139	11 022 129

2-25 交通拥挤度情况

地区	交通拥挤度					
	国道	国家高速公路	普通国道	省道	高速公路
全国合计	0.50	0.41	0.65	0.54	0.39
北京	0.77	0.86	0.62	1.15	1.16
天津	0.76	0.40	1.05	0.72	0.43
河北	0.68	0.52	0.91	0.78	0.53
山西	0.67	0.23	0.90	0.66	0.30
内蒙古	0.28	0.25	0.31	0.23	0.24
辽宁	0.54	0.41	0.62	0.42	0.36
吉林	0.34	0.22	0.46	0.31	0.22
黑龙江	0.20	0.15	0.35	0.22	0.13
上海	0.99	0.95	1.23	1.18	0.94
江苏	0.61	0.57	0.66	0.46	0.51
浙江	0.73	0.62	1.00	0.69	0.55
安徽	0.74	0.58	0.78	0.66	0.58
福建	0.33	0.24	1.00	0.41	0.22
江西	0.55	0.36	0.84	0.45	0.30
山东	0.65	0.59	0.77	0.74	0.57
河南	0.45	0.38	0.79	0.34	0.31
湖北	0.56	0.50	0.65	0.48	0.48
湖南	0.56	0.51	0.72	0.49	0.37
广东	0.81	0.65	1.15	0.82	0.63
广西	0.57	0.40	0.76	0.69	0.39
海南	0.58	0.44	0.90	0.69	0.41
重庆	0.48	0.45	0.53	0.42	0.45
四川	0.50	0.51	0.49	0.51	0.51
贵州	0.46	0.38	0.60	0.68	0.37
云南	0.39	0.29	0.52	0.61	0.29
西藏	0.34	-	0.34	0.58	-
陕西	0.36	0.31	0.61	0.50	0.30
甘肃	0.29	0.25	0.38	0.34	0.25
青海	0.25	0.26	0.24	0.19	0.26
宁夏	0.35	0.32	0.47	0.31	0.27
新疆	0.24	0.20	0.34	0.42	0.19

2-26 道路运输

地区	道路运输经营许可证在册数（张）	道路货物运输经营业户数			
		合计	普通货运	货物专用运输	集装箱运输
总计	7 222 773	6 790 901	6 649 973	76 742	22 917
北京	56 284	51 429	50 396	2 978	629
天津	26 999	21 398	21 272	2 855	1 921
河北	591 741	489 627	476 379	12 155	477
山西	237 232	227 064	226 203	336	3
内蒙古	208 066	197 830	197 185	479	22
辽宁	346 030	331 330	326 633	4 226	941
吉林	243 046	235 902	234 823	898	52
黑龙江	324 820	309 732	308 881	379	50
上海	39 405	33 546	31 145	5 210	3 186
江苏	381 627	364 858	360 107	15 192	2 895
浙江	169 943	162 131	159 296	3 240	1 484
安徽	216 938	208 852	207 740	876	109
福建	108 189	104 003	103 617	2 257	1 727
江西	140 838	136 582	136 260	238	–
山东	276 988	265 582	262 468	4 403	2 458
河南	507 037	465 249	399 490	1 371	35
湖北	221 070	201 136	198 155	3 053	429
湖南	319 622	298 258	295 902	2 672	164
广东	565 787	553 288	548 485	8 089	5 500
广西	417 100	409 913	409 399	1 174	298
海南	52 359	51 804	51 632	144	77
重庆	111 279	109 871	109 657	864	216
四川	328 496	299 453	296 979	2 343	187
贵州	162 430	155 650	155 432	110	1
云南	498 936	465 634	465 237	265	19
西藏	30 389	29 618	29 590	3	–
陕西	289 183	285 814	263 285	94	30
甘肃	124 028	111 308	110 883	198	–
青海	54 480	53 369	53 299	18	–
宁夏	85 870	84 566	84 388	18	4
新疆	86 561	76 104	75 755	604	3

资料来源：交通运输部运输服务司。

注：2010 年，交通运输部建立了城市客运统计报表制度，为避免重复统计，道路运输统计报表制度中的道路旅客运输经营业户统计范围不

经营业户数

（户）		道路旅客运输经营业户数（户）			
大型物件运输	危险货物运输	合　计	班车客运	旅游客运	包车客运
13 000	10 714	40 833	37 754	1 902	2 685
330	229	94	14	80	-
85	179	200	63	-	143
2 163	724	3 498	3 434	52	53
36	192	327	265	62	-
33	255	1 278	1 221	13	56
278	914	1 291	1 050	-	256
46	334	2 180	2 084	64	57
151	392	3 827	3 728	109	7
299	261	138	34	-	138
7 021	893	550	265	248	425
104	633	525	367	1	279
141	260	1 988	1 892	103	10
4	220	451	269	187	18
105	301	560	498	62	21
410	866	572	421	30	200
306	290	587	512	87	46
78	301	5 463	5 372	103	122
326	300	8 405	8 270	84	148
126	820	898	630	2	359
174	207	709	539	94	114
2	33	112	82	19	11
236	142	229	210	-	33
148	355	1 034	975	97	48
9	200	386	324	77	48
190	153	4 010	3 904	98	-
-	36	51	36	15	-
57	378	310	272	56	4
2	225	260	205	52	3
-	52	283	251	32	-
4	184	90	78	11	59
136	385	527	489	64	27

包含公共汽电车和出租汽车部分的内容。

2-27 道路运输相

地区	业户合计	站场	客运站	货运站（场）	机动车维修	汽车综合性能检测
总计	560 104	27 699	24 984	2 778	445 876	2 768
北京	5 844	21	10	11	4 086	13
天津	5 418	44	24	20	5 348	26
河北	22 775	273	198	76	18 375	226
山西	9 855	159	133	26	8 295	130
内蒙古	20 014	635	553	82	17 812	75
辽宁	19 288	514	405	109	15 343	81
吉林	9 257	156	104	53	6 927	96
黑龙江	11 301	1 001	890	111	8 387	140
上海	5 728	130	31	99	5 164	20
江苏	34 266	1 499	760	739	24 997	99
浙江	36 272	642	457	189	24 545	79
安徽	16 266	4 412	4 357	57	9 986	85
福建	7 428	1 956	1 953	3	4 557	55
江西	14 454	1 035	979	56	10 655	81
山东	26 430	962	576	406	22 520	159
河南	41 300	2 128	2 026	102	30 446	108
湖北	18 138	923	888	36	13 479	84
湖南	19 563	1 197	1 150	47	14 429	128
广东	58 381	1 127	932	195	52 489	136
广西	24 120	648	610	44	22 450	99
海南	5 199	70	70	-	2 982	36
重庆	11 943	333	333	-	10 743	-
四川	36 362	3 914	3 897	17	30 105	165
贵州	11 535	423	418	5	9 854	138
云南	36 548	619	589	30	28 884	109
西藏	3 144	101	90	11	2 786	13
陕西	15 656	1 057	1 020	37	11 984	91
甘肃	12 519	621	576	45	9 586	54
青海	2 503	102	100	2	2 216	27
宁夏	6 634	46	44	2	6 252	38
新疆	11 963	951	811	168	10 194	177

资料来源：交通运输部运输服务司。

关业务经营业户数

单位：户

机动车驾驶员培训	汽车租赁	其他	客运代理	物流服务	货运代办	信息配载
16 512	6 301	75 187	837	18 811	32 363	19 780
–	640	1 084	10	–	1 074	–
–	–	–	–	–	–	–
1 002	–	3 227	17	688	1 360	1 200
380	117	774	–	442	97	228
637	–	1 084	3	521	188	529
520	337	2 497	–	271	744	1 482
549	–	1 708	7	598	315	781
388	4	1 553	157	41	411	703
203	211	–	–	–	–	–
908	367	8 044	–	231	5 792	1 524
834	1 297	9 740	24	1 698	6 203	1 897
525	75	1 444	148	870	149	296
588	173	99	12	47	27	1
630	43	2 151	8	650	964	526
722	26	3 265	–	1 085	640	1 304
1 670	–	6 948	34	2 343	1 737	2 815
656	176	3 057	66	458	1 399	605
947	5	3 588	62	625	1 631	1 329
903	128	9 685	84	3 452	4 996	1 802
587	–	601	26	217	326	41
108	73	2 081	9	503	199	–
411	456	–	–	–	–	–
595	191	2 059	94	1 121	478	356
427	–	745	1	75	620	49
549	1 224	5 207	13	760	1 751	1 199
56	15	229	6	78	102	43
411	593	2 143	22	1 491	335	291
518	98	1 709	34	505	544	636
113	–	45	–	13	25	7
68	52	206	–	28	42	136
607	–	214	–	–	214	–

2-28 道路客

地 区	客运线路条数（条）					
	合 计	高速公路客运线路	跨省线路	跨地（市）线路	跨县线路	县内线路
总 计	177 641	25 884	17 172	36 475	34 439	89 555
北 京	1 187	674	777	-	39	371
天 津	681	122	436	82	-	163
河 北	8 340	650	1 614	1 070	2 117	3 539
山 西	4 019	702	581	816	775	1 847
内蒙古	5 413	628	768	808	1 506	2 331
辽 宁	6 879	656	435	1 538	1 826	3 080
吉 林	5 764	254	319	734	1 161	3 550
黑龙江	6 576	639	181	986	1 221	4 188
上 海	3 379	3 000	3 379	-	-	-
江 苏	9 138	3 284	3 023	3 390	1 083	1 642
浙 江	5 958	1 489	2 166	1 035	503	2 254
安 徽	9 683	1 350	2 255	1 793	1 288	4 347
福 建	4 811	1 731	664	1 083	970	2 094
江 西	6 899	704	1 062	1 105	999	3 733
山 东	8 161	2 238	1 489	2 770	2 012	1 890
河 南	9 268	1 173	2 123	2 157	1 620	3 368
湖 北	11 720	1 703	1 313	1 928	1 534	6 945
湖 南	13 401	1 595	1 554	2 189	2 572	7 086
广 东	13 051	3 360	3 684	4 246	1 466	3 655
广 西	9 390	1 183	2 004	2 251	1 827	3 308
海 南	737	359	145	217	133	242
重 庆	5 452	1 174	832	-	1 131	3 489
四 川	11 450	2 326	982	1 449	2 246	6 773
贵 州	7 921	1 900	734	898	1 618	4 671
云 南	6 559	769	352	1 117	1 134	3 956
西 藏	450	-	15	73	178	184
陕 西	5 441	761	666	880	1 125	2 770
甘 肃	5 531	480	357	794	1 009	3 371
青 海	887	44	79	138	91	579
宁 夏	2 046	191	317	343	222	1 164
新 疆	4 621	295	38	585	1 033	2 965

运线路班次

客运线路平均日发班次（班次/日）					
合计	高速公路客运线路	跨省线路	跨地（市）线路	跨县线路	县内线路
1 548 082	**123 384**	**54 630**	**182 497**	**301 700**	**1 009 255**
1 695	1 216	1 695	–	–	–
6 360	180	590	970	–	4 800
68 850	2 807	4 894	4 658	17 314	41 984
17 830	1 588	757	2 064	3 460	11 549
12 048	984	998	1 372	3 900	5 779
43 067	1 396	424	4 227	11 786	26 631
32 438	698	472	2 102	6 044	23 820
23 067	1 542	362	1 637	6 006	15 062
3 068	2 845	3 068	–	–	–
88 738	9 342	6 510	27 417	16 524	38 287
103 445	5 475	3 372	8 432	18 160	73 482
72 639	2 221	4 077	6 067	13 609	48 886
41 521	5 563	624	3 082	9 454	28 361
47 396	1 149	1 394	3 304	9 016	33 683
53 436	5 375	2 571	9 947	16 424	24 494
116 690	2 883	3 664	10 862	19 069	83 096
80 493	4 701	2 105	7 007	10 994	60 388
113 720	2 809	1 638	4 331	22 825	84 926
88 900	31 197	5 273	36 245	16 114	31 268
82 106	4 461	3 149	9 380	18 897	50 681
11 659	3 768	156	3 064	1 194	7 245
47 575	5 404	1 213	–	7 437	38 925
128 131	9 821	1 791	10 933	22 300	93 108
66 137	6 410	1 249	4 241	14 221	46 426
62 077	2 947	528	4 354	8 078	49 117
662	–	10	167	268	217
48 872	2 616	781	6 173	8 807	33 112
24 345	1 453	632	2 380	5 566	15 766
7 546	926	143	2 060	880	4 464
8 496	650	467	1 736	1 465	4 828
45 077	959	24	4 290	11 892	28 872

2-29 道路运输从业人员数

单位：人

地区	从业人员数合计	道路货物运输	道路旅客运输	站（场）经营	机动车维修经营	汽车综合性能检测站	机动车驾驶员培训	汽车租赁	其他相关业务经营
全国总计	28 976 824	21 074 372	3 224 187	416 709	2 775 671	53 891	1 115 318	65 676	251 000
北京	531 338	428 272	18 526	1 155	76 868	317	—	6 200	—
天津	535 909	449 274	21 173	1 221	63 850	391	—	—	—
河北	1 865 007	1 599 294	68 968	15 397	99 324	4 836	61 246	—	15 942
山西	876 926	715 632	33 981	7 908	80 103	2 585	30 642	1 124	4 951
内蒙古	567 886	394 067	82 361	8 890	49 573	950	29 291	—	2 754
辽宁	1 547 274	1 231 366	142 406	11 348	120 218	1 984	31 591	5 369	2 992
吉林	573 881	452 018	44 957	7 418	43 998	1 146	19 884	—	4 460
黑龙江	695 603	577 798	38 025	11 766	44 718	1 952	18 009	23	3 312
上海	575 018	465 130	15 885	1 487	47 388	554	26 514	18 060	—
江苏	1 980 713	1 378 235	379 762	20 628	131 225	2 731	61 366	1 398	5 368
浙江	829 145	444 904	52 057	27 939	202 712	2 174	68 674	9 281	21 404
安徽	1 140 438	867 271	127 160	19 932	79 879	1 995	38 926	389	4 886
福建	497 341	303 369	68 505	8 243	58 393	1 627	55 588	1 451	165
江西	711 983	532 202	58 754	10 951	65 297	1 143	33 267	202	10 167
山东	2 371 771	1 995 229	111 069	37 736	143 966	3 060	70 767	174	9 770
河南	2 726 817	2 132 816	194 866	46 190	215 924	5 363	63 638	—	68 020
湖北	1 111 169	755 426	226 732	15 453	64 271	1 550	41 715	1 637	4 385
湖南	823 505	507 447	121 135	26 300	89 097	2 238	51 339	502	25 447
广东	1 756 690	898 109	338 909	38 464	367 224	2 590	90 697	6 588	14 109
广西	1 188 609	760 697	311 727	10 792	58 898	1 603	41 870	—	3 022
海南	137 167	78 459	17 299	2 174	18 691	459	6 187	891	13 007
重庆	551 500	371 608	79 320	7 549	58 770	—	30 557	3 696	—
四川	1 261 781	805 290	178 317	21 317	183 831	2 556	63 359	863	6 248
贵州	601 129	340 078	124 544	13 845	69 110	2 913	47 968	—	2 671
云南	1 042 584	784 418	80 545	10 398	110 486	1 701	38 796	3 515	12 725
西藏	119 234	63 460	36 414	2 529	15 170	122	976	96	467
陕西	810 674	584 757	86 756	10 515	78 140	1 073	39 617	3 488	6 328
甘肃	550 531	413 556	54 713	8 155	47 595	987	18 500	480	6 545
青海	219 319	175 655	18 049	1 327	18 855	621	4 613	—	199
宁夏	214 508	170 836	13 150	1 761	21 595	741	4 853	249	1 323
新疆	561 374	397 699	78 122	7 921	50 502	1 929	24 868	—	333

注：2010年，交通运输部建立了城市客运统计报表制度，为避免重复统计，道路运输统计报表制度中的从业人员统计范围不包含公共汽电车和出租汽车部分的内容。

2-30　机动车维修业及汽车综合性能检测站

单位：户

地　区	机动车维修业户数				
	合计	一类汽车维修	二类汽车维修	三类汽车维修	摩托车维修
总　计	445 876	15 088	73 037	299 726	54 826
北　京	4 086	766	1 633	1 668	19
天　津	5 348	268	1 470	3 580	30
河　北	18 375	421	3 616	13 493	845
山　西	8 295	303	1 897	6 005	90
内蒙古	17 812	331	1 738	14 932	569
辽　宁	15 343	965	3 221	10 683	474
吉　林	6 927	149	1 053	5 534	189
黑龙江	8 387	285	1 397	6 403	298
上　海	5 164	166	2 148	2 636	214
江　苏	24 997	1 794	5 516	15 891	1 347
浙　江	24 545	1 040	4 431	16 260	2 587
安　徽	9 986	366	2 111	5 996	1 425
福　建	4 557	400	1 569	2 361	227
江　西	10 655	395	1 555	7 546	1 159
山　东	22 520	510	4 905	16 129	833
河　南	30 446	912	4 110	22 024	3 396
湖　北	13 479	929	2 564	8 963	852
湖　南	14 429	1 108	3 156	8 455	1 335
广　东	52 489	953	5 714	30 072	15 056
广　西	22 450	191	2 159	13 144	6 595
海　南	2 982	53	275	1 437	1 206
重　庆	10 743	364	1 497	7 350	1 532
四　川	30 105	960	4 963	19 707	4 354
贵　州	9 854	376	1 448	7 299	682
云　南	28 884	286	2 141	20 059	6 303
西　藏	2 786	78	239	2 106	336
陕　西	11 984	444	2 596	7 335	1 495
甘　肃	9 586	174	1 254	7 657	485
青　海	2 216	43	331	1 588	254
宁　夏	6 252	30	496	5 433	293
新　疆	10 194	28	1 834	7 980	346

2-30 （续表一）

地区	机动车维修业年完成主要工作量（辆次、台次）					
	合计	整车修理	总成修理	二级维护	专项修理	维修救援
总　计	337 199 898	4 742 431	9 130 737	39 752 521	245 675 785	4 540 736
北　京	12 477 024	6 132	13 885	489 046	11 805 291	162 670
天　津	6 207 200	96 700	200 500	1 964 300	3 945 700	-
河　北	7 727 651	57 373	289 241	1 187 220	5 717 569	99 014
山　西	3 671 582	9 977	56 900	335 128	3 269 577	48 894
内蒙古	3 035 771	38 983	167 824	316 937	2 383 813	43 678
辽　宁	25 421 893	115 314	424 239	723 602	23 340 284	143 866
吉　林	4 740 697	16 795	53 909	398 987	4 242 971	22 847
黑龙江	7 077 347	28 783	145 452	399 241	6 485 174	15 786
上　海	8 116 840	4 583	2 557	132 311	568 443	-
江　苏	34 624 493	291 285	1 000 122	2 771 780	20 518 868	425 607
浙　江	33 933 238	106 377	423 923	2 242 311	25 852 890	358 502
安　徽	4 323 712	11 799	586 461	986 923	2 597 320	66 200
福　建	6 211 506	119 271	289 134	1 666 010	4 022 467	114 994
江　西	3 727 872	84 188	258 670	1 203 030	2 140 755	52 539
山　东	18 031 139	438 765	620 629	2 921 374	12 971 120	311 635
河　南	13 839 799	240 218	491 302	2 810 576	9 857 137	326 884
湖　北	8 420 163	296 690	290 730	2 546 043	4 884 505	114 320
湖　南	5 401 069	84 921	265 221	1 167 879	3 270 067	101 973
广　东	47 690 817	2 166 850	1 798 396	7 660 902	27 236 121	1 142 867
广　西	8 500 715	61 631	112 488	779 983	7 459 480	39 009
海　南	1 483 292	22 054	94 230	188 349	1 059 571	40 214
重　庆	3 806 567	38 936	136 661	538 410	2 999 490	93 070
四　川	27 649 771	186 454	803 045	2 708 763	23 368 592	498 303
贵　州	7 374 371	57 334	180 646	523 807	6 373 819	58 311
云　南	19 189 759	58 764	151 876	992 553	17 790 987	168 430
西　藏	139 239	1 529	2 209	52 746	84 783	2 241
陕　西	4 538 966	25 170	73 901	766 296	3 537 011	28 591
甘　肃	2 136 486	16 981	47 092	699 910	1 326 830	19 716
青　海	801 078	18 655	42 071	137 581	565 148	14 001
宁　夏	3 085 913	5 833	57 435	62 093	2 949 758	8 641
新　疆	3 813 928	34 086	49 988	378 430	3 050 244	17 933

2-30（续表二）

地区	汽车综合性能检测站数量合计（个）	汽车综合性能检测站年完成检测量（辆次）						
		合计	维修竣工检测	等级评定检测	维修质量监督检测	其他检测	排放检测	质量仲裁检测
总 计	2 768	26 084 742	11 028 911	10 453 519	520 606	3 945 017	2 832 915	15 127
北 京	13	253 164	84 497	168 461	206	–	–	–
天 津	26	180 529	–	153 669	26 860	–	–	–
河 北	226	1 899 302	880 597	799 056	51 431	134 933	129 654	300
山 西	130	636 881	249 713	306 731	6 284	74 153	59 463	14
内蒙古	75	446 158	214 415	179 820	1 588	38 274	37 437	321
辽 宁	81	959 551	167 722	587 653	–	144 640	135 464	–
吉 林	96	424 380	165 791	230 780	2 191	31 600	26 111	2
黑龙江	140	592 910	279 643	224 381	2 171	48 790	20 747	391
上 海	20	224 591	181 119	180 435	–	264	–	–
江 苏	99	1 866 861	204 024	590 140	5 736	930 690	522 139	969
浙 江	79	1 135 397	209 760	401 397	15 723	563 959	433 188	2 527
安 徽	85	1 047 608	551 647	421 007	1 151	41 185	23 947	–
福 建	55	855 786	528 948	297 181	501	40 134	40 134	–
江 西	81	438 581	166 644	219 096	10 457	18 363	15 377	624
山 东	159	1 897 071	766 526	796 091	90 705	288 072	89 455	–
河 南	108	3 342 221	1 871 420	762 107	27 158	332 664	285 463	551
湖 北	84	636 160	265 044	299 429	25 020	78 031	29 834	–
湖 南	128	1 279 042	631 898	334 814	42 924	206 051	151 056	1 149
广 东	136	1 582 333	709 784	802 920	49 853	169 540	152 825	2 847
广 西	99	633 191	315 506	274 051	33 238	45 966	24 257	–
海 南	36	298 742	97 863	59 394	24 912	29 356	28 156	713
重 庆	–	–	–	–	–	–	–	–
四 川	165	1 662 780	898 788	630 753	28 234	289 875	285 159	2 497
贵 州	138	360 226	93 528	158 603	9 905	75 776	61 680	1 116
云 南	109	1 330 545	747 921	553 152	28 820	6 413	3 729	–
西 藏	13	64 348	22 896	27 309	107	17 878	1 631	736
陕 西	91	415 985	170 565	230 795	16 850	21 679	15 987	16
甘 肃	54	386 603	95 358	276 773	14 397	–	–	–
青 海	27	259 493	121 826	91 929	969	56 554	47 890	28
宁 夏	38	310 635	17 717	81 741	2 013	210 750	204 830	–
新 疆	177	663 668	317 751	313 851	1 202	49 427	7 302	326

2-31 2016 年、2015 年

地区	货物运输					
	年运输量合计		出境		年出入境辆次	年 C 种许可证使用量
	吨	吨公里	吨	吨公里	辆次	张
2016 年总计	**46 772 192**	**2 627 667 100**	**9 960 077**	**941 293 399**	**1 626 952**	**420 318**
内蒙古	31 059 427	1 212 082 734	2 719 604	36 087 280	488 687	39 692
辽宁	277 000	1 800 500	277 000	1 800 500	19 800	–
吉林	1 830 891	55 511 920	449 650	26 791 263	127 386	4 591
黑龙江	1 362 246	57 103 737	477 170	19 830 904	90 138	44 688
广西	2 786 776	28 899 360	1 682 961	16 011 226	242 914	43 504
云南	6 262 621	364 303 326	2 603 901	213 954 179	452 425	200 653
西藏	–	–	–	–	–	–
新疆	3 193 231	907 965 523	1 749 791	626 818 047	205 602	87 190

地区	货物运输					
	年运输量合计		出境		年出入境辆次	年 C 种许可证使用量
	吨	吨公里	吨	吨公里	辆次	张
2015 年总计	**37 467 992**	**2 466 298 692**	**11 372 302**	**1 019 529 127**	**1 624 041**	**390 515**
内蒙古	21 528 806	833 501 930	3 607 991	50 204 554	426 625	35 663
辽宁	299 600	1 947 400	299 600	599 200	22 440	–
吉林	1 635 613	50 972 811	335 117	20 355 155	124 296	5 092
黑龙江	1 485 592	64 871 174	624 405	26 406 724	96 395	47 426
广西	2 481 464	23 694 479	1 660 611	16 105 109	253 282	40 175
云南	6 318 108	330 836 226	2 823 556	178 285 474	468 668	167 340
西藏	–	–	–	–	–	–
新疆	3 718 809	1 160 474 672	2 021 022	727 572 911	232 335	94 819

资料来源：交通运输部运输服务司。

出入境汽车运输对比表

旅客运输						
年运输量合计		出　境		年出入境辆次	年A种许可证使用量	年B种许可证使用量
人次	人公里	人次	人公里	辆次	张	张
7 278 490	498 841 513	3 554 248	250 356 816	805 962	850	112 153
2 624 469	47 115 853	1 298 155	17 348 750	85 552	78	7 278
53 320	601 040	26 820	548 040	4 546	-	10
415 676	45 073 052	208 088	22 569 240	13 026	36	732
980 757	45 884 639	461 959	21 263 278	34 484	123	3 215
79 074	33 517 100	54 785	23 315 190	3 714	-	39
2 487 191	179 836 262	1 192 782	95 863 240	639 680	37	99 330
-	-	-	-	-	-	-
638 003	146 813 567	311 659	69 449 078	24 960	576	1 549
旅客运输						
年运输量合计		出　境		年出入境辆次	年A种许可证使用量	年B种许可证使用量
人次	人公里	人次	人公里	辆次	张	张
7 129 383	464 745 613	3 467 716	236 032 189	843 972	1 134	122 473
2 205 270	39 021 185	1 136 567	19 931 753	55 481	77	5 743
31 680	63 360	31 680	63 360	2 376	-	-
260 397	26 904 760	133 207	13 341 710	10 111	36	732
900 903	37 936 011	391 288	17 032 721	34 623	80	2 473
73 718	31 698 740	42 343	18 207 490	726	-	23
2 806 681	151 097 696	1 311 304	77 888 944	717 528	37	111 878
-	-	-	-	-	-	-
850 734	178 023 861	421 327	89 566 211	23 127	904	1 624

2-32 出入境汽车运输——分国

行政区名称	货物运输				年出入境辆次	年C种许可证使用量
	年运输量合计		出境			
	吨	吨公里	吨	吨公里	辆次	张
中俄小计	2 002 344	75 930 772	873 976	27 330 308	145 309	72 756
黑龙江	1 362 246	57 103 737	477 170	19 830 904	90 138	44 688
吉 林	74 548	8 945 760	11 077	1 329 240	8 340	4 170
内蒙古	565 550	9 881 275	385 729	6 170 164	46 831	23 898
中朝小计	2 033 343	48 366 660	715 573	27 262 523	138 846	421
吉 林	1 756 343	46 566 160	438 573	25 462 023	119 046	421
辽 宁	277 000	1 800 500	277 000	1 800 500	19 800	–
中蒙小计	31 632 132	1 373 780 808	2 376 343	32 652 627	471 463	21 209
内蒙古	30 493 877	1 202 201 459	2 333 875	29 917 116	441 856	15 794
新 疆	1 138 255	171 579 349	42 468	2 735 511	29 607	5 415
中越小计	5 449 676	33 976 616	2 777 807	18 088 778	404 084	129 507
广 西	2 786 776	28 899 360	1 682 961	16 011 226	242 914	43 504
云 南	2 662 900	5 077 256	1 094 846	2 077 552	161 170	86 003
中 哈	1 093 222	141 033 814	833 161	75 820 048	89 211	44 577
中 吉	720 759	437 824 000	638 933	393 806 200	71 845	29 724
中 塔	193 692	132 908 186	193 242	132 605 750	11 791	5 860
中 巴	47 303	24 620 174	41 987	21 850 538	3 148	1 614
中 老	1 046 939	153 740 218	513 641	74 663 692	82 677	82 677
中 缅	2 552 782	205 485 852	995 414	137 212 935	208 578	31 973
中 尼	–	–	–	–	–	–
内地与港澳	152 381 048	23 921 348 994	89 574 658	17 294 649 699	26 806 950	–
广 西	–	–	–	–	–	–
广 东	152 381 048	23 921 348 994	89 574 658	17 294 649 699	26 806 950	–

家（特别行政区）运输完成情况

旅客运输						
年运输量合计		出境		年出入境辆次	年A种许可证使用量	年B种许可证使用量
人次	人公里	人次	人公里	辆次	张	张
1 876 739	**97 565 990**	**922 583**	**47 524 811**	**76 485**	**207**	**10 956**
980 757	45 884 639	461 959	21 263 278	34 484	123	3 215
363 116	43 573 920	181 808	21 816 960	11 706	36	732
532 546	7 612 391	278 496	3 949 533	30 285	48	6 999
105 560	**1 605 132**	**52 780**	**805 280**	**5 856**	**–**	**–**
52 560	1 499 132	26 280	752 280	1 320	–	–
53 000	106 000	26 500	53 000	4 536	–	–
2 253 018	**49 786 158**	**1 097 585**	**18 524 946**	**55 530**	**32**	**362**
2 091 923	39 503 462	1 019 659	13 399 217	55 267	30	279
161 095	10 282 696	77 926	5 125 729	263	2	83
79 495	**33 637 506**	**54 785**	**23 315 190**	**3 819**	**–**	**73**
79 074	33 517 100	54 785	23 315 190	3 714	–	39
421	120 406	–	–	105	–	34
456 317	**124 663 186**	**224 168**	**58 472 478**	**21 918**	**531**	**1 038**
10 883	**7 359 300**	**5 614**	**3 792 400**	**1 239**	**11**	**–**
–	**–**	**–**	**–**	**–**	**–**	**–**
9 708	**4 508 385**	**3 951**	**2 058 471**	**1 540**	**32**	**428**
459 987	**89 116 940**	**233 363**	**45 145 020**	**98 600**	**37**	**97 936**
2 026 783	**90 598 916**	**959 419**	**50 718 220**	**540 975**	**–**	**1 360**
–	**–**	**–**	**–**	**–**	**–**	**–**
13 190 400	**3 283 191 963**	**6 186 413**	**1 313 303 732**	**746 344**	**–**	**–**
71 666	40 065 730	36 006	20 140 230	3 122	–	–
13 118 734	3 243 126 233	6 150 407	1 293 163 502	743 222	–	–

2-33 出入境汽车运输

行政区名称	货物运输					
	年运输量合计		出境		年出入境辆次	年C种许可证使用量
	吨	吨公里	吨	吨公里	辆次	张
中俄小计	**427 830**	**20 504 106**	**235 447**	**10 807 527**	**29 940**	**15 173**
黑龙江	342 817	18 261 711	222 934	10 799 467	21 592	10 987
吉　林	478	57 360	13	1 560	156	78
内蒙古	84 535	2 185 035	12 500	6 500	8 192	4 108
中朝小计	**1 493 207**	**39 718 209**	**708 258**	**26 750 285**	**112 961**	**1**
吉　林	1 216 207	37 917 709	431 258	24 949 785	93 161	1
辽　宁	277 000	1 800 500	277 000	1 800 500	19 800	–
中蒙小计	**4 625 719**	**173 628 415**	**1 047 566**	**27 226 436**	**102 087**	**8 629**
内蒙古	3 873 500	115 309 218	1 047 159	27 170 046	85 868	8 629
新　疆	752 219	58 319 197	407	56 390	16 219	–
中越小计	**3 032 040**	**18 619 028**	**2 677 472**	**17 286 100**	**251 789**	**85 231**
广　西	1 682 961	16 033 010	1 582 626	15 208 548	167 524	12 654
云　南	1 349 079	2 586 018	1 094 846	2 077 552	84 265	72 577
中　哈	**221 421**	**68 942 663**	**47 720**	**14 663 707**	**18 783**	**9 217**
中　吉	**213 898**	**129 467 700**	**157 742**	**101 389 700**	**29 534**	**8 248**
中　塔	**87 966**	**60 414 948**	**87 579**	**60 156 045**	**5 060**	**–**
中　巴	**46 344**	**24 145 224**	**41 772**	**21 763 212**	**2 913**	**1 515**
中　老	**910 767**	**135 044 056**	**447 999**	**65 468 882**	**69 865**	**69 865**
中　缅	**1 740 240**	**162 898 596**	**791 023**	**106 495 994**	**145 306**	**27 773**
中　尼	**–**	**–**	**–**	**–**	**–**	**–**
内地与港澳	**1 593 525**	**187 765 180**	**155 455**	**145 832 069**	**379 848**	**–**
广　西	–	–	–	–	–	–
广　东	1 593 525	187 765 180	155 455	145 832 069	379 848	–

——中方完成运输情况

旅客运输						
年运输量合计		出境		年出入境辆次	年A种许可证使用量	年B种许可证使用量
人次	人公里	人次	人公里	辆次	张	张
905 300	**43 931 797**	**470 121**	**24 123 574**	**41 277**	**139**	**7 111**
382 721	14 557 270	184 048	7 399 881	15 291	79	505
205 901	24 708 120	116 952	14 034 240	5 668	36	463
316 358	4 171 367	168 801	2 194 413	20 308	24	6 133
100 736	**1 146 852**	**50 356**	**575 000**	**5 406**	**–**	**–**
47 736	1 040 852	23 856	522 000	870	–	–
53 000	106 000	26 500	53 000	4 536	–	–
970 196	**14 793 858**	**491 955**	**7 805 476**	**34 834**	**16**	**293**
963 987	14 056 248	488 771	7 285 296	34 802	14	279
6 209	737 610	3 184	520 180	32	2	14
65 012	**27 677 340**	**47 086**	**20 004 620**	**823**	**1**	**69**
64 818	27 621 856	47 086	20 004 620	764	1	35
194	55 484	–	–	59	–	34
221 846	**80 745 089**	**117 251**	**38 561 629**	**9 986**	**106**	**249**
6 664	**4 548 200**	**3 598**	**2 444 000**	**958**	**6**	**–**
–	**–**	**–**	**–**	**–**	**–**	**–**
3 654	**2 758 926**	**3 638**	**1 895 398**	**551**	**2**	**1**
420 690	**82 283 880**	**213 767**	**41 732 890**	**88 999**	**18**	**88 489**
1 049 215	**49 349 694**	**660 424**	**38 625 000**	**302 061**	**–**	**285**
–	**–**	**–**	**–**	**–**	**–**	**–**
1 441 716	**292 308 693**	**991 689**	**158 296 738**	**94 002**	**–**	**–**
71 666	40 065 730	36 006	20 140 230	3 122	–	–
1 370 050	252 242 963	955 683	138 156 508	90 880	–	–

主要统计指标解释

公路里程 指报告期末公路的实际长度。计算单位：公里。公路里程包括城间、城乡间、乡（村）间能行驶汽车的公共道路，公路通过城镇街道的里程，公路桥梁长度、隧道长度、渡口宽度。不包括城市街道里程，农（林）业生产用道路里程，工（矿）企业等内部道路里程和断头路里程。公路里程按已竣工验收或交付使用的实际里程计算。

公路里程一般按以下方式分组：

按公路行政等级分为国道、省道、县道、乡道、专用公路和村道里程。

按是否达到公路工程技术标准分为等级公路里程和等外公路里程。等级公路里程按技术等级分为高速公路、一级公路、二级公路、三级公路、四级公路里程。

按公路路面类型分为有铺装路面、简易铺装路面和未铺装路面。有铺装路面含沥青混凝土、水泥混凝土路面。

公路养护里程 指报告期内对公路工程设施进行经常性或季节性养护和修理的公路里程数。凡进行养护的公路，不论工程量大小、养护方式如何，均纳入统计，包括拨给补助费由群众养护的公路里程。计算单位：公里。

公路密度 指报告期末一定区域内单位国土面积或人口所拥有的公路里程数。一般地，按国土面积计算，计算单位：公里／百平方公里；按人口计算，计算单位：公里／万人。

公路通达率 指报告期末一定区域内已通公路的行政区占本区域全部行政区的比重。计算单位：%。行政区一般指乡镇或建制村。

公路桥梁数量 指报告期末公路桥梁的实际数量。计算单位：座。按桥梁的跨径分为特大桥、大桥、中桥、小桥数量。

公路隧道数量 指报告期末公路隧道的实际数量。计算单位：处。按隧道长度分为特长隧道、长隧道、中隧道和短隧道数量。

公路营运车辆拥有量 指报告期末在各地交通运输管理部门登记注册的从事公路运输的车辆实有数量。计算单位：辆。

客运量 指报告期内运输车辆实际运送的旅客人数。计算单位：人。

旅客周转量 指报告期内运输车辆实际运送的每位旅客与其相应运送距离的乘积之和。计算单位：人公里。

货运量 指报告期内运输车辆实际运送的货物重量。计算单位：吨。

货物周转量 指报告期内运输车辆实际运送的每批货物重量与其相应运送距离的乘积之和。计算单位：吨公里。

道路运输行业经营业户数 指报告期末持有道路运政管理机构核发的有效道路运输经营许可证，从事道路运输经营活动的业户数量。计算单位：户。一般按道路运输经营许可证核定的经营范围分为道路货物运输、道路旅客运输、道路运输相关业务经营业户数。

交通拥挤度 是指机动车当量数与适应交通量的比值。根据《关于调整公路交通情况调查车型分类及折算系数的通知》（厅规划字〔2010〕205号）要求，从2012年起全国公路交通情况调查报表采用新的车型分类及折算系数进行计算，新旧车型及折算系数关系详见下表所示。

2012年当量小客车折算系数		2005年当量小客车折算系数	
车型	折算系数	车型	折算系数
小型货车	1.0	小型载货汽车	1.0
中型货车	1.5	中型载货汽车	1.5
大型货车	3.0	大型载货汽车	2.0
特大型货车	4.0	特大型载货汽车	3.0
		拖挂车	3.0
集装箱车	4.0	集装箱车	3.0
中小客车	1.0	小型客车	1.0
大客车	1.5	大型客车	1.5
摩托车	1.0	摩托车	1.0
拖拉机	4.0	拖拉机	4.0
		畜力车	4.0
		人力车	1.0
		自行车	0.2

三、水路运输

简 要 说 明

一、本篇资料反映我国水路基础设施、运输装备和水路运输发展的基本情况。主要包括：内河航道通航里程、运输船舶拥有量、水路客货运输量、海上交通事故和搜救活动等。

二、水路运输按船舶航行区域分为内河、沿海和远洋运输。

三、本资料内河航道通航里程为年末通航里程，不含在建和未正式投入使用的航道里程，根据各省航道管理部门资料整理，由各省（区、市）交通运输厅（局、委）提供。

四、运输船舶拥有量根据各省航运管理部门登记的船舶资料整理，由各省（区、市）交通运输厅（局、委）提供。

五、水路运输量通过抽样调查和全面调查相结合的方法，按运输工具经营权和到达量进行统计，范围原则上为所有在交通运输主管部门审批备案，从事营业性旅客和货物运输生产的船舶。

六、船舶拥有量和水路运输量中不分地区是指国内运输企业的驻外机构船舶拥有量及其承运的第三国货物运输量。

七、海上险情及搜救活动统计范围是：由中国海上搜救中心、各省（区、市）海上搜救中心组织、协调或参与的搜救活动。"险情等级"的划分主要根据遇险人数划定：死亡或失踪3人以下的为一般险情，3人到9人为较大险情，10人到29人为重大险情，30人及以上为特大险情，具体内容参见《国家海上搜救应急预案》——海上突发事件险情分级。

3-1　全国内河航道通航里程数（按技术等级分）

单位：公里

地区	总计	等级航道								等外航道
		合计	一级	二级	三级	四级	五级	六级	七级	
全国总计	127 099	66 409	1 342	3 681	7 054	10 862	7 485	18 150	17 835	60 690
北　京	-	-	-	-	-	-	-	-	-	-
天　津	88	88	-	-	-	47	-	42	-	-
河　北	-	-	-	-	-	-	-	-	-	-
山　西	467	139	-	-	-	-	118	21	-	328
内蒙古	2 403	2 380	-	-	-	555	201	1 070	555	23
辽　宁	413	413	-	-	56	-	140	217	-	-
吉　林	1 456	1 381	-	-	64	227	654	312	124	75
黑龙江	5 098	4 723	-	967	864	1 185	490	-	1 217	375
上　海	2 176	998	125	-	115	116	121	403	118	1 178
江　苏	24 383	8 733	370	456	1 397	839	1 023	2 156	2 493	15 650
浙　江	9 765	4 985	14	12	239	1 179	493	1 576	1 473	4 780
安　徽	5 641	5 064	343	-	417	605	511	2 476	712	577
福　建	3 245	1 269	108	20	52	264	205	46	574	1 977
江　西	5 638	2 349	78	175	284	87	167	399	1 160	3 289
山　东	1 117	1 030	-	9	272	72	57	381	238	88
河　南	1 403	1 286	-	-	-	318	259	431	278	117
湖　北	8 433	5 980	229	688	842	390	861	1 763	1 206	2 453
湖　南	11 496	4 127	-	300	559	375	155	1 521	1 217	7 369
广　东	12 151	4 668	65	1	832	381	398	1 134	1 857	7 483
广　西	5 707	3 487	-	520	304	780	321	723	839	2 221
海　南	343	76	9	-	-	7	1	22	37	267
重　庆	4 352	1 852	-	533	455	140	191	126	406	2 501
四　川	10 818	3 945	-	-	288	1 090	389	589	1 588	6 873
贵　州	3 664	2 402	-	-	-	740	172	990	500	1 262
云　南	3 979	3 244	-	-	14	1 329	226	809	866	735
西　藏	-	-	-	-	-	-	-	-	-	-
陕　西	1 146	558	-	-	-	137	9	164	248	588
甘　肃	911	456	-	-	-	-	325	13	118	455
青　海	674	663	-	-	-	-	-	663	-	12
宁　夏	130	115	-	-	-	-	-	105	11	15
新　疆	-	-	-	-	-	-	-	-	-	-

3-2 全国内河航道通航里程数（按水系分）

单位：公里

地区	总计	长江水系	长江干流	珠江水系	黄河水系	黑龙江水系	京杭运河	闽江水系	淮河水系	其他水系
全国总计	127 099	64 883	2 813	16 450	3 533	8 211	1 438	1 973	17 507	14 466
北　京	–	–	–	–	–	–	–	–	–	–
天　津	88	–	–	–	–	–	15	–	–	88
河　北	–	–	–	–	–	–	–	–	–	–
山　西	467	–	–	–	467	–	–	–	–	–
内蒙古	2 403	–	–	–	939	1 401	–	–	–	63
辽　宁	413	–	–	–	–	256	–	–	–	157
吉　林	1 456	–	–	–	–	1 456	–	–	–	–
黑龙江	5 098	–	–	–	–	5 098	–	–	–	–
上　海	2 176	2 176	125	–	–	–	–	–	–	–
江　苏	24 383	10 892	370	–	–	–	795	–	13 450	9
浙　江	9 765	3 178	–	–	–	–	175	–	–	6 543
安　徽	5 641	3 112	343	–	–	–	–	–	2 469	61
福　建	3 245	–	–	–	–	–	–	1 973	–	1 272
江　西	5 638	5 638	78	–	–	–	–	–	–	–
山　东	1 117	–	–	–	198	–	453	–	870	49
河　南	1 403	186	–	–	499	–	–	–	718	–
湖　北	8 433	8 433	918	–	–	–	–	–	–	–
湖　南	11 496	11 439	80	32	–	–	–	–	–	25
广　东	12 151	–	–	8 387	–	–	–	–	–	3 764
广　西	5 707	105	–	5 603	–	–	–	–	–	–
海　南	343	–	–	343	–	–	–	–	–	–
重　庆	4 352	4 352	675	–	–	–	–	–	–	–
四　川	10 818	10 814	224	–	4	–	–	–	–	–
贵　州	3 664	2 254	–	1 410	–	–	–	–	–	–
云　南	3 979	1 300	–	676	–	–	–	–	–	2 004
西　藏	–	–	–	–	–	–	–	–	–	–
陕　西	1 146	818	–	–	328	–	–	–	–	–
甘　肃	911	187	–	–	705	–	–	–	–	20
青　海	674	–	–	–	276	–	–	–	–	398
宁　夏	130	–	–	–	118	–	–	–	–	12
新　疆	–	–	–	–	–	–	–	–	–	–

注：京杭运河航道里程中含长江等其他水系里程1 362公里。

3-3 全国内河航道通航里程数（按水域类型分）

单位：公里

地区	总计	天然河流及渠化河段航道	限制性航道	宽浅河流航道	山区急流河段航道	湖区航道	库区航道
全国总计	127 099	65 639	36 272	6 061	4 268	3 796	11 063
北京	-	-	-	-	-	-	-
天津	88	88	-	-	-	-	-
河北	-	-	-	-	-	-	-
山西	467	453	-	-	14	-	-
内蒙古	2 403	839	-	1 149	14	364	37
辽宁	413	413	-	-	-	-	-
吉林	1 456	572	-	165	102	-	617
黑龙江	5 098	36	-	4 734	85	176	67
上海	2 176	178	1 986	-	-	11	-
江苏	24 383	733	23 361	14	-	274	-
浙江	9 765	1 712	7 032	-	-	10	1 011
安徽	5 641	4 438	315	-	9	570	309
福建	3 245	2 747	53	-	305	-	140
江西	5 638	4 613	61	-	111	426	427
山东	1 117	331	522	-	-	264	-
河南	1 403	908	-	-	-	-	494
湖北	8 433	4 731	1 617	-	512	538	1 035
湖南	11 496	9 181	607	-	302	413	993
广东	12 151	11 094	670	-	-	-	387
广西	5 707	5 695	-	-	4	-	9
海南	343	268	-	-	-	-	75
重庆	4 352	3 225	16	-	331	6	775
四川	10 818	8 655	32	-	522	51	1 558
贵州	3 664	3 141	-	-	16	-	507
云南	3 979	137	-	-	1 533	281	2 028
西藏	-	-	-	-	-	-	-
陕西	1 146	1 116	-	-	-	-	30
甘肃	911	207	-	-	370	-	334
青海	674	12	-	-	36	398	229
宁夏	130	115	-	-	2	12	-
新疆	-	-	-	-	-	-	-

3-4 各水系内河航道通航里程数（按技术等级分）

单位：公里

技术等级	总计	长江水系	长江干流	珠江水系	黄河水系	黑龙江水系	京杭运河	淮河水系	闽江水系	其他水系
全国总计	127 099	64 883	2 813	16 450	3 533	8 211	1 438	17 507	1 973	14 466
等级航道	66 409	30 841	2 813	8 398	2 505	7 761	1 274	8 848	897	7 089
一级航道	1 342	1 145	1 145	16	–	–	–	–	50	130
二级航道	3 681	1 697	1 284	521	–	967	433	465	14	18
三级航道	7 054	3 372	384	1 150	73	967	415	1 289	–	202
四级航道	10 862	4 122	–	1 566	–	1 908	115	1 289	242	1 691
五级航道	7 485	2 979	–	752	628	1 344	61	989	135	654
六级航道	18 150	8 470	–	1 940	1 624	782	164	3 006	13	2 296
七级航道	17 835	9 056	–	2 453	180	1 793	86	1 811	444	2 098
等外航道	60 690	34 042	–	8 052	1 028	450	164	8 658	1 076	7 377

注：京杭运河航道里程中含长江等其他水系里程 1 362 公里。

3-5 各水域类型内河航道通航里程数（按技术等级分）

单位：公里

地区	总计	天然河流及渠化河段航道	限制性航道	宽浅河流航道	山区急流河段航道	湖区航道	库区航道
全国总计	127 099	65 639	36 272	6 061	4 268	3 796	11 063
等级航道	66 409	35 347	13 657	5 739	1 848	2 584	7 235
一级航道	1 342	1 342	–	–	–	–	–
二级航道	3 681	1 929	465	882	85	–	321
三级航道	7 054	4 234	1 670	928	61	45	115
四级航道	10 862	5 966	1 385	1 449	316	471	1 277
五级航道	7 485	3 205	1 771	743	281	375	1 110
六级航道	18 150	9 225	4 298	252	589	957	2 828
七级航道	17 835	9 447	4 067	1 486	515	736	1 585
等外航道	60 690	30 292	22 615	322	2 420	1 212	3 828

3-6 全国内河航道枢纽及通航建筑物数（按行政区域分）

地区	枢纽数量（处）	具有通航功能	通航建筑物数量（座）		正常使用	
			船闸	升船机	船闸	升船机
全国总计	4 212	2 374	859	46	599	22
北　京	-	-	-	-	-	-
天　津	6	6	5	-	1	-
河　北	9	9	3	-	2	-
山　西	1	-	-	-	-	-
内蒙古	2	-	-	-	-	-
辽　宁	4	2	1	-	1	-
吉　林	5	-	-	-	-	-
黑龙江	2	-	-	-	-	-
上　海	95	89	54	-	49	-
江　苏	692	584	113	-	111	-
浙　江	326	298	37	17	32	10
安　徽	99	52	45	1	34	1
福　建	148	29	20	1	12	1
江　西	83	22	19	2	11	1
山　东	42	19	15	-	11	-
河　南	35	3	3	-	-	-
湖　北	167	55	38	4	35	-
湖　南	494	151	133	13	48	4
广　东	1 211	880	200	-	150	-
广　西	135	42	40	3	20	3
海　南	2	-	-	-	-	-
重　庆	166	46	47	1	35	1
四　川	366	80	85	-	47	-
贵　州	93	6	1	2	-	-
云　南	12	2	1	1	1	1
西　藏	-	-	-	-	-	-
陕　西	3	1	-	1	-	-
甘　肃	15	-	-	-	-	-
青　海	2	-	-	-	-	-
宁　夏	1	-	-	-	-	-
新　疆	-	-	-	-	-	-

3-7 全国水路

地 区	轮驳船总计					一、机		
	艘数(艘)	净载重量(吨)	载客量(客位)	集装箱位(TEU)	功率(千瓦)	艘数(艘)	净载重量(吨)	载客量(客位)
全国总计	160 144	266 227 140	1 002 132	1 910 447	67 018 157	144 568	255 170 820	999 008
北 京	–	–	–	–	–	–	–	–
天 津	367	3 545 074	2 834	7 773	1 242 754	353	3 304 183	2 834
河 北	1 595	3 696 480	17 753	635	650 667	1 594	3 695 180	17 753
山 西	248	4 803	3 718	–	14 711	248	4 803	3 718
内蒙古	–	–	–	–	–	–	–	–
辽 宁	471	8 491 191	30 004	10 515	1 313 277	462	8 460 523	30 004
吉 林	736	26 914	15 669	–	40 943	708	12 064	15 669
黑龙江	1 543	310 891	20 809	402	144 017	1 208	107 531	20 809
上 海	1 472	31 917 114	39 330	1 092 766	11 032 487	1 450	31 870 977	39 330
江 苏	41 353	44 590 921	50 957	82 087	10 399 938	34 888	40 314 425	50 957
浙 江	15 971	25 853 243	85 514	26 888	6 537 088	15 904	25 836 993	85 514
安 徽	28 847	46 971 822	14 396	96 701	10 839 169	27 580	46 362 858	14 396
福 建	1 940	9 314 097	31 861	202 838	2 675 200	1 936	9 307 836	31 861
江 西	3 293	2 232 807	12 276	3 127	722 631	3 284	2 227 266	12 276
山 东	12 688	19 086 820	69 899	7 500	3 520 301	7 374	14 211 491	69 899
河 南	5 602	9 394 768	14 144	–	1 997 535	5 296	9 120 893	14 144
湖 北	4 010	7 557 985	45 012	3 718	2 165 576	3 857	7 307 685	45 012
湖 南	6 167	4 154 180	70 196	4 884	1 426 517	5 910	4 120 699	68 198
广 东	8 065	21 097 167	80 664	178 540	6 050 203	8 047	21 070 409	80 664
广 西	8 760	8 905 336	117 832	99 795	2 138 175	8 756	8 902 086	117 832
海 南	479	1 707 915	26 186	3 616	536 342	478	1 706 942	26 186
重 庆	3 367	6 418 780	56 378	83 209	1 573 014	3 322	6 341 232	56 378
四 川	7 265	1 220 864	77 272	5 453	561 482	6 216	1 159 658	77 272
贵 州	2 116	134 986	50 152	–	153 808	2 109	133 558	50 152
云 南	1 094	133 222	24 381	–	115 076	1 092	133 035	24 381
西 藏	–	–	–	–	–	–	–	–
陕 西	1 359	33 131	21 287	–	49 474	1 160	31 864	20 161
甘 肃	449	1 484	7 563	–	34 414	449	1 484	7 563
青 海	81	–	2 646	–	17 648	81	–	2 646
宁 夏	715	–	13 399	–	38 767	715	–	13 399
新 疆	–	–	–	–	–	–	–	–
不分地区	91	9 425 145	–	–	1 026 943	91	9 425 145	–

运输工具拥有量

动船		1. 客船			2. 客货船				
集装箱位（TEU）	功率（千瓦）	艘数（艘）	载客量（客位）	功率（千瓦）	艘数（艘）	净载重量（吨）	载客量（客位）	集装箱位（TEU）	功率（千瓦）
1 907 068	**67 018 157**	**21 911**	**861 943**	**2 109 519**	**431**	**324 265**	**137 065**	**2 525**	**819 319**
–	–	–	–	–	–	–	–	–	–
7 773	1 242 754	53	2 834	17 332	–	–	–	–	–
635	650 667	1 444	17 377	44 136	1	3 700	376	228	12 960
–	14 711	240	3 662	12 537	2	20	56	–	62
–	–	–	–	–	–	–	–	–	–
10 515	1 313 277	44	9 141	21 362	30	28 501	20 863	144	148 297
–	40 943	614	15 669	33 160	–	–	–	–	–
402	144 017	630	18 448	53 452	65	3 047	2 361	–	7 243
1 091 362	11 032 487	114	37 171	63 204	5	8 642	2 159	228	15 010
80 920	10 399 938	328	30 777	46 520	64	26 182	20 180	–	31 693
26 888	6 537 088	1 334	83 535	288 565	9	–	1 979	–	2 574
96 701	10 839 169	518	14 396	33 627	–	–	–	–	–
202 688	2 675 200	467	29 431	131 814	10	9 502	2 430	256	53 132
3 127	722 631	311	12 276	23 805	–	–	–	–	–
7 500	3 520 301	1 404	37 959	154 381	38	120 434	31 940	1 508	315 031
–	1 997 535	542	14 144	47 990	–	–	–	–	–
3 718	2 165 576	627	45 012	98 196	–	–	–	–	–
4 884	1 426 517	2 233	68 198	104 659	–	–	–	–	–
177 882	6 050 203	480	57 401	273 304	39	51 890	23 263	–	89 091
99 795	2 138 175	2 297	116 157	126 442	4	4 041	1 675	161	13 522
3 616	536 342	295	1 438	65 869	28	66 346	24 748	–	122 152
83 209	1 573 014	910	55 090	135 483	4	184	1 288	–	4 276
5 453	561 482	2 482	77 272	76 199	–	–	–	–	–
–	153 808	1 646	50 152	90 536	–	–	–	–	–
–	115 076	833	21 924	51 074	89	1 344	2 457	–	3 580
–	–	–	–	–	–	–	–	–	–
–	49 474	860	18 871	30 347	43	432	1 290	–	696
–	34 414	413	7 563	30 124	–	–	–	–	–
–	17 648	81	2 646	17 648	–	–	–	–	–
–	38 767	711	13 399	37 753	–	–	–	–	–
–	–	–	–	–	–	–	–	–	–
–	1 026 943	–	–	–	–	–	–	–	–

地 区	3. 货船				集装箱船			
	艘数（艘）	净载重量（吨）	集装箱位（TEU）	功率（千瓦）	艘数（艘）	净载重量（吨）	集装箱位（TEU）	功率（千瓦）
全国总计	119 710	254 675 206	1 904 543	62 643 533	1 654	10 521 177	829 835	5 487 311
北　京	-	-	-	-	-	-	-	-
天　津	266	3 297 955	7 773	1 107 829	2	79 009	7 490	65 495
河　北	144	3 691 480	407	579 721	1	2 470	407	2 500
山　西	6	4 395	-	2 112	-	-	-	-
内蒙古	-	-	-	-	-	-	-	-
辽　宁	377	8 432 021	10 371	1 120 030	10	149 329	9 436	60 811
吉　林	83	12 064	-	4 717	-	-	-	-
黑龙江	346	100 969	402	41 257	1	6 721	402	2 060
上　海	1 296	31 803 594	1 091 134	10 872 894	221	5 341 794	477 832	3 461 327
江　苏	33 374	40 269 311	80 920	9 927 722	118	580 944	40 641	211 208
浙　江	14 497	25 826 643	26 888	6 124 485	122	440 269	25 003	183 639
安　徽	26 916	46 356 941	96 701	10 764 980	60	308 605	22 319	109 773
福　建	1 454	9 298 334	202 432	2 475 310	104	1 384 782	97 169	585 914
江　西	2 971	2 227 266	3 127	698 062	1	1 691	94	660
山　东	5 416	14 079 761	5 992	2 677 699	7	69 006	4 387	30 004
河　南	4 737	9 119 575	-	1 945 793	-	-	-	-
湖　北	3 134	7 307 685	3 718	2 008 944	16	64 783	3 718	15 925
湖　南	3 661	4 120 699	4 884	1 317 786	14	43 317	2 833	10 164
广　东	7 464	20 982 600	177 882	5 566 390	804	1 395 186	95 666	572 911
广　西	6 453	8 898 045	99 634	1 997 329	59	177 499	10 017	51 058
海　南	155	1 640 596	3 616	348 321	9	47 218	3 616	24 208
重　庆	2 388	6 341 048	83 209	1 420 457	84	370 792	26 071	86 222
四　川	3 563	1 159 658	5 453	469 498	21	57 762	2 734	13 432
贵　州	463	133 558	-	63 272	-	-	-	-
云　南	167	121 653	-	59 666	-	-	-	-
西　藏	-	-	-	-	-	-	-	-
陕　西	252	22 726	-	18 026	-	-	-	-
甘　肃	36	1 484	-	4 290	-	-	-	-
青　海	-	-	-	-	-	-	-	-
宁　夏	-	-	-	-	-	-	-	-
新　疆	-	-	-	-	-	-	-	-
不分地区	91	9 425 145	-	1 026 943	-	-	-	-

(续表一)

			4. 拖 船		二、驳 船			
油 船								
艘数（艘）	净载重量（吨）	功率（千瓦）	艘数（艘）	功率（千瓦）	艘数（艘）	净载重量（吨）	载客量（客位）	集装箱位（TEU）
3 200	**15 771 768**	**3 335 768**	**2 516**	**1 445 786**	**15 576**	**11 056 320**	**3 124**	**3 379**
–	–	–	–	–	–	–	–	–
42	70 664	36 927	34	117 593	14	240 891	–	–
5	4 159	1 392	5	13 850	1	1 300	–	–
–	–	–	–	–	–	–	–	–
–	–	–	–	–	–	–	–	–
107	7 542 891	816 574	11	23 588	9	30 668	–	–
–	–	–	11	3 066	28	14 850	–	–
7	7 522	2 722	167	42 065	335	203 360	–	–
221	207 444	222 528	35	81 379	22	46 137	–	1 404
966	2 772 406	667 011	1 122	394 003	6 465	4 276 496	–	1 167
651	2 169 769	631 542	64	121 464	67	16 250	–	–
250	202 029	73 893	146	40 562	1 267	608 964	–	–
160	370 772	119 844	5	14 944	4	6 261	–	150
62	208 305	77 135	2	764	9	5 541	–	–
74	305 475	94 007	516	373 190	5 314	4 875 329	–	–
–	–	–	17	3 752	306	273 875	–	–
170	403 569	115 565	96	58 436	153	250 300	–	–
14	14 431	5 085	16	4 072	257	33 481	1 998	–
328	1 015 363	337 902	64	121 418	18	26 758	–	658
57	58 080	22 683	2	882	4	3 250	–	–
17	245 027	57 600	–	–	1	973	–	–
35	132 497	30 030	20	12 798	45	77 548	–	–
32	40 962	22 380	171	15 785	1 049	61 206	–	–
–	–	–	–	–	7	1 428	–	–
2	403	948	3	756	2	187	–	–
–	–	–	–	–	–	–	–	–
–	–	–	5	405	199	1 267	1 126	–
–	–	–	–	–	–	–	–	–
–	–	–	–	–	–	–	–	–
–	–	–	4	1 014	–	–	–	–
–	–	–	–	–	–	–	–	–
–	–	–	–	–	–	–	–	–

3-8 远洋运输

地区	轮驳船总计					一、机		
	艘数(艘)	净载重量(吨)	载客量(客位)	集装箱位(TEU)	功率(千瓦)	艘数(艘)	净载重量(吨)	载客量(客位)
全国总计	2 409	65 227 618	24 159	1 194 208	15 197 363	2 400	65 217 356	24 159
北京	-	-	-	-	-	-	-	-
天津	1	6 228	-	-	4 452	1	6 228	-
河北	20	2 204 130	376	228	274 553	20	2 204 130	376
山西	-	-	-	-	-	-	-	-
内蒙古	-	-	-	-	-	-	-	-
辽宁	54	7 246 141	800	307	754 679	54	7 246 141	800
吉林	-	-	-	-	-	-	-	-
黑龙江	-	-	-	-	-	-	-	-
上海	298	20 705 998	316	1 019 267	7 997 770	298	20 705 998	316
江苏	106	4 010 252	-	9 003	821 118	106	4 010 252	-
浙江	40	3 024 860	-	680	382 151	40	3 024 860	-
安徽	-	-	-	-	-	-	-	-
福建	93	1 955 802	3 963	8 173	434 612	93	1 955 802	3 963
江西	-	-	-	-	-	-	-	-
山东	64	6 335 421	5 585	2 355	748 188	64	6 335 421	5 585
河南	1	420	-	-	-	-	-	-
湖北	-	-	-	-	-	-	-	-
湖南	3	218 000	-	-	9 000	3	218 000	-
广东	1 495	8 994 211	12 720	142 411	2 512 569	1 487	8 984 369	12 720
广西	117	268 136	399	10 768	74 505	117	268 136	399
海南	24	809 467	-	1 016	151 382	24	809 467	-
重庆	2	23 407	-	-	5 441	2	23 407	-
四川	-	-	-	-	-	-	-	-
贵州	-	-	-	-	-	-	-	-
云南	-	-	-	-	-	-	-	-
西藏	-	-	-	-	-	-	-	-
陕西	-	-	-	-	-	-	-	-
甘肃	-	-	-	-	-	-	-	-
青海	-	-	-	-	-	-	-	-
宁夏	-	-	-	-	-	-	-	-
新疆	-	-	-	-	-	-	-	-
不分地区	91	9 425 145	-	-	1 026 943	91	9 425 145	-

工具拥有量

动 船		1. 客 船			2. 客货船				
集装箱位 （TEU）	功率 （千瓦）	艘数 （艘）	载客量 （客位）	功率 （千瓦）	艘数 （艘）	净载重量 （吨）	载客量 （客位）	集装箱位 （TEU）	功率 （千瓦）
1 194 078	15 197 363	64	15 047	185 503	18	70 468	9 112	2 525	224 093
–	–	–	–	–	–	–	–	–	–
–	4 452	1	–	4 452	–	–	–	–	–
228	274 553	–	–	–	1	3 700	376	228	12 960
–	–	–	–	–	–	–	–	–	–
307	754 679	–	–	–	1	5 695	800	144	19 845
–	–	–	–	–	–	–	–	–	–
1 019 267	7 997 770	–	–	–	1	4 371	316	228	12 360
9 003	821 118	–	–	–	–	–	–	–	–
680	382 151	–	–	–	–	–	–	–	–
8 173	434 612	10	2 520	34 087	2	7 123	1 443	256	48 286
–	–	–	–	–	–	–	–	–	–
2 355	748 188	–	–	–	7	47 014	5 585	1 508	120 405
–	–	–	–	–	–	–	–	–	–
–	–	–	–	–	–	–	–	–	–
–	9 000	–	–	–	–	–	–	–	–
142 281	2 512 569	53	12 527	146 964	5	19	193	–	315
10 768	74 505	–	–	–	1	2 546	399	161	9 922
1 016	151 382	–	–	–	–	–	–	–	–
–	5 441	–	–	–	–	–	–	–	–
–	–	–	–	–	–	–	–	–	–
–	–	–	–	–	–	–	–	–	–
–	–	–	–	–	–	–	–	–	–
–	–	–	–	–	–	–	–	–	–
–	–	–	–	–	–	–	–	–	–
–	–	–	–	–	–	–	–	–	–
–	1 026 943	–	–	–	–	–	–	–	–

3-8

地区	3.货船				集装箱船			
	艘数（艘）	净载重量（吨）	集装箱位（TEU）	功率（千瓦）	艘数（艘）	净载重量（吨）	集装箱位（TEU）	功率（千瓦）
全国总计	2 306	65 130 992	1 191 553	14 778 940	783	5 583 038	496 215	3 594 436
北京	–	–	–	–	–	–	–	–
天津	–	–	–	–	–	–	–	–
河北	19	2 200 430	–	261 593	–	–	–	–
山西	–	–	–	–	–	–	–	–
内蒙古	–	–	–	–	–	–	–	–
辽宁	53	7 240 446	163	734 834	1	1 080	163	970
吉林	–	–	–	–	–	–	–	–
黑龙江	–	–	–	–	–	–	–	–
上海	297	20 701 627	1 019 039	7 985 410	91	4 346 045	406 798	3 028 149
江苏	106	4 010 252	9 003	821 118	10	91 112	9 003	73 517
浙江	40	3 024 860	680	382 151	1	7 364	680	6 300
安徽	–	–	–	–	–	–	–	–
福建	81	1 948 679	7 917	352 239	21	89 326	7 162	49 989
江西	–	–	–	–	–	–	–	–
山东	57	6 288 407	847	627 783	1	12 696	847	7 988
河南	–	–	–	–	–	–	–	–
湖北	–	–	–	–	–	–	–	–
湖南	3	218 000	–	9 000	–	–	–	–
广东	1 417	8 974 682	142 281	2 356 463	640	997 915	69 046	411 283
广西	116	265 590	10 607	64 583	17	24 793	1 500	9 310
海南	24	809 467	1 016	151 382	1	12 707	1 016	6 930
重庆	2	23 407	–	5 441	–	–	–	–
四川	–	–	–	–	–	–	–	–
贵州	–	–	–	–	–	–	–	–
云南	–	–	–	–	–	–	–	–
西藏	–	–	–	–	–	–	–	–
陕西	–	–	–	–	–	–	–	–
甘肃	–	–	–	–	–	–	–	–
青海	–	–	–	–	–	–	–	–
宁夏	–	–	–	–	–	–	–	–
新疆	–	–	–	–	–	–	–	–
不分地区	91	9 425 145	–	1 026 943	–	–	–	–

(续表一)

	油 船			4. 拖 船		二、驳 船			
艘数（艘）	净载重量（吨）	功率（千瓦）	艘数（艘）	功率（千瓦）	艘数（艘）	净载重量（吨）	载客量（客位）	集装箱位（TEU）
108	**9 389 497**	**1 166 432**	**12**	**8 827**	**9**	**10 262**	**-**	**130**
-	-	-	-	-	-	-	-	-
-	-	-	-	-	-	-	-	-
-	-	-	-	-	-	-	-	-
-	-	-	-	-	-	-	-	-
34	7 212 485	710 560	-	-	-	-	-	-
-	-	-	-	-	-	-	-	-
-	-	-	-	-	-	-	-	-
34	1 503 641	303 510	-	-	-	-	-	-
-	-	-	-	-	-	-	-	-
1	70 000	10 600	-	-	-	-	-	-
-	-	-	-	-	-	-	-	-
2	85 356	18 172	-	-	-	-	-	-
-	-	-	-	-	1	420	-	-
-	-	-	-	-	-	-	-	-
32	369 855	94 358	12	8 827	8	9 842	-	130
-	-	-	-	-	-	-	-	-
5	148 160	29 232	-	-	-	-	-	-
-	-	-	-	-	-	-	-	-
-	-	-	-	-	-	-	-	-
-	-	-	-	-	-	-	-	-
-	-	-	-	-	-	-	-	-
-	-	-	-	-	-	-	-	-
-	-	-	-	-	-	-	-	-
-	-	-	-	-	-	-	-	-

3-9 沿海运输

地区	轮驳船总计					一、机		
	艘数（艘）	净载重量（吨）	载客量（客位）	集装箱位（TEU）	功率（千瓦）	艘数（艘）	净载重量（吨）	载客量（客位）
全国总计	10 513	67 391 468	203 571	419 087	18 547 180	10 448	66 866 342	203 571
北京	–	–	–	–	–	–	–	–
天津	293	3 528 887	–	7 773	1 208 643	279	3 287 996	–
河北	131	1 492 350	–	407	331 978	130	1 491 050	–
山西	–	–	–	–	–	–	–	–
内蒙古	–	–	–	–	–	–	–	–
辽宁	417	1 245 050	29 204	10 208	558 598	408	1 214 382	29 204
吉林	–	–	–	–	–	–	–	–
黑龙江	18	85 266	–	402	24 991	18	85 266	–
上海	540	10 758 352	–	64 783	2 794 119	537	10 739 831	–
江苏	1 325	8 212 487	100	38 156	2 053 828	1 320	8 166 687	100
浙江	3 143	18 316 010	41 278	20 836	4 320 001	3 141	18 313 138	41 278
安徽	473	2 150 380	–	30 545	580 125	468	2 143 580	–
福建	1 113	7 036 006	19 924	194 665	1 994 363	1 109	7 029 745	19 924
江西	40	187 418	–	–	61 224	40	187 418	–
山东	1 024	2 774 681	46 010	4 969	1 187 423	1 017	2 709 781	46 010
河南	–	–	–	–	–	–	–	–
湖北	186	1 583 674	–	1 419	653 491	184	1 495 932	–
湖南	22	26 231	–	490	6 645	22	26 231	–
广东	812	7 297 743	33 332	20 191	1 809 053	804	7 282 595	33 332
广西	587	1 798 485	8 975	21 643	580 672	583	1 795 235	8 975
海南	389	898 448	24 748	2 600	382 026	388	897 475	24 748
重庆	–	–	–	–	–	–	–	–
四川	–	–	–	–	–	–	–	–
贵州	–	–	–	–	–	–	–	–
云南	–	–	–	–	–	–	–	–
西藏	–	–	–	–	–	–	–	–
陕西	–	–	–	–	–	–	–	–
甘肃	–	–	–	–	–	–	–	–
青海	–	–	–	–	–	–	–	–
宁夏	–	–	–	–	–	–	–	–
新疆	–	–	–	–	–	–	–	–

三、水路运输

工具拥有量

动船		1. 客船			2. 客货船				
集装箱位 (TEU)	功率 (千瓦)	艘数 (艘)	载客量 (客位)	功率 (千瓦)	艘数 (艘)	净载重量 (吨)	载客量 (客位)	集装箱位 (TEU)	功率 (千瓦)
418 409	**18 547 180**	**1 417**	**106 616**	**581 561**	**138**	**218 276**	**96 955**	**–**	**544 410**
–	–	–	–	–	–	–	–	–	–
7 773	1 208 643	–	–	–	–	–	–	–	–
407	331 978	–	–	–	–	–	–	–	–
–	–	–	–	–	–	–	–	–	–
10 208	558 598	44	9 141	21 362	29	22 806	20 063	–	128 452
–	–	–	–	–	–	–	–	–	–
402	24 991	–	–	–	–	–	–	–	–
64 783	2 794 119	–	–	–	–	–	–	–	–
38 156	2 053 828	2	100	820	–	–	–	–	–
20 836	4 320 001	175	40 799	204 378	6	–	479	–	2 068
30 545	580 125	–	–	–	–	–	–	–	–
194 515	1 994 363	238	18 937	72 551	8	2 379	987	–	4 846
–	61 224	–	–	–	–	–	–	–	–
4 969	1 187 423	536	19 655	94 631	31	73 420	26 355	–	194 626
–	–	–	–	–	–	–	–	–	–
1 419	653 491	–	–	–	–	–	–	–	–
490	6 645	–	–	–	–	–	–	–	–
19 663	1 809 053	102	10 285	77 421	33	51 830	23 047	–	88 666
21 643	580 672	91	7 699	47 463	3	1 495	1 276	–	3 600
2 600	382 026	229	–	62 935	28	66 346	24 748	–	122 152
–	–	–	–	–	–	–	–	–	–
–	–	–	–	–	–	–	–	–	–
–	–	–	–	–	–	–	–	–	–
–	–	–	–	–	–	–	–	–	–
–	–	–	–	–	–	–	–	–	–
–	–	–	–	–	–	–	–	–	–
–	–	–	–	–	–	–	–	–	–
–	–	–	–	–	–	–	–	–	–

地区	3. 货船				集装箱船			
	艘数（艘）	净载重量（吨）	集装箱位（TEU）	功率（千瓦）	艘数（艘）	净载重量（吨）	集装箱位（TEU）	功率（千瓦）
全国总计	8 628	66 629 425	418 409	16 574 676	375	3 827 857	264 653	1 580 348
北　京	-	-	-	-	-	-	-	-
天　津	247	3 287 996	7 773	1 096 345	2	79 009	7 490	65 495
河　北	125	1 491 050	407	318 128	1	2 470	407	2 500
山　西	-	-	-	-	-	-	-	-
内蒙古	-	-	-	-	-	-	-	-
辽　宁	324	1 191 575	10 208	385 196	9	148 249	9 273	59 841
吉　林	-	-	-	-	-	-	-	-
黑龙江	17	85 266	402	21 991	1	6 721	402	2 060
上　海	518	10 739 831	64 783	2 730 197	67	893 939	64 782	397 008
江　苏	1 272	8 166 641	38 156	1 917 680	60	373 949	25 229	106 462
浙　江	2 927	18 302 824	20 836	3 995 030	34	332 533	20 336	149 158
安　徽	466	2 143 580	30 545	578 670	28	214 956	16 789	84 228
福　建	858	7 027 366	194 515	1 902 022	83	1 295 456	90 007	535 925
江　西	40	187 418	-	61 224	-	-	-	-
山　东	380	2 632 845	4 969	660 789	3	53 165	3 364	20 564
河　南	-	-	-	-	-	-	-	-
湖　北	182	1 495 932	1 419	638 195	3	19 169	1 419	5 458
湖　南	22	26 231	490	6 645	2	6 703	490	1 427
广　东	632	7 226 001	19 663	1 536 898	63	262 574	15 899	102 436
广　西	487	1 793 740	21 643	528 727	11	104 453	6 166	30 508
海　南	131	831 129	2 600	196 939	8	34 511	2 600	17 278
重　庆	-	-	-	-	-	-	-	-
四　川	-	-	-	-	-	-	-	-
贵　州	-	-	-	-	-	-	-	-
云　南	-	-	-	-	-	-	-	-
西　藏	-	-	-	-	-	-	-	-
陕　西	-	-	-	-	-	-	-	-
甘　肃	-	-	-	-	-	-	-	-
青　海	-	-	-	-	-	-	-	-
宁　夏	-	-	-	-	-	-	-	-
新　疆	-	-	-	-	-	-	-	-

(续表一)

			4. 拖船		二、驳船			
油船								
艘数（艘）	净载重量（吨）	功率（千瓦）	艘数（艘）	功率（千瓦）	艘数（艘）	净载重量（吨）	载客量（客位）	集装箱位（TEU）
1 397	**4 779 887**	**1 623 551**	**265**	**846 533**	**65**	**525 126**	**–**	**678**
–	–	–	–	–	–	–	–	–
28	63 352	33 348	32	112 298	14	240 891	–	–
5	4 159	1 392	5	13 850	1	1 300	–	–
–	–	–	–	–	–	–	–	–
–	–	–	–	–	–	–	–	–
73	330 406	106 014	11	23 588	9	30 668	–	–
–	–	–	–	–	–	–	–	–
7	7 522	2 722	1	3 000	–	–	–	–
97	139 447	189 087	19	63 922	3	18 521	–	–
81	683 481	189 470	46	135 328	5	45 800	–	–
626	2 161 329	626 636	33	118 525	2	2 872	–	–
13	52 755	13 172	2	1 455	5	6 800	–	–
140	296 621	104 939	5	14 944	4	6 261	–	150
20	127 006	39 050	–	–	–	–	–	–
72	220 119	75 835	70	237 377	7	64 900	–	–
–	–	–	–	–	–	–	–	–
40	52 635	13 419	2	15 296	2	87 742	–	–
–	–	–	–	–	–	–	–	–
133	494 965	181 389	37	106 068	8	15 148	–	528
50	49 223	18 710	2	882	4	3 250	–	–
12	96 867	28 368	–	–	1	973	–	–
–	–	–	–	–	–	–	–	–
–	–	–	–	–	–	–	–	–
–	–	–	–	–	–	–	–	–
–	–	–	–	–	–	–	–	–
–	–	–	–	–	–	–	–	–
–	–	–	–	–	–	–	–	–
–	–	–	–	–	–	–	–	–
–	–	–	–	–	–	–	–	–
–	–	–	–	–	–	–	–	–
–	–	–	–	–	–	–	–	–

3-10 内河运输

地 区	轮驳船总计					一、机		
	艘数 (艘)	净载重量 (吨)	载客量 (客位)	集装箱位 (TEU)	功率 (千瓦)	艘数 (艘)	净载重量 (吨)	载客量 (客位)
全国总计	147 222	133 608 054	774 402	297 152	33 273 614	131 720	123 087 122	771 278
北 京	–	–	–	–	–	–	–	–
天 津	73	9 959	2 834	–	29 659	73	9 959	2 834
河 北	1 444	–	17 377	–	44 136	1 444	–	17 377
山 西	248	4 803	3 718	–	14 711	248	4 803	3 718
内蒙古	–	–	–	–	–	–	–	–
辽 宁	–	–	–	–	–	–	–	–
吉 林	736	26 914	15 669	–	40 943	708	12 064	15 669
黑龙江	1 525	225 625	20 809	–	119 026	1 190	22 265	20 809
上 海	634	452 764	39 014	8 716	240 598	615	425 148	39 014
江 苏	39 922	32 368 182	50 857	34 928	7 524 992	33 462	28 137 486	50 857
浙 江	12 788	4 512 373	44 236	5 372	1 834 936	12 723	4 498 995	44 236
安 徽	28 374	44 821 442	14 396	66 156	10 259 044	27 112	44 219 278	14 396
福 建	734	322 289	7 974	–	246 225	734	322 289	7 974
江 西	3 253	2 045 389	12 276	3 127	661 407	3 244	2 039 848	12 276
山 东	11 600	9 976 718	18 304	176	1 584 690	6 293	5 166 289	18 304
河 南	5 601	9 394 348	14 144	–	1 997 535	5 296	9 120 893	14 144
湖 北	3 824	5 974 311	45 012	2 299	1 512 085	3 673	5 811 753	45 012
湖 南	6 142	3 909 949	70 196	4 394	1 410 872	5 885	3 876 468	68 198
广 东	5 758	4 805 213	34 612	15 938	1 728 581	5 756	4 803 445	34 612
广 西	8 056	6 838 715	108 458	67 384	1 482 998	8 056	6 838 715	108 458
海 南	66	–	1 438	–	2 934	66	–	1 438
重 庆	3 365	6 395 373	56 378	83 209	1 567 573	3 320	6 317 825	56 378
四 川	7 265	1 220 864	77 272	5 453	561 482	6 216	1 159 658	77 272
贵 州	2 116	134 986	50 152	–	153 808	2 109	133 558	50 152
云 南	1 094	133 222	24 381	–	115 076	1 092	133 035	24 381
西 藏	–	–	–	–	–	–	–	–
陕 西	1 359	33 131	21 287	–	49 474	1 160	31 864	20 161
甘 肃	449	1 484	7 563	–	34 414	449	1 484	7 563
青 海	81	–	2 646	–	17 648	81	–	2 646
宁 夏	715	–	13 399	–	38 767	715	–	13 399
新 疆	–	–	–	–	–	–	–	–

三、水路运输

工具拥有量

动船		1. 客船			2. 客货船				
集装箱位（TEU）	功率（千瓦）	艘数（艘）	载客量（客位）	功率（千瓦）	艘数（艘）	净载重量（吨）	载客量（客位）	集装箱位（TEU）	功率（千瓦）
294 581	**33 273 614**	**20 430**	**740 280**	**1 342 455**	**275**	**35 521**	**30 998**	**–**	**50 816**
–	–	–	–	–	–	–	–	–	–
–	29 659	52	2 834	12 880	–	–	–	–	–
–	44 136	1 444	17 377	44 136	–	–	–	–	–
–	14 711	240	3 662	12 537	2	20	56	–	62
–	–	–	–	–	–	–	–	–	–
–	–	–	–	–	–	–	–	–	–
–	40 943	614	15 669	33 160	–	–	–	–	–
–	119 026	630	18 448	53 452	65	3 047	2 361	–	7 243
7 312	240 598	114	37 171	63 204	4	4 271	1 843	–	2 650
33 761	7 524 992	326	30 677	45 700	64	26 182	20 180	–	31 693
5 372	1 834 936	1 159	42 736	84 187	3	–	1 500	–	506
66 156	10 259 044	518	14 396	33 627	–	–	–	–	–
–	246 225	219	7 974	25 176	–	–	–	–	–
3 127	661 407	311	12 276	23 805	–	–	–	–	–
176	1 584 690	868	18 304	59 750	–	–	–	–	–
–	1 997 535	542	14 144	47 990	–	–	–	–	–
2 299	1 512 085	627	45 012	98 196	–	–	–	–	–
4 394	1 410 872	2 233	68 198	104 659	–	–	–	–	–
15 938	1 728 581	325	34 589	48 919	1	41	23	–	110
67 384	1 482 998	2 206	108 458	78 979	–	–	–	–	–
–	2 934	66	1 438	2 934	–	–	–	–	–
83 209	1 567 573	910	55 090	135 483	4	184	1 288	–	4 276
5 453	561 482	2 482	77 272	76 199	–	–	–	–	–
–	153 808	1 646	50 152	90 536	–	–	–	–	–
–	115 076	833	21 924	51 074	89	1 344	2 457	–	3 580
–	–	–	–	–	–	–	–	–	–
–	49 474	860	18 871	30 347	43	432	1 290	–	696
–	34 414	413	7 563	30 124	–	–	–	–	–
–	17 648	81	2 646	17 648	–	–	–	–	–
–	38 767	711	13 399	37 753	–	–	–	–	–
–	–	–	–	–	–	–	–	–	–

3-10

地区	3. 货船				集装箱船			
	艘数（艘）	净载重量（吨）	集装箱位（TEU）	功率（千瓦）	艘数（艘）	净载重量（吨）	集装箱位（TEU）	功率（千瓦）
全国总计	**108 776**	**122 914 789**	**294 581**	**31 289 917**	**496**	**1 110 282**	**68 967**	**312 527**
北京	–	–	–	–	–	–	–	–
天津	19	9 959	–	11 484	–	–	–	–
河北	–	–	–	–	–	–	–	–
山西	6	4 395	–	2 112	–	–	–	–
内蒙古	–	–	–	–	–	–	–	–
辽宁	–	–	–	–	–	–	–	–
吉林	83	12 064	–	4 717	–	–	–	–
黑龙江	329	15 703	–	19 266	–	–	–	–
上海	481	362 136	7 312	157 287	63	101 810	6 252	36 170
江苏	31 996	28 092 418	33 761	7 188 924	48	115 883	6 409	31 229
浙江	11 530	4 498 959	5 372	1 747 304	87	100 372	3 987	28 181
安徽	26 450	44 213 361	66 156	10 186 310	32	93 649	5 530	25 545
福建	515	322 289	–	221 049	–	–	–	–
江西	2 931	2 039 848	3 127	636 838	1	1 691	94	660
山东	4 979	5 158 509	176	1 389 127	3	3 145	176	1 452
河南	4 737	9 119 575	–	1 945 793	–	–	–	–
湖北	2 952	5 811 753	2 299	1 370 749	13	45 614	2 299	10 467
湖南	3 636	3 876 468	4 394	1 302 141	12	36 614	2 343	8 737
广东	5 415	4 781 917	15 938	1 673 029	101	134 697	10 721	59 192
广西	5 850	6 838 715	67 384	1 404 019	31	48 253	2 351	11 240
海南	–	–	–	–	–	–	–	–
重庆	2 386	6 317 641	83 209	1 415 016	84	370 792	26 071	86 222
四川	3 563	1 159 658	5 453	469 498	21	57 762	2 734	13 432
贵州	463	133 558	–	63 272	–	–	–	–
云南	167	121 653	–	59 666	–	–	–	–
西藏	–	–	–	–	–	–	–	–
陕西	252	22 726	–	18 026	–	–	–	–
甘肃	36	1 484	–	4 290	–	–	–	–
青海	–	–	–	–	–	–	–	–
宁夏	–	–	–	–	–	–	–	–
新疆	–	–	–	–	–	–	–	–

（续表一）

			4. 拖　船		二、驳　船			
油　船								
艘　数（艘）	净载重量（吨）	功　率（千瓦）	艘　数（艘）	功　率（千瓦）	艘　数（艘）	净载重量（吨）	载客量（客位）	集装箱位（TEU）
1 695	**1 602 384**	**545 785**	**2 239**	**590 426**	**15 502**	**10 520 932**	**3 124**	**2 571**
–	–	–	–	–	–	–	–	–
14	7 312	3 579	2	5 295	–	–	–	–
–	–	–	–	–	–	–	–	–
–	–	–	–	–	–	–	–	–
–	–	–	–	–	–	–	–	–
–	–	–	–	–	–	–	–	–
–	–	–	11	3 066	28	14 850	–	–
–	–	–	166	39 065	335	203 360	–	–
124	67 997	33 441	16	17 457	19	27 616	–	1 404
851	585 284	174 031	1 076	258 675	6 460	4 230 696	–	1 167
25	8 440	4 906	31	2 939	65	13 378	–	–
237	149 274	60 721	144	39 107	1 262	602 164	–	–
19	4 151	4 305	–	–	–	–	–	–
42	81 299	38 085	2	764	9	5 541	–	–
–	–	–	446	135 813	5 307	4 810 429	–	–
–	–	–	17	3 752	305	273 455	–	–
130	350 934	102 146	94	43 140	151	162 558	–	–
14	14 431	5 085	16	4 072	257	33 481	1 998	–
163	150 543	62 155	15	6 523	2	1 768	–	–
7	8 857	3 973	–	–	–	–	–	–
–	–	–	–	–	–	–	–	–
35	132 497	30 030	20	12 798	45	77 548	–	–
32	40 962	22 380	171	15 785	1 049	61 206	–	–
–	–	–	–	–	7	1 428	–	–
2	403	948	3	756	2	187	–	–
–	–	–	–	–	–	–	–	–
–	–	–	5	405	199	1 267	1 126	–
–	–	–	–	–	–	–	–	–
–	–	–	–	–	–	–	–	–
–	–	–	4	1 014	–	–	–	–
–	–	–	–	–	–	–	–	–

3-11 水路客、货运输量

地 区	客运量（万人）	旅客周转量（万人公里）	货运量（万吨）	货物周转量（万吨公里）
全国总计	27 234	723 265	638 238	973 388 023
北 京	–	–	–	–
天 津	93	1 498	9 515	15 300 479
河 北	5	3 863	4 451	13 336 156
山 西	142	1 041	16	823
内蒙古	–	–	–	–
辽 宁	538	60 053	13 464	82 758 208
吉 林	156	2 150	339	6 192
黑龙江	355	3 910	1 130	73 004
上 海	404	7 058	48 787	190 255 789
江 苏	2 272	23 921	79 314	52 245 952
浙 江	3 950	58 354	77 646	79 505 846
安 徽	213	4 055	110 776	52 609 746
福 建	2 016	27 181	31 664	48 464 393
江 西	261	3 410	10 889	2 352 784
山 东	2 000	119 977	15 060	15 874 091
河 南	289	5 663	11 544	8 085 847
湖 北	572	33 504	35 716	26 803 377
湖 南	1 615	32 239	23 445	6 194 696
广 东	2 648	103 435	85 633	181 603 452
广 西	561	26 976	26 615	13 329 201
海 南	1 699	34 596	10 114	9 725 253
重 庆	750	51 001	16 648	18 761 000
四 川	2 573	24 340	8 131	2 227 128
贵 州	2 096	57 561	1 654	423 717
云 南	1 255	27 035	646	152 000
西 藏	–	–	–	–
陕 西	425	6 989	224	8 274
甘 肃	90	1 688	34	580
青 海	66	793	–	–
宁 夏	188	974	–	–
新 疆	–	–	–	–
不分地区			14 785	153 290 034

3-12 水路旅客运输量(按航区分)

地区	客运量(万人)			旅客周转量(万人公里)		
	内河	沿海	远洋	内河	沿海	远洋
全国总计	16 153	9 972	1 109	314 462	282 296	126 508
北 京	-	-	-	-	-	-
天 津	93	-	-	1 498	-	-
河 北	-	-	5	-	-	3 863
山 西	142	-	-	1 041	-	-
内蒙古	-	-	-	-	-	-
辽 宁	-	522	16	-	52 181	7 872
吉 林	156	-	-	2 150	-	-
黑龙江	355	-	-	3 910	-	-
上 海	-	404	…	-	6 495	563
江 苏	2 267	-	5	19 609	-	4 311
浙 江	1 018	2 932	-	9 601	48 754	-
安 徽	213	-	-	4 055	-	-
福 建	247	1 670	99	3 851	18 687	4 643
江 西	261	-	-	3 410	-	-
山 东	612	1 292	97	2 735	71 762	45 480
河 南	289	-	-	5 663	-	-
湖 北	572	-	-	33 504	-	-
湖 南	1 615	-	-	32 239	-	-
广 东	445	1 318	885	7 787	35 873	59 775
广 西	264	297	-	12 502	14 474	-
海 南	161	1 538	-	526	34 070	-
重 庆	750	-	-	51 001	-	-
四 川	2 573	-	-	24 340	-	-
贵 州	2 096	-	-	57 561	-	-
云 南	1 255	-	-	27 035	-	-
西 藏	-	-	-	-	-	-
陕 西	425	-	-	6 989	-	-
甘 肃	90	-	-	1 688	-	-
青 海	66	-	-	793	-	-
宁 夏	188	-	-	974	-	-
新 疆	-	-	-	-	-	-
不分地区	-	-	-	-	-	-

3-13 水路货物运输量（按航区分）

地区	货运量（万吨）			货物周转量（万吨公里）		
	内河	沿海	远洋	内河	沿海	远洋
全国总计	357 156	201 313	79 769	140 916 794	251 725 061	580 746 167
北 京	-	-	-	-	-	-
天 津	-	9 273	242	-	14 240 120	1 060 359
河 北	-	2 784	1 667	-	4 320 780	9 015 377
山 西	16	-	-	823	-	-
内蒙古	-	-	-	-	-	-
辽 宁	-	6 249	7 215	-	8 339 038	74 419 170
吉 林	339	-	-	6 192	-	-
黑龙江	1 130	-	-	73 004	-	-
上 海	2 254	27 620	18 912	399 995	35 122 173	154 733 621
江 苏	56 656	18 016	4 642	18 636 988	19 744 184	13 864 780
浙 江	20 134	54 664	2 849	2 936 458	61 875 767	14 693 620
安 徽	106 774	4 002	-	48 724 124	3 885 622	-
福 建	3 401	25 427	2 836	166 519	39 706 054	8 591 820
江 西	10 498	391	-	1 839 798	512 986	-
山 东	4 122	9 525	1 413	1 662 335	7 094 294	7 117 462
河 南	11 544	-	-	8 085 847	-	-
湖 北	29 898	5 728	90	20 408 172	6 006 853	388 352
湖 南	23 312	-	133	3 981 783	-	2 212 913
广 东	38 942	22 636	24 054	6 487 846	35 186 300	139 929 306
广 西	20 888	5 154	573	5 967 007	7 124 925	237 270
海 南	-	9 683	431	-	8 385 364	1 339 889
重 庆	16 559	-	90	18 728 204	-	32 796
四 川	8 131	-	-	2 227 128	-	-
贵 州	1 654	-	-	423 717	-	-
云 南	646	-	-	152 000	-	-
西 藏	-	-	-	-	-	-
陕 西	224	-	-	8 274	-	-
甘 肃	34	-	-	580	-	-
青 海	-	-	-	-	-	-
宁 夏	-	-	-	-	-	-
新 疆	-	-	-	-	-	-
不分地区	-	162	14 623	-	180 602	153 109 432

3-14 海上险情及搜救活动

指标	计算单位	数量	所占比例（%）
一、海上搜救行动次数	次	2 076	100.00
1. 按遇险性质分：碰撞	次	400	19.27
触礁	次	76	3.66
搁浅	次	264	12.72
触损	次	50	2.41
浪损	次	7	0.34
火灾/爆炸	次	94	4.53
风灾	次	65	3.13
自沉	次	198	9.54
机损	次	179	8.62
伤病	次	323	15.56
其他	次	420	20.23
2. 按区域分：东海海区	次	567	27.31
南海海区	次	485	23.36
黄海海区	次	217	10.45
渤海海区	次	190	9.15
长江下游	次	249	11.99
长江中游	次	60	2.89
长江上游	次	33	1.59
珠江	次	145	6.98
内河支流	次	110	5.30
水库湖泊	次	9	0.43
黑龙江	次	6	0.29
其他	次	5	0.24
3. 按等级分：一般	次	1 509	72.69
较大	次	506	24.37
重大	次	61	2.94
特大	次	-	0.00
二、遇险人员救助情况	人次	15 907	100.00
获救人员	人次	15 310	96.25
三、各部门派出搜救船艇	艘次	10 210	100.00
海事	艘次	2 136	20.92
救捞	艘次	604	5.92
军队	艘次	277	2.71
社会	艘次	2 503	24.52
渔船	艘次	3 343	32.74
过往船舶	艘次	1 347	13.19
四、各部门派出搜救飞机	架次	306	100.00
海事	架次	26	8.50
救助	架次	245	80.07
军队	架次	28	9.15
社会	架次	7	2.29

资料来源：中国海上搜救中心。

主要统计指标解释

内河航道通航长度 指报告期末在江河、湖泊、水库、渠道和运河水域内，船舶、排筏在不同水位期可以通航的实际航道里程数。计算单位：公里。内河航道通航里程按主航道中心线实际长度计算。

内河航道通航里程可分为等级航道和等外航道里程，等级航道里程又分为一级航道、二级航道、三级航道、四级航道、五级航道、六级航道和七级航道里程。

船舶数量 指报告期末在交通运输主管部门注册登记的船舶实际数量。计算单位：艘。统计的船舶包括运输船舶、工程船舶和辅助船舶，不包括渔船和军用船舶。

船舶一般分为机动船和驳船，机动船又可分为客船、客货船、货船（包括集装箱船）和拖船。

净载重量 指报告期末所拥有船舶的总载重量减去燃（物）料、淡水、粮食及供应品、人员及其行李等重量及船舶常数后，能够装载货物的实际重量。计算单位：吨。船舶常数指船舶经过一段时间营运后的空船重量与船舶建造出厂时空船重量的差值。

载客量 指报告期末所拥有船舶可用于载运旅客的额定数量。计算单位：客位。载客量包括船员临时占用的旅客铺位，但不包括船员自用铺位。客货船临时将货舱改作载客用途，该船的客位数不作变更。

箱位量 指报告期末所拥有集装箱船舶可装载折合为20英尺集装箱的额定数量。计算单位：TEU。各种外部尺寸的集装箱箱位均按折算系数折算成20英尺集装箱进行计算。

船舶功率 指报告期末所拥有船舶主机的额定功率数。计算单位：千瓦。

客运量 指报告期内船舶实际运送的旅客人数。计算单位：人。

旅客周转量 指报告期内船舶实际运送的每位旅客与该旅客运送距离的乘积之和。计算单位：人公里。

货运量 指报告期内船舶实际运送的货物重量。计算单位：吨。

货物周转量 指报告期内船舶实际运送的每批货物重量与该批货物运送距离的乘积之和。计算单位：吨公里。

四、城市客运

简 要 说 明

一、本篇资料反映我国全国、中心城市公共交通运输发展的基本情况。主要包括：全国、中心城市公共交通的运输工具、运营线路、客运量等内容。

二、本资料分全国、中心城市公共汽电车、出租汽车、轨道交通和客运轮渡。

4-1 全国城市客运经营业户

单位：户

地区	公共汽电车经营业户数	国有企业	国有控股企业	私营企业	轨道交通经营业户数	城市客运轮渡经营业户数
全国	3 887	997	416	2 055	42	37
北京	2	1	1	-	2	-
天津	12	11	-	1	1	-
河北	193	28	16	128	-	-
山西	131	26	10	85	-	-
内蒙古	235	13	10	128	-	-
辽宁	123	39	20	62	3	-
吉林	120	17	5	77	1	-
黑龙江	250	23	2	176	1	5
上海	28	-	19	-	6	1
江苏	100	50	22	21	7	1
浙江	152	77	18	53	3	2
安徽	120	37	26	50	1	-
福建	99	48	27	23	1	2
江西	115	29	18	66	1	1
山东	256	102	26	120	2	1
河南	121	55	14	45	1	-
湖北	110	47	11	43	1	6
湖南	183	56	19	99	2	3
广东	261	59	33	151	4	5
广西	151	14	7	124	1	-
海南	50	14	5	29	-	-
重庆	65	31	8	25	1	10
四川	235	38	39	116	1	-
贵州	169	51	5	67	-	-
云南	166	35	24	107	1	-
西藏	7	6	-	-	-	-
陕西	136	29	13	88	1	-
甘肃	85	12	5	61	-	-
青海	39	11	1	22	-	-
宁夏	43	8	-	34	-	-
新疆	130	30	12	54	-	-

4-1 （续表一）

单位：户

地区	出租汽车经营业户数					个体经营业户数
	合计	车辆301辆以上的企业数	车辆101~300辆（含）的企业数	车辆51~100辆（含）的企业数	车辆50辆（含）以下的企业数	
全 国	133 609	884	2 720	2 257	2 693	125 055
北 京	1 387	29	59	54	88	1 157
天 津	6 088	25	27	13	9	6 014
河 北	401	66	137	109	89	-
山 西	270	28	100	87	55	-
内蒙古	23 066	57	91	66	58	22 794
辽 宁	16 116	61	161	102	288	15 504
吉 林	34 437	33	53	52	89	34 210
黑龙江	20 553	92	144	70	104	20 143
上 海	3 091	27	16	29	53	2 966
江 苏	5 977	32	171	91	74	5 609
浙 江	2 162	20	127	101	177	1 737
安 徽	707	42	133	58	39	435
福 建	198	14	43	60	81	-
江 西	173	10	38	57	68	-
山 东	2 225	40	210	139	116	1 720
河 南	463	41	162	156	102	2
湖 北	1 688	20	106	106	68	1 388
湖 南	287	18	104	104	61	-
广 东	411	52	134	97	119	9
广 西	200	19	38	44	76	23
海 南	69	6	13	10	40	-
重 庆	1 107	12	50	37	66	942
四 川	1 001	22	90	143	238	508
贵 州	3 430	11	63	86	151	3 119
云 南	2 546	8	73	97	106	2 262
西 藏	21	2	2	7	10	-
陕 西	342	12	91	121	118	-
甘 肃	247	23	108	65	51	-
青 海	130	10	24	13	11	72
宁 夏	85	15	43	11	12	4
新 疆	4 731	37	109	72	76	4 437

4-2 全国城市客运从业人员

单位：人

地区	公共汽电车从业人员	出租汽车从业人员	轨道交通从业人员	客运轮渡从业人员
全　国	1 352 561	2 677 466	214 925	5 202
北　京	79 202	93 767	41 071	-
天　津	20 941	46 973	6 284	-
河　北	56 744	120 389	-	-
山　西	31 949	71 094	-	-
内蒙古	25 667	109 305	-	-
辽　宁	55 959	298 212	9 548	-
吉　林	28 089	174 574	3 818	-
黑龙江	37 932	154 732	1 536	377
上　海	56 749	94 914	28 733	1 172
江　苏	89 049	108 818	19 907	329
浙　江	77 650	102 312	8 079	129
安　徽	40 345	96 212	1 768	-
福　建	35 437	46 659	1 583	604
江　西	20 228	35 434	2 000	41
山　东	103 877	119 049	3 672	340
河　南	56 536	123 378	2 530	-
湖　北	59 413	89 432	8 451	686
湖　南	49 442	76 583	4 026	68
广　东	149 412	116 902	36 369	1 351
广　西	23 861	38 129	2 249	-
海　南	7 158	13 664	-	-
重　庆	34 870	60 137	15 283	105
四　川	60 789	93 736	8 483	-
贵　州	22 308	69 371	-	-
云　南	28 280	56 842	4 040	-
西　藏	1 528	5 731	-	-
陕　西	37 500	77 764	5 495	-
甘　肃	18 898	50 305	-	-
青　海	8 305	21 366	-	-
宁　夏	8 948	24 383	-	-
新　疆	25 495	87 299	-	-

4-3　全国城市客运设施

地区	公交专用车道长度（公里）	轨道交通车站数（个）	换乘站数	城市客运轮渡在用码头数（个）	公交IC卡累计售卡量（万张）
全　国	9 777.8	2 468	254	198	61 588.4
北　京	845.0	345	54	-	11 366.9
天　津	65.0	105	7	-	1 100.0
河　北	26.9	-	-	-	1 225.8
山　西	390.9	-	-	-	589.1
内蒙古	188.8	-	-	-	334.5
辽　宁	811.5	99	2	-	1 697.6
吉　林	194.2	119	1	-	472.3
黑龙江	76.8	18	-	23	745.1
上　海	325.0	367	54	41	6 574.0
江　苏	1 035.1	264	9	12	6 529.4
浙　江	804.7	95	14	6	3 176.5
安　徽	149.8	23	-	-	1 006.4
福　建	205.9	6	-	10	1 232.3
江　西	62.2	24	-	2	285.3
山　东	1 023.3	34	-	2	2 349.1
河　南	200.8	36	1	-	1 085.8
湖　北	423.7	136	13	29	2 960.3
湖　南	337.5	46	2	12	1 073.0
广　东	1 223.8	412	78	40	10 455.6
广　西	235.3	25	-	-	391.7
海　南	25.0	-	-	-	113.7
重　庆	-	126	9	21	1 532.4
四　川	526.4	87	6	-	2 424.5
贵　州	33.1	-	-	-	132.3
云　南	96.1	35	1	-	764.1
西　藏	-	-	-	-	14.0
陕　西	261.5	66	3	-	490.7
甘　肃	8.9	-	-	-	590.2
青　海	-	-	-	-	178.8
宁　夏	74.8	-	-	-	106.7
新　疆	125.8	-	-	-	590.4

注：上海轨道交通车站数含江苏（昆山）境内3个，换乘站数0个。

4-4 全国公共汽电车数量

地区	公共汽电车数（辆）				标准运营车数（标台）
		空调车	安装卫星定位车载终端的车辆	BRT运营车辆	
全　国	608 636	404 026	499 524	7 689	687 256
北　京	22 688	19 451	22 688	368	32 685
天　津	12 699	10 263	10 310	-	14 649
河　北	30 091	17 905	20 993	-	30 701
山　西	12 950	2 822	7 014	-	14 419
内蒙古	11 479	2 520	5 995	-	11 813
辽　宁	23 627	3 007	14 144	64	28 224
吉　林	12 403	1 978	6 446	-	12 080
黑龙江	19 507	2 041	8 286	-	21 701
上　海	16 693	16 689	16 693	-	20 659
江　苏	42 521	40 621	40 414	963	50 738
浙　江	35 767	35 586	33 349	675	39 264
安　徽	20 144	13 794	17 022	406	23 263
福　建	18 324	18 090	18 100	347	20 326
江　西	10 792	8 392	9 023	-	11 928
山　东	58 573	28 874	47 032	394	63 732
河　南	27 251	17 334	22 341	1 800	29 615
湖　北	21 979	16 712	17 152	260	25 562
湖　南	24 483	19 248	17 047	172	27 912
广　东	61 379	60 735	57 829	1 105	68 965
广　西	12 896	7 872	11 186	157	13 828
海　南	3 520	3 397	3 016	-	3 719
重　庆	13 026	11 275	13 026	-	14 698
四　川	29 093	22 240	26 443	270	33 840
贵　州	8 565	4 364	8 050	-	9 698
云　南	16 016	4 919	11 881	-	16 142
西　藏	654	336	632	-	814
陕　西	14 341	6 507	11 448	-	16 359
甘　肃	7 451	1 976	5 647	70	7 624
青　海	3 861	153	2 738	-	4 073
宁　夏	4 093	2 162	3 449	80	4 532
新　疆	11 770	2 763	10 130	558	13 695

4-5　全国公共汽电车数量（按长度分）

地区	公共汽电车数（辆）								
	合计	≤5米	>5米且≤7米	>7米且≤10米	>10米且≤13米	>13米且≤16米	>16米且≤18米	>18米	双层车
全　国	608 636	8 959	70 571	209 643	304 232	5 997	4 869	9	4 356
北　京	22 688	-	104	233	15 803	3 824	1 587	-	1 137
天　津	12 699	-	487	5 500	6 575	-	-	-	137
河　北	30 091	2 480	5 253	11 689	10 129	494	-	-	46
山　西	12 950	91	1 827	4 358	6 564	55	53	-	2
内蒙古	11 479	969	2 126	3 654	4 673	1	34	-	22
辽　宁	23 627	-	1 450	6 041	15 801	95	89	-	151
吉　林	12 403	561	2 426	7 199	2 185	-	10	-	22
黑龙江	19 507	684	1 695	7 030	10 071	7	-	-	20
上　海	16 693	-	233	3 127	13 277	-	19	-	37
江　苏	42 521	5	1 643	12 700	27 740	112	234	-	87
浙　江	35 767	237	5 397	13 310	16 532	39	176	6	70
安　徽	20 144	278	1 555	6 720	11 196	62	229	-	104
福　建	18 324	113	2 942	6 040	8 955	22	122	-	130
江　西	10 792	39	1 073	5 006	4 529	82	42	-	21
山　东	58 573	235	9 799	22 835	24 778	407	309	-	210
河　南	27 251	463	5 628	8 794	11 321	450	371	-	224
湖　北	21 979	25	1 837	7 919	11 398	20	114	-	666
湖　南	24 483	8	1 970	9 138	13 337	22	3	-	5
广　东	61 379	150	4 925	26 634	29 216	195	42	-	217
广　西	12 896	501	2 191	4 724	5 154	-	5	-	321
海　南	3 520	20	657	1 521	1 299	23	-	-	-
重　庆	13 026	23	1 249	4 899	6 853	-	-	-	2
四　川	29 093	214	2 880	8 781	16 415	28	761	-	14
贵　州	8 565	115	593	3 470	4 285	45	-	-	57
云　南	16 016	564	5 044	5 083	4 793	-	46	-	486
西　藏	654	-	15	91	548	-	-	-	-
陕　西	14 341	-	2 296	3 280	8 637	-	-	-	128
甘　肃	7 451	595	1 044	3 255	2 533	-	20	-	4
青　海	3 861	147	880	1 232	1 502	6	81	3	10
宁　夏	4 093	10	409	2 026	1 542	6	100	-	-
新　疆	11 770	432	943	3 354	6 591	2	422	-	26

4-6 全国公共汽电车数量（按燃料类型分）

地区	公共汽电车数（辆）										
	合计	汽油车	乙醇汽油车	柴油车	液化石油气车	天然气车	双燃料车	无轨电车	纯电动车	混合动力车	其他
全 国	608 636	8 304	2 236	226 219	5 300	185 512	14 033	2 241	94 904	69 725	162
北 京	22 688	-	-	12 962	50	8 130	-	950	596	-	-
天 津	12 699	16	-	8 342	-	629	-	-	1 286	2 426	-
河 北	30 091	2 099	392	4 660	-	10 431	600	-	9 948	1 961	-
山 西	12 950	261	-	2 964	-	3 595	1 369	106	4 124	531	-
内蒙古	11 479	985	-	4 192	-	4 784	568	-	478	472	-
辽 宁	23 627	135	43	11 975	191	5 845	171	66	1 122	4 079	-
吉 林	12 403	-	614	5 590	-	4 932	97	-	529	641	-
黑龙江	19 507	-	845	9 917	516	5 943	6	-	965	1 315	-
上 海	16 693	-	-	11 625	-	73	1 887	286	2 487	326	9
江 苏	42 521	67	-	17 252	106	11 525	10	-	7 464	6 097	-
浙 江	35 767	212	-	19 258	-	8 076	-	150	3 726	4 295	50
安 徽	20 144	41	284	8 043	28	6 024	521	-	3 191	1 996	16
福 建	18 324	107	-	9 090	-	3 471	102	-	3 063	2 491	-
江 西	10 792	17	-	6 869	-	1 553	82	-	1 289	982	-
山 东	58 573	262	20	13 543	93	16 315	236	231	21 784	6 089	-
河 南	27 251	209	-	8 606	80	4 319	564	67	6 770	6 636	-
湖 北	21 979	93	-	9 313	50	7 749	344	106	2 700	1 564	60
湖 南	24 483	71	-	9 135	-	3 577	62	-	3 562	8 076	-
广 东	61 379	134	-	19 086	3 689	16 309	52	279	13 746	8 084	-
广 西	12 896	453	38	7 749	-	1 841	40	-	1 128	1 647	-
海 南	3 520	-	-	1 400	281	693	18	-	372	756	-
重 庆	13 026	45	-	1 117	-	9 384	119	-	220	2 141	-
四 川	29 093	515	-	3 784	95	20 001	2 524	-	737	1 417	20
贵 州	8 565	42	-	2 798	61	4 085	210	-	459	904	6
云 南	16 016	845	-	10 815	-	1 287	48	-	1 409	1 612	-
西 藏	654	-	-	450	-	15	-	-	32	156	1
陕 西	14 341	9	-	1 302	50	7 691	2 686	-	816	1 787	-
甘 肃	7 451	666	-	2 804	-	3 387	410	-	56	128	-
青 海	3 861	305	-	178	-	2 483	75	-	578	242	-
宁 夏	4 093	54	-	535	10	3 030	270	-	144	50	-
新 疆	11 770	661	-	865	-	8 335	962	-	123	824	-

4-7 全国公共汽电车数量（按排放标准分）

地区	公共汽电车数（辆）					
	合计	国Ⅱ及以下	国Ⅲ	国Ⅳ	国Ⅴ及以上	零排放
全 国	608 636	25 714	207 546	163 202	119 439	92 735
北 京	22 688	-	3 452	7 877	9 813	1 546
天 津	12 699	30	4 622	5 037	1 889	1 121
河 北	30 091	1 144	7 787	5 959	5 486	9 715
山 西	12 950	122	3 616	3 849	809	4 554
内蒙古	11 479	1 764	5 638	2 649	1 044	384
辽 宁	23 627	1 552	9 693	4 922	6 311	1 149
吉 林	12 403	1 433	5 959	3 838	740	433
黑龙江	19 507	1 808	9 093	5 561	2 126	919
上 海	16 693	-	6 442	3 232	4 379	2 640
江 苏	42 521	983	14 173	12 770	7 131	7 464
浙 江	35 767	404	12 294	11 060	8 320	3 689
安 徽	20 144	1 721	7 694	4 248	3 340	3 141
福 建	18 324	217	8 539	3 973	3 081	2 514
江 西	10 792	445	6 044	2 116	1 574	613
山 东	58 573	325	16 481	10 102	9 650	22 015
河 南	27 251	730	7 891	6 190	6 068	6 372
湖 北	21 979	1 307	8 323	7 211	2 435	2 703
湖 南	24 483	1 003	8 837	9 664	1 856	3 123
广 东	61 379	391	15 828	10 678	21 266	13 216
广 西	12 896	586	5 739	2 693	2 830	1 048
海 南	3 520	64	1 699	1 154	389	214
重 庆	13 026	1 249	5 844	4 832	884	217
四 川	29 093	1 877	8 316	13 012	5 144	744
贵 州	8 565	145	2 827	2 599	2 566	428
云 南	16 016	3 033	5 542	4 761	1 558	1 122
西 藏	654	15	66	384	184	5
陕 西	14 341	1 207	5 777	3 620	2 921	816
甘 肃	7 451	966	2 625	2 434	1 370	56
青 海	3 861	67	1 254	1 530	498	512
宁 夏	4 093	333	1 863	940	817	140
新 疆	11 770	793	3 588	4 307	2 960	122

4-8 全国公共汽电车场站及线路

地区	停保场面积（万平方米）	运营线路条数（条）	运营线路总长度（公里）	BRT 线路长度	无轨电车线路长度
全 国	7 715.1	52 789	981 192	3 434	924
北 京	402.0	876	19 818	81	305
天 津	100.1	763	17 757	–	–
河 北	369.5	2 516	47 367	–	–
山 西	168.8	1 372	25 529	–	50
内蒙古	186.9	1 358	34 416	–	–
辽 宁	297.1	1 900	33 073	14	8
吉 林	71.5	1 064	15 446	–	–
黑龙江	215.7	1 581	28 995	–	–
上 海	197.5	1 457	24 169	–	128
江 苏	655.4	3 769	68 487	629	–
浙 江	522.6	4 603	82 183	493	53
安 徽	340.1	1 640	28 385	198	–
福 建	234.2	1 706	29 618	168	–
江 西	96.5	1 253	22 512	–	–
山 东	735.3	4 407	111 912	406	76
河 南	405.9	1 669	27 422	121	34
湖 北	313.4	1 564	22 542	38	101
湖 南	269.3	1 734	27 030	55	–
广 东	727.6	5 231	106 807	789	170
广 西	225.6	1 489	25 702	181	–
海 南	29.0	366	7 231	–	–
重 庆	60.0	1 145	16 761	–	–
四 川	285.2	2 748	40 226	60	–
贵 州	137.4	961	12 627	–	–
云 南	151.0	2 121	44 096	–	–
西 藏	4.6	74	1 344	–	–
陕 西	157.0	962	16 815	–	–
甘 肃	71.3	672	10 178	9	–
青 海	30.8	447	9 432	–	–
宁 夏	87.2	422	8 046	21	–
新 疆	166.7	919	15 266	171	–

4-9 全国公共汽电车客运量

地区	运营里程（万公里）	客运量（万人次）	BRT	使用IC卡
全 国	3 583 218	7 453 529	176 514	3 510 323
北 京	133 630	369 019	5224	248 765
天 津	47 503	149 935	–	87 081
河 北	136 891	209 596	–	70 241
山 西	63 867	151 199	–	51 109
内蒙古	76 439	136 933	–	56 760
辽 宁	135 650	394 314	1 700	158 235
吉 林	76 512	172 093	–	47 017
黑龙江	131 581	266 009	–	81 987
上 海	103 963	239 112	–	187 923
江 苏	249 004	464 564	17 568	248 426
浙 江	225 835	380 455	7 286	215 681
安 徽	114 043	224 882	7 104	101 666
福 建	108 907	241 201	13 975	94 377
江 西	74 832	128 619	–	48 501
山 东	273 183	423 776	5 740	189 420
河 南	142 170	264 703	53 374	90 004
湖 北	152 734	339 356	3 461	194 942
湖 南	166 438	319 743	1 176	91 925
广 东	436 829	698 673	24 273	433 731
广 西	75 862	139 583	3 851	26 254
海 南	25 512	48 240	–	4 367
重 庆	90 695	270 831	–	179 560
四 川	154 290	413 367	10 041	193 046
贵 州	52 928	182 464	–	33 652
云 南	90 909	174 679	–	73 728
西 藏	3 373	9 177	–	1 658
陕 西	93 197	252 910	–	146 700
甘 肃	37 106	131 224	4 113	57 438
青 海	20 350	46 145	–	26 919
宁 夏	20 818	45 049	3 311	20 901
新 疆	68 166	165 675	14 318	48 310

4-10 全国出租汽车车辆数

单位：辆

地区	运营车数								
	合计	汽油车	乙醇汽油车	柴油车	液化石油气车	天然气车	双燃料车	纯电动车	其他
全国	1 404 013	464 276	184 848	26 869	10 488	48 832	645 993	18 614	4 093
北京	68 484	64 484	-	-	-	-	2 000	1000	1000
天津	31 940	31 856	-	-	-	-	-	-	84
河北	73 114	23 583	4 513	200	-	192	44 425	-	201
山西	43 120	9 506	29	-	-	1 190	23 972	8194	229
内蒙古	73 929	36 445	-	12	-	2395	35 077	-	-
辽宁	92 943	17 807	8 634	4 778	2175	2 834	54 746	50	1 919
吉林	71 170	3 707	57 722	5 185	-	88	4 468	-	-
黑龙江	105 368	-	98 745	3 145	-	57	3 421	-	-
上海	47 271	45 967	-	651	-	-	647	6	-
江苏	61 154	24 988	1 090	9	819	998	32 488	759	3
浙江	44 046	21 794	-	4 643	507	148	16 345	590	19
安徽	55 373	3 210	9 343	72	87	1 203	40 958	500	-
福建	24 961	5 040	-	1 222	-	-	17 940	759	-
江西	17 900	13 321	-	1 330	-	101	3 146	2	-
山东	72 081	12 106	-	24	170	150	59 603	28	-
河南	61 899	15 391	3 611	491	-	1 370	40 936	100	-
湖北	42 125	7 456	475	1	897	2 061	30 389	846	-
湖南	36 221	10 931	-	2 248	-	202	22 640	200	-
广东	70 374	22 667	-	754	4 158	-	38 603	4 135	57
广西	21 221	11 762	686	266	-	-	8 120	200	187
海南	7 241	340	-	71	-	-	6 594	236	-
重庆	23 749	697	-	-	-	1 365	21 687	-	-
四川	43 350	6 022	-	-	-	-	37 078	250	-
贵州	28 713	19 124	-	1 630	-	3 437	4 201	20	301
云南	29 454	26 733	-	131	-	67	2 470	50	3
西藏	2 616	474	-	-	1 675	-	459	8	-
陕西	36 232	2 925	-	-	-	-	32 857	410	40
甘肃	36 377	11 543	-	-	-	16 258	8 305	221	50
青海	13 141	2 792	-	-	-	890	9 459	-	-
宁夏	16 101	4 288	-	-	-	340	11 423	50	-
新疆	52 345	7 317	-	6	-	13 486	31 536	-	-

4-11　全国出租汽车运量

地区	载客车次总数（万车次）	运营里程（万公里）	载客里程	客运量（万人次）
全　国	1 960 612	15 524 953	10 330 260	3 773 522
北　京	33 946	509 973	304 966	47 665
天　津	21 218	346 921	206 352	37 465
河　北	73 590	750 139	510 637	139 156
山　西	54 750	386 728	252 699	103 126
内蒙古	92 578	689 540	456 224	169 739
辽　宁	141 229	1 168 951	779 876	280 047
吉　林	103 470	760 685	579 723	199 005
黑龙江	159 348	947 541	658 765	323 026
上　海	47 911	578 651	361 826	86 240
江　苏	74 727	701 181	411 868	146 362
浙　江	64 372	568 453	361 057	116 193
安　徽	90 895	669 371	455 915	182 735
福　建	35 226	312 494	202 641	73 044
江　西	29 607	201 815	129 031	61 976
山　东	76 807	772 552	494 762	131 924
河　南	89 465	671 463	474 008	162 123
湖　北	76 530	584 528	371 905	153 036
湖　南	80 885	491 913	336 196	164 268
广　东	86 076	906 399	558 457	163 973
广　西	20 827	188 856	124 435	39 556
海　南	7 593	94 418	67 691	17 081
重　庆	49 119	375 595	244 699	99 886
四　川	90 459	591 686	377 987	181 697
贵　州	64 553	290 350	224 755	143 520
云　南	42 724	241 980	159 808	88 604
西　藏	8 046	52 348	40 231	14 599
陕　西	63 672	460 982	318 299	120 838
甘　肃	47 126	344 935	247 846	85 438
青　海	17 224	129 140	104 275	29 801
宁　夏	23 628	154 694	104 520	43 171
新　疆	93 014	580 672	408 807	168 229

4-12 全国轨道交通运营车辆数

地区	运营车数（辆）						标准运营车数（标台）	编组列数（列）
	合计	地铁	轻轨	单轨	有轨电车	磁悬浮		
全国	23 791	22 072	1 275	-	412	32	57 627	4 194
北京	5 204	5 204	-	-	-	-	13 010	832
天津	956	780	152	-	24	-	2 354	176
河北	-	-	-	-	-	-	-	-
山西	-	-	-	-	-	-	-	-
内蒙古	-	-	-	-	-	-	-	-
辽宁	904	624	208	-	72	-	2 240	232
吉林	398	-	351	-	47	-	512	124
黑龙江	78	78	-	-	-	-	195	13
上海	4 025	4 008	-	-	-	17	10 063	681
江苏	1 984	1 750	-	-	234	-	4 726	369
浙江	900	900	-	-	-	-	2250	150
安徽	132	132	-	-	-	-	330	22
福建	144	144	-	-	-	-	360	24
江西	162	162	-	-	-	-	405	27
山东	151	144	-	-	7	-	338	31
河南	258	258	-	-	-	-	645	43
湖北	1 106	1 106	-	-	-	-	2 765	200
湖南	345	330	-	-	-	15	851	60
广东	4 086	4 058	-	-	28	-	10 215	719
广西	144	144	-	-	-	-	144	24
海南	-	-	-	-	-	-	-	-
重庆	978	414	-	564	-	-	1 994	161
四川	966	966	-	-	-	-	2 415	161
贵州	-	-	-	-	-	-	-	-
云南	240	240	-	-	-	-	240	40
西藏	-	-	-	-	-	-	-	-
陕西	630	630	-	-	-	-	1 575	105
甘肃	-	-	-	-	-	-	-	-
青海	-	-	-	-	-	-	-	-
宁夏	-	-	-	-	-	-	-	-
新疆	-	-	-	-	-	-	-	-

4-13 全国轨道交通运营线路条数

单位：条

地区	运营线路条数					
	合计	地铁	轻轨	单轨	有轨电车	磁悬浮
全 国	124	103	9	-	10	2
北 京	19	19	-	-	-	-
天 津	6	4	1	-	1	-
河 北	-	-	-	-	-	-
山 西	-	-	-	-	-	-
内蒙古	-	-	-	-	-	-
辽 宁	9	4	3	-	2	-
吉 林	4	-	2	-	2	-
黑龙江	1	1	-	-	-	-
上 海	15	14	-	-	-	1
江 苏	13	10	-	-	3	-
浙 江	5	5	-	-	-	-
安 徽	1	1	-	-	-	-
福 建	1	1	-	-	-	-
江 西	1	1	-	-	-	-
山 东	2	1	-	-	1	-
河 南	2	2	-	-	-	-
湖 北	5	5	-	-	-	-
湖 南	3	2	-	-	-	1
广 东	22	21	-	-	1	-
广 西	1	1	-	-	-	-
海 南	-	-	-	-	-	-
重 庆	6	3	3	-	-	-
四 川	4	4	-	-	-	-
贵 州	-	-	-	-	-	-
云 南	1	1	-	-	-	-
西 藏	-	-	-	-	-	-
陕 西	3	3	-	-	-	-
甘 肃	-	-	-	-	-	-
青 海	-	-	-	-	-	-
宁 夏	-	-	-	-	-	-
新 疆	-	-	-	-	-	-

4-14 全国轨道交通运营线路总长度

单位：公里

地区	运营线路总长度					
	合计	地铁	轻轨	单轨	有轨电车	磁悬浮
全国	3 727.5	3 269.7	298.8	-	111.3	47.7
北京	574.0	574.0	-	-	-	-
天津	175.4	115.2	52.3	-	7.9	-
河北	-	-	-	-	-	-
山西	-	-	-	-	-	-
内蒙古	-	-	-	-	-	-
辽宁	220.9	96.3	101.1	-	23.5	-
吉林	64.2	-	46.9	-	17.3	-
黑龙江	17.2	17.2	-	-	-	-
上海	617.5	588.4	-	-	-	29.1
江苏	393.0	346.9	-	-	46.1	-
浙江	156.0	156.0	-	-	-	-
安徽	24.6	24.6	-	-	-	-
福建	9.2	9.2	-	-	-	-
江西	28.8	28.8	-	-	-	-
山东	33.3	24.5	-	-	8.8	-
河南	46.2	46.2	-	-	-	-
湖北	180.4	180.4	-	-	-	-
湖南	68.8	50.2	-	-	-	18.6
广东	631.8	624.1	-	-	7.7	-
广西	32.1	32.1	-	-	-	-
海南	-	-	-	-	-	-
重庆	213.3	114.8	98.5	-	-	-
四川	105.5	105.5	-	-	-	-
贵州	-	-	-	-	-	-
云南	46.3	46.3	-	-	-	-
西藏	-	-	-	-	-	-
陕西	89.0	89.0	-	-	-	-
甘肃	-	-	-	-	-	-
青海	-	-	-	-	-	-
宁夏	-	-	-	-	-	-
新疆	-	-	-	-	-	-

注：上海轨道交通运营线路总长度含江苏（昆山）境内约6公里。

4-15　全国轨道交通运量

地区	运营里程（万列公里）	客运量（万人次）
全　国	43 318	1 615 081
北　京	8 781	365 934
天　津	1 266	30 855
河　北	–	–
山　西	–	–
内蒙古	–	–
辽　宁	1 691	45 193
吉　林	742	8 078
黑龙江	162	6 850
上　海	8 430	340 106
江　苏	4 078	107 023
浙　江	1 714	36 845
安　徽	4	70
福　建	53	179
江　西	313	7 958
山　东	122	1 121
河　南	371	12 376
湖　北	1 895	71 659
湖　南	517	16 033
广　东	7 914	388 964
广　西	42	642
海　南	–	–
重　庆	2 327	69 343
四　川	1 553	56 217
贵　州	–	–
云　南	437	8 821
西　藏	–	–
陕　西	906	40 816
甘　肃	–	–
青　海	–	–
宁　夏	–	–
新　疆	–	–

注：上海轨道交通客运量含江苏（昆山）境内约 1 713 万人次。

4-16 全国城市客运轮渡船舶及航线数

地区	运营船数（艘）	运营航线条数（条）	运营航线总长度（公里）
全国	282	112	505.0
北京	-	-	-
天津	-	-	-
河北	-	-	-
山西	-	-	-
内蒙古	-	-	-
辽宁	-	-	-
吉林	-	-	-
黑龙江	38	11	40.6
上海	44	17	11.0
江苏	15	6	33.4
浙江	5	2	2.1
安徽	-	-	-
福建	29	12	79.5
江西	3	1	1.5
山东	2	1	7.0
河南	-	-	-
湖北	54	19	155.5
湖南	11	6	4.4
广东	63	22	113.4
广西	-	-	-
海南	-	-	-
重庆	18	15	56.6
四川	-	-	-
贵州	-	-	-
云南	-	-	-
西藏	-	-	-
陕西	-	-	-
甘肃	-	-	-
青海	-	-	-
宁夏	-	-	-
新疆	-	-	-

4-17 全国城市客运轮渡运量

地区	运量		
	客运量（万人次）	机动车运量（辆）	非机动车运量（辆）
全国	9 377	1 292 375	22 242 708
北京	—	—	—
天津	—	—	—
河北	—	—	—
山西	—	—	—
内蒙古	—	—	—
辽宁	—	—	—
吉林	—	—	—
黑龙江	316	—	—
上海	1 235	499 623	19 083 084
江苏	419	—	1 886 700
浙江	269	—	—
安徽	—	—	—
福建	2 835	—	—
江西	38	1 640	59 663
山东	49	51 630	—
河南	—	—	—
湖北	1 326	—	1 143 900
湖南	52	—	—
广东	2 612	739 482	69 361
广西	—	—	—
海南	—	—	—
重庆	229	—	—
四川	—	—	—
贵州	—	—	—
云南	—	—	—
西藏	—	—	—
陕西	—	—	—
甘肃	—	—	—
青海	—	—	—
宁夏	—	—	—
新疆	—	—	—

4-18 中心城市城市客运经营业户

单位：户

地 区	公共汽电车经营业户数	国有企业	国有控股企业	私营企业	轨道交通经营业户数	城市客运轮渡经营业户数
合 计	415	108	70	166	36	14
北 京	2	1	1	-	2	-
天 津	12	11	-	1	1	-
石家庄	1	1	-	-	-	-
太 原	1	-	1	-	-	-
呼和浩特	1	1	-	-	-	-
沈 阳	17	4	7	6	1	-
长 春	26	2	-	24	1	-
哈尔滨	42	2	-	40	1	5
上 海	28	-	19	-	6	1
南 京	3	3	-	-	2	1
杭 州	8	8	-	-	2	-
合 肥	4	-	4	-	1	-
福 州	5	2	1	1	1	1
南 昌	1	1	-	-	1	-
济 南	5	3	-	-	-	-
郑 州	1	1	-	-	1	-
武 汉	8	2	1	-	1	1
长 沙	5	1	-	4	2	-
广 州	32	10	10	6	1	1
南 宁	9	1	1	7	1	-
海 口	3	1	-	2	-	-
重 庆	41	21	3	16	1	1
成 都	8	-	7	-	1	-
贵 阳	53	5	-	2	-	-
昆 明	9	3	3	3	1	-
拉 萨	1	1	-	-	-	-
西 安	24	1	5	18	1	-
兰 州	4	-	1	3	-	-
西 宁	4	3	-	1	-	-
银 川	1	1	-	-	-	-
乌鲁木齐	8	4	-	4	-	-
大 连	16	5	2	9	2	-
青 岛	5	5	-	-	2	1
宁 波	7	3	1	3	1	1
深 圳	18	-	3	15	2	-
厦 门	2	1	-	1	-	1

4-18 （续表一）

单位：户

地区	出租汽车经营业户数					个体经营业户数
	合计	车辆301辆以上的企业数	车辆101~300辆（含）的企业数	车辆51~100辆（含）的企业数	车辆50辆（含）以下的企业数	
合　　计	25 169	369	646	409	630	23 115
北　　京	1 387	29	59	54	88	1 157
天　　津	6 088	25	27	13	9	6 014
石 家 庄	43	10	17	12	4	-
太　　原	19	8	7	1	3	-
呼和浩特	25	4	11	7	3	-
沈　　阳	478	14	35	22	86	321
长　　春	5 556	11	13	20	7	5 505
哈 尔 滨	175	15	32	23	19	86
上　　海	3 091	27	16	29	53	2 966
南　　京	1 440	6	22	15	8	1 389
杭　　州	1 306	7	22	19	58	1 200
合　　肥	92	6	-	-	1	85
福　　州	19	7	8	2	2	-
南　　昌	31	5	7	10	9	-
济　　南	196	8	22	11	-	155
郑　　州	51	10	23	14	2	2
武　　汉	75	13	36	13	13	-
长　　沙	21	12	6	2	1	-
广　　州	68	13	30	20	5	-
南　　宁	12	11	-	1	-	-
海　　口	14	2	7	2	3	-
重　　庆	1 053	12	41	24	48	928
成　　都	54	20	7	10	17	-
贵　　阳	251	8	15	9	15	204
昆　　明	36	7	19	6	4	-
拉　　萨	2	2	-	-	-	-
西　　安	60	7	33	10	10	-
兰　　州	33	11	16	4	2	-
西　　宁	7	6	1	-	-	-
银　　川	17	6	9	-	2	-
乌鲁木齐	25	11	10	3	1	-
大　　连	3 284	3	11	29	138	3 103
青　　岛	27	8	15	1	3	-
宁　　波	35	1	26	3	5	-
深　　圳	84	19	39	15	11	-
厦　　门	14	5	4	5	-	-

4-19　中心城市城市客运从业人员

单位：人

地 区	公共汽电车从业人员	出租汽车从业人员	轨道交通从业人员	客运轮渡从业人员
合 计	651 751	1 076 212	204 377	4 645
北 京	79 202	93 767	41 071	–
天 津	20 941	46 973	6 284	–
石家庄	13 126	16 441	–	–
太 原	8 809	15 829	–	–
呼和浩特	6 806	11 166	–	–
沈 阳	12 575	122 000	3 631	–
长 春	11 108	67 555	3 818	–
哈尔滨	15 652	35 103	1 536	377
上 海	56 749	94 914	28 733	1 172
南 京	24 545	18 980	10 976	329
杭 州	22 178	26 594	4 647	–
合 肥	9 567	20 487	1 768	–
福 州	8 443	12 575	1 583	6
南 昌	6 235	12 018	2 000	–
济 南	13 158	12 672	–	–
郑 州	14 135	24 493	2 530	–
武 汉	31 080	36 803	8 451	473
长 沙	11 852	17 728	4 026	–
广 州	41 911	36 653	21 871	1 221
南 宁	7 599	13 548	2 249	–
海 口	3 368	6 209	–	–
重 庆	32 129	54 069	15 283	75
成 都	19 094	26 033	8 483	–
贵 阳	9 277	18 559	–	–
昆 明	13 079	15 839	4 040	–
拉 萨	1 192	3 436	–	–
西 安	21 452	35 774	5 495	–
兰 州	9 157	13 263	–	–
西 宁	4 350	10 256	–	–
银 川	4 508	9 410	–	–
乌鲁木齐	12 640	24 911	–	–
大 连	13 524	49 694	5 917	–
青 岛	21 589	19 670	3 672	340
宁 波	11 026	10 695	3 432	54
深 圳	50 310	29 707	12 881	–
厦 门	9 385	12 388	–	598

4-20 中心城市城市客运设施

地区	公交专用车道长度（公里）	轨道交通车站数（个）	换乘站数	城市客运轮渡在用码头数（个）	公交IC卡累计售卡量（万张）
合 计	6 049.3	2 323	252	149	46 186.3
北 京	845.0	345	54	–	11 366.9
天 津	65.0	105	7	–	1 100.0
石家庄	18.4	–	–	–	753.3
太 原	294.9	–	–	–	427.3
呼和浩特	107.1	–	–	–	113.5
沈 阳	259.5	43	1	–	809.1
长 春	161.4	119	1	–	240.2
哈尔滨	65.8	18	–	23	551.2
上 海	325.0	367	54	41	6 574.0
南 京	151.5	134	7	12	2 274.0
杭 州	163.8	53	4	–	1 192.5
合 肥	62.0	23	–	–	439.5
福 州	123.9	6	–	3	228.4
南 昌	27.8	24	–	–	38.8
济 南	191.2	–	–	–	791.9
郑 州	121.0	36	1	–	492.7
武 汉	286.9	136	13	24	2 164.0
长 沙	190.0	46	2	–	666.3
广 州	457.6	201	50	29	5 030.3
南 宁	47.0	25	–	–	298.3
海 口	25.0	–	–	–	82.0
重 庆	–	126	9	4	1 511.6
成 都	431.8	87	6	–	1 400.0
贵 阳	13.4	–	–	–	31.1
昆 明	95.2	35	1	–	538.0
拉 萨	–	–	–	–	14.0
西 安	238.8	66	3	–	165.0
兰 州	8.9	–	–	–	445.8
西 宁	–	–	–	–	161.1
银 川	74.8	–	–	–	94.0
乌鲁木齐	120.8	–	–	–	402.0
大 连	260.7	56	1	–	408.6
青 岛	166.0	34	–	2	562.2
宁 波	117.1	42	10	4	566.8
深 圳	478.5	196	28	–	3 470.9
厦 门	53.5	–	–	7	781.0

注：广州轨道交通车站数含佛山境内15个，换乘站0个。

4-21 中心城市公共汽电车数量

地 区	公 共 汽 电 车 数（辆）				标准运营车数（标台）
		空调车	安装卫星定位车载终端	BRT 运营车辆	
合 计	245 820	187 491	220 447	5 346	307 560
北 京	22 688	19 451	22 688	368	32 685
天 津	12 699	10 263	10 310	-	14 649
石家庄	4 882	2 561	3 900	-	5 925
太 原	2 253	1 128	-	-	2 945
呼和浩特	1 769	-	-	-	2 288
沈 阳	5 701	727	5 466	-	7 494
长 春	4 505	1 311	3 201	-	4 757
哈尔滨	7 408	623	4 150	-	9 426
上 海	16 693	16 689	16 693	-	20 659
南 京	8 907	8 569	7 770	-	11 139
杭 州	8 770	8 770	8 770	173	10 783
合 肥	4 916	3 611	4 858	406	6 305
福 州	4 386	4 386	4 386	-	5 367
南 昌	3 423	3 013	3 423	-	4 083
济 南	5 476	3 696	5 476	197	6 912
郑 州	6 230	6 080	6 210	1 800	8 306
武 汉	8 970	7 718	8 916	30	11 578
长 沙	7 187	6 734	3 403	-	9 300
广 州	14 074	14 074	13 402	989	16 960
南 宁	3 565	3 013	3 537	-	4 544
海 口	1 597	1 597	1 222	-	1 836
重 庆	11 832	10 193	11 832	-	13 557
成 都	11 255	10 662	11 255	270	13 899
贵 阳	3 117	2 214	3 117	-	3 812
昆 明	6 517	3 309	5 717	-	7 832
拉 萨	522	290	522	-	674
西 安	7 698	4 034	6 387	-	9 018
兰 州	2 680	925	2 567	70	3 233
西 宁	1 687	80	1 450	-	2 099
银 川	1 818	1 818	1 818	80	2 246
乌鲁木齐	4 668	611	4 424	552	6 104
大 连	5 305	1 165	2 655	64	6 612
青 岛	7 210	2 764	5 518	-	9 258
宁 波	5 110	5 110	5 102	-	6 282
深 圳	15 483	15 483	15 483	-	18 899
厦 门	4 819	4 819	4 819	347	6 093

4-22 中心城市公共汽电车数量（按长度分）

地 区	公 共 汽 电 车 数（辆）								
	合计	≤5米	>5米且≤7米	>7米且≤10米	>10米且≤13米	>13米且≤16米	>16米且≤18米	>18米	双层车
合 计	**245 820**	**127**	**10 717**	**42 502**	**179 277**	**5 382**	**4 306**	**6**	**3 503**
北 京	22 688	–	104	233	15 803	3 824	1 587	–	1 137
天 津	12 699	–	487	5 500	6 575	–	–	–	137
石家庄	4 882	–	150	1 745	2 508	479	–	–	–
太 原	2 253	–	1	60	2 142	–	50	–	–
呼和浩特	1 769	18	50	–	1 651	–	30	–	20
沈 阳	5 701	–	–	81	5 423	75	40	–	82
长 春	4 505	–	14	3 638	853	–	–	–	–
哈尔滨	7 408	–	19	685	6 684	–	–	–	20
上 海	16 693	–	233	3 127	13 277	–	19	–	37
南 京	8 907	4	303	862	7 733	–	5	–	–
杭 州	8 770	10	595	1 236	6 759	–	160	–	10
合 肥	4 916	–	104	557	4 042	–	163	–	50
福 州	4 386	–	273	605	3 483	22	–	–	3
南 昌	3 423	10	316	737	2 259	61	30	–	10
济 南	5 476	–	279	965	3 795	160	202	–	75
郑 州	6 230	–	309	399	4 589	422	371	–	140
武 汉	8 970	–	201	1 420	6 583	20	84	–	662
长 沙	7 187	–	–	145	7 042	–	–	–	–
广 州	14 074	–	655	3 337	9 991	–	36	–	55
南 宁	3 565	24	91	286	3 049	–	–	–	115
海 口	1 597	–	154	523	897	23	–	–	–
重 庆	11 832	15	870	4 305	6 640	–	–	–	2
成 都	11 255	–	1 295	1 579	7 639	4	738	–	–
贵 阳	3 117	–	237	409	2 429	–	–	–	42
昆 明	6 517	36	898	1 222	3 879	–	46	–	436
拉 萨	522	–	–	16	506	–	–	–	–
西 安	7 698	–	1 241	1 015	5 342	–	–	–	100
兰 州	2 680	–	43	797	1 820	–	20	–	–
西 宁	1 687	–	120	93	1 464	–	–	–	10
银 川	1 818	10	63	479	1 160	6	100	–	–
乌鲁木齐	4 668	–	236	380	3 636	–	416	–	–
大 连	5 305	–	32	1 103	4 069	–	49	–	52
青 岛	7 210	–	71	573	6 355	153	38	–	20
宁 波	5 110	–	278	732	4 064	–	–	6	30
深 圳	15 483	–	716	3 125	11 368	133	–	–	141
厦 门	4 819	–	279	533	3 768	–	122	–	117

4-23 中心城市公共汽电车数量（按燃料类型分）

地区	公共汽电车数（辆）										
	合计	汽油车	乙醇汽油车	柴油车	液化石油气车	天然气车	双燃料车	无轨电车	纯电动车	混合动力车	其他
合　计	**245 820**	**157**	**32**	**85 600**	**3 853**	**90 398**	**4 146**	**2 174**	**25 329**	**34 071**	**60**
北　京	22 688	–	–	12 962	50	8 130	–	950	596	–	–
天　津	12 699	16	–	8 342	–	629	–	–	1 286	2 426	–
石家庄	4 882	–	–	199	–	3 589	–	–	1 072	22	–
太　原	2 253	–	–	–	–	1 160	982	106	–	5	–
呼和浩特	1 769	–	–	–	–	1 769	–	–	–	–	–
沈　阳	5 701	–	2	3 143	30	1 524	102	–	–	900	–
长　春	4 505	–	–	630	–	3 251	91	–	90	443	–
哈尔滨	7 408	–	10	1 181	61	4 947	–	–	71	1 138	–
上　海	16 693	–	–	11 625	–	73	1 887	286	2 487	326	9
南　京	8 907	10	–	3 311	23	2 899	–	–	2 187	477	–
杭　州	8 770	28	–	2 212	–	2 929	–	150	2 262	1 189	–
合　肥	4 916	–	–	1 193	–	2 274	–	–	1 197	252	–
福　州	4 386	–	–	1 810	–	769	–	–	1 080	727	–
南　昌	3 423	–	–	2 485	–	512	–	–	111	315	–
济　南	5 476	–	20	2 357	–	1 683	–	121	406	889	–
郑　州	6 230	–	–	1 318	–	383	–	–	407	4 122	–
武　汉	8 970	–	–	4 799	–	2 244	–	106	1 221	600	–
长　沙	7 187	–	–	1 122	–	581	–	–	947	4 537	–
广　州	14 074	24	–	2 730	3 689	3 203	–	279	149	4 000	–
南　宁	3 565	24	–	1 111	–	1361	–	–	79	990	–
海　口	1 597	–	–	202	–	588	–	–	270	537	–
重　庆	11 832	15	–	567	–	8 951	119	–	167	2 013	–
成　都	11 255	–	–	333	–	10 488	–	–	294	140	–
贵　阳	3 117	–	–	100	–	2 965	14	–	35	3	–
昆　明	6 517	29	–	3 975	–	831	–	–	280	1 402	–
拉　萨	522	–	–	323	–	15	–	–	27	156	1
西　安	7 698	–	–	10	–	5 302	951	–	60	1 375	–
兰　州	2 680	–	–	36	–	2 564	–	–	25	55	–
西　宁	1 687	–	–	–	–	1 454	–	–	21	212	–
银　川	1 818	–	–	–	–	1 818	–	–	–	–	–
乌鲁木齐	4 668	4	–	275	–	4 002	–	–	8	379	–
大　连	5 305	1	–	1 992	–	1 433	–	66	820	993	–
青　岛	7 210	–	–	2 353	–	3 115	–	110	1 288	344	–
宁　波	5 110	–	–	2 432	–	1 618	–	–	466	544	50
深　圳	15 483	–	–	7 445	–	621	–	–	5 901	1 516	–
厦　门	4 819	6	–	3 027	–	723	–	–	19	1 044	–

4-24 中心城市公共汽电车数量（按排放标准分）

地区	公共汽电车数（辆） 合计	国Ⅱ及以下	国Ⅲ	国Ⅳ	国Ⅴ及以上	零排放
合　计	245 820	6 227	81 167	70 150	62 745	25 531
北　京	22 688	-	3 452	7 877	9 813	1 546
天　津	12 699	30	4 622	5 037	1 889	1 121
石家庄	4 882	672	1 930	512	696	1 072
太　原	2 253	-	-	2 253	-	-
呼和浩特	1 769	-	1 769	-	-	-
沈　阳	5 701	461	3 037	499	1 704	-
长　春	4 505	223	2 211	1 623	432	16
哈尔滨	7 408	14	3 061	2 683	1 579	71
上　海	16 693	-	6 442	3 232	4 379	2 640
南　京	8 907	64	2 535	2 120	2 001	2 187
杭　州	8 770	-	1 202	2 314	2 842	2 412
合　肥	4 916	370	1 222	939	1 188	1 197
福　州	4 386	-	1 805	1 072	869	640
南　昌	3 423	111	2 612	422	278	-
济　南	5 476	109	2 332	953	1 555	527
郑　州	6 230	46	1 434	1 631	2 712	407
武　汉	8 970	13	3 934	3 212	484	1 327
长　沙	7 187	282	1 705	4 178	486	536
广　州	14 074	-	1 005	668	12 343	58
南　宁	3 565	54	875	355	2 202	79
海　口	1 597	-	784	503	140	170
重　庆	11 832	1 225	5 187	4 486	814	120
成　都	11 255	153	2 338	7 107	1 363	294
贵　阳	3 117	-	1 216	566	1 318	17
昆　明	6 517	1 109	1 515	2 953	680	260
拉　萨	522	-	-	338	184	-
西　安	7 698	810	3 111	1 674	2 043	60
兰　州	2 680	-	24	1 464	1 167	25
西　宁	1 687	50	433	741	442	21
银　川	1 818	-	742	450	626	-
乌鲁木齐	4 668	405	1 284	942	2 029	8
大　连	5 305	26	2 127	1 218	1 048	886
青　岛	7 210	-	3 201	1 050	1 561	1 398
宁　波	5 110	-	2 340	1 356	948	466
深　圳	15 483	-	6 760	2 655	117	5 951
厦　门	4 819	-	2 920	1 067	813	19

4-25　中心城市公共汽电车场站及线路

地区	停保场面积（万平方米）	运营线路条数（条）	运营线路总长度（公里）	BRT 线路长度	无轨电车线路长度
合　计	3 005.5	15 024	275 139	1 737	890
北　京	402.0	876	19 818	81	305
天　津	100.1	763	17 757	-	-
石家庄	96.5	226	3 715	-	-
太　原	46.1	197	3 250	-	50
呼和浩特	53.3	109	2 154	-	-
沈　阳	46.3	224	4 341	-	-
长　春	9.6	265	4 618	-	-
哈尔滨	88.6	289	5 435	-	-
上　海	197.5	1 457	24 169	-	128
南　京	79.8	612	9 843	-	-
杭　州	117.2	758	13 866	151	53
合　肥	84.2	211	3 240	198	-
福　州	72.2	244	4 457	-	-
南　昌	2.9	258	4 724	-	-
济　南	99.9	262	4 765	97	46
郑　州	144.4	311	4 600	121	-
武　汉	127.6	489	6 001	14	101
长　沙	76.8	214	4 519	-	-
广　州	43.6	1 182	20 831	697	170
南　宁	65.8	203	3 802	-	-
海　口	9.3	111	2 411	-	-
重　庆	56.2	946	14 352	-	-
成　都	117.8	611	8 347	60	-
贵　阳	35.8	278	4 412	-	-
昆　明	72.5	532	12 855	-	-
拉　萨	3.4	34	667	-	-
西　安	77.3	280	6 398	-	-
兰　州	24.0	127	1 769	9	-
西　宁	12.9	94	1 420	-	-
银　川	44.2	123	2 230	21	-
乌鲁木齐	54.1	182	3 175	106	-
大　连	46.9	266	4 541	14	8
青　岛	69.3	451	8 932	-	30
宁　波	140.4	475	9 467	-	-
深　圳	236.8	976	21 177	-	-
厦　门	50.2	388	7 083	168	-

4-26 中心城市公共汽电车客运量

地 区	运营里程（万公里）	客运量（万人次）	BRT	使用IC卡
合　计	1 422 010	3 736 208	144 116	2 328 191
北　京	133 630	369 019	5 224	248 765
天　津	47 503	149 935	-	87 081
石家庄	18 986	54 600	-	25 000
太　原	11 609	43 515	-	34 425
呼和浩特	16 007	41 474	-	25 082
沈　阳	27 203	98 186	-	55 533
长　春	27 972	69 337	-	21 294
哈尔滨	58 844	134 330	-	55 028
上　海	103 963	239 112	-	187 923
南　京	50 510	92 723	-	78 227
杭　州	52 939	141 441	4 265	105 291
合　肥	22 680	60 270	7 104	33 007
福　州	21 886	53 316	-	14 112
南　昌	31 757	42 580	-	25 653
济　南	23 743	74 086	3 759	37 654
郑　州	28 474	91 039	53 374	39 527
武　汉	54 761	147 388	15	105 209
长　沙	36 652	68 162	-	46 638
广　州	106 938	241 558	23 040	192 721
南　宁	21 132	44 287	-	9 418
海　口	11 670	29 466	-	2 532
重　庆	82 679	250 283	-	175 626
成　都	44 794	155 108	10 041	116 850
贵　阳	17 936	59 737	-	9 657
昆　明	31 272	88 394	-	52 451
拉　萨	2 623	8 208	-	1 633
西　安	47 020	147 089	-	104 493
兰　州	13 346	78 637	4 113	36 785
西　宁	8 216	35 821	-	24 215
银　川	8 444	31 025	3 311	19 476
乌鲁木齐	25 610	85 920	14 195	27 635
大　连	23 356	93 311	1 700	49 488
青　岛	36 695	99 596	-	65 951
宁　波	28 407	41 963	-	34 081
深　圳	111 749	186 799	-	122 980
厦　门	31 006	88 492	13 975	56 752

4-27 中心城市出租汽车车辆数

单位：辆

地区	运营车数								
	合计	汽油车	乙醇汽油车	柴油车	液化石油气车	天然气车	双燃料车	纯电动车	其他
合　计	498 043	199 283	27 737	12 827	6 715	25 440	206 959	15 700	3 382
北　京	68 484	64 484	-	-	-	-	2 000	1 000	1 000
天　津	31 940	31 856	-	-	-	-	-	-	84
石家庄	7 749	126	61	-	-	-	7 562	-	-
太　原	8 492	19	-	-	-	508	461	7 504	-
呼和浩特	6 568	-	-	-	-	-	6 568	-	-
沈　阳	18 587	-	63	2 876	-	-	13 730	-	1 918
长　春	18 534	3 101	12 402	2 999	-	-	32	-	-
哈尔滨	18 193	-	15 211	2 074	-	-	908	-	-
上　海	47 271	45 967	-	651	-	-	647	6	-
南　京	13 790	5 633	-	1	-	179	7 277	700	-
杭　州	12 209	7 386	-	77	-	-	4 186	560	-
合　肥	9 402	-	-	-	-	541	8 361	500	-
福　州	6 345	862	-	940	-	-	4 543	-	-
南　昌	5 453	4 389	-	670	-	-	394	-	-
济　南	8 949	10	-	-	-	-	8 939	-	-
郑　州	10 908	-	-	-	-	-	10 908	-	-
武　汉	17 376	252	-	-	897	863	14 518	846	-
长　沙	7 816	76	-	110	-	-	7 630	-	-
广　州	22 101	537	-	-	4 158	-	17 249	100	57
南　宁	6 820	3 051	-	-	-	-	3 769	-	-
海　口	2 680	12	-	-	-	-	2 442	226	-
重　庆	21 100	-	-	-	-	1 191	19 909	-	-
成　都	13 496	490	-	-	-	-	13 006	-	-
贵　阳	8 034	6 443	-	1 072	-	8	211	-	300
昆　明	8 187	7 241	-	-	-	-	893	50	3
拉　萨	1 668	-	-	-	1 660	-	-	8	-
西　安	13 812	1	-	-	-	-	13 491	300	20
兰　州	9 583	-	-	-	-	9 412	-	171	-
西　宁	5 666	-	-	-	-	400	5 266	-	-
银　川	4 930	-	-	-	-	-	4 880	50	-
乌鲁木齐	12 338	-	-	-	-	12 338	-	-	-
大　连	11 185	1 124	-	14	-	-	9 997	50	-
青　岛	10 048	1 346	-	-	-	-	8 702	-	-
宁　波	4 627	6	-	1 343	-	-	3 278	-	-
深　圳	17 842	14 871	-	-	-	-	-	2 971	-
厦　门	5 860	-	-	-	-	-	5 202	658	-

4-28 中心城市出租汽车运量

地 区	载客车次总数（万车次）	运营里程（万公里）		客运量（万人次）
			载客里程	
合 计	570 329	5 707 864	3 740 343	1 070 406
北 京	33 946	509 973	304 966	47 665
天 津	21 218	346 921	206 352	37 465
石家庄	9 391	96 171	64 669	17 185
太 原	9 984	84 174	57 192	18 087
呼和浩特	7 432	73 118	44 602	10 404
沈 阳	24 933	262 448	183 714	49 865
长 春	16 336	239 338	187 672	33 448
哈尔滨	28 420	208 694	146 014	56 909
上 海	47 911	578 651	361 826	86 240
南 京	11 156	121 975	72 833	21 719
杭 州	12 431	116 209	73 024	22 508
合 肥	14 762	134 086	97 121	27 736
福 州	10 414	79 414	49 655	22 936
南 昌	8 565	73 643	45 505	19 303
济 南	6 561	77 963	47 192	13 085
郑 州	13 438	89 623	56 463	25 631
武 汉	23 151	238 778	156 251	43 300
长 沙	13 894	104 360	63 784	28 524
广 州	25 552	270 930	178 656	56 301
南 宁	6 433	66 068	43 777	10 418
海 口	4 301	40 670	28 097	9 305
重 庆	41 461	337 992	220 197	85 294
成 都	18 042	160 449	97 044	29 805
贵 阳	13 877	78 853	62 319	33 314
昆 明	7 344	73 974	45 523	14 852
拉 萨	4 954	32 971	26 542	7 468
西 安	21 839	194 797	129 084	43 504
兰 州	14 908	109 208	76 332	26 801
西 宁	9 017	63 350	52 140	18 753
银 川	6 768	52 349	33 202	13 660
乌鲁木齐	19 858	169 405	123 609	28 199
大 连	14 289	125 405	81 934	28 578
青 岛	8 834	100 747	65 707	17 167
宁 波	5 759	59 128	39 528	11 081
深 圳	24 908	256 903	164 915	37 362
厦 门	8 244	79 125	52 903	16 533

4-29 中心城市轨道交通运营车辆数

地区	运营车数(辆)						标准运营车数(标台)	编组列数(列)
	合计	地铁	轻轨	单轨	有轨电车	磁悬浮		
合 计	22 893	21 368	1 275	–	218	32	55 544	4 016
北 京	5 204	5 204	–	–	–	–	13 010	832
天 津	956	780	152	–	24	–	2 354	176
石家庄	–	–	–	–	–	–	–	–
太 原	–	–	–	–	–	–	–	–
呼和浩特	–	–	–	–	–	–	–	–
沈 阳	336	336	–	–	–	–	840	56
长 春	398	–	351	–	47	–	512	124
哈尔滨	78	78	–	–	–	–	195	13
上 海	4 025	4 008	–	–	–	17	10 063	681
南 京	1 194	1 154	–	–	40	–	2 913	209
杭 州	534	534	–	–	–	–	1 335	89
合 肥	132	132	–	–	–	–	330	22
福 州	144	144	–	–	–	–	360	24
南 昌	162	162	–	–	–	–	405	27
济 南	–	–	–	–	–	–	–	–
郑 州	258	258	–	–	–	–	645	43
武 汉	1 106	1 106	–	–	–	–	2 765	200
长 沙	345	330	–	–	–	15	851	60
广 州	2 088	2 060	–	–	28	–	5 220	393
南 宁	144	144	–	–	–	–	144	24
海 口	–	–	–	–	–	–	–	–
重 庆	978	414	564	–	–	–	1 994	161
成 都	966	966	–	–	–	–	2 415	161
贵 阳	–	–	–	–	–	–	–	–
昆 明	240	240	–	–	–	–	240	40
拉 萨	–	–	–	–	–	–	–	–
西 安	630	630	–	–	–	–	1 575	105
兰 州	–	–	–	–	–	–	–	–
西 宁	–	–	–	–	–	–	–	–
银 川	–	–	–	–	–	–	–	–
乌鲁木齐	–	–	–	–	–	–	–	–
大 连	568	288	208	–	72	–	1 400	176
青 岛	151	144	–	–	7	–	338	31
宁 波	366	366	–	–	–	–	915	61
深 圳	1 890	1 890	–	–	–	–	4 725	308
厦 门	–	–	–	–	–	–	–	–

4-30 中心城市轨道交通运营线路条数

单位：条

地区	运营线路条数					
	合计	地铁	轻轨	单轨	有轨电车	磁悬浮
合　计	117	98	9	-	8	2
北　京	19	19	-	-	-	-
天　津	6	4	1	-	1	-
石家庄	-	-	-	-	-	-
太　原	-	-	-	-	-	-
呼和浩特	-	-	-	-	-	-
沈　阳	2	2	-	-	-	-
长　春	4	-	2	-	2	-
哈尔滨	1	1	-	-	-	-
上　海	15	14	-	-	-	1
南　京	7	6	-	-	1	-
杭　州	3	3	-	-	-	-
合　肥	1	1	-	-	-	-
福　州	1	1	-	-	-	-
南　昌	1	1	-	-	-	-
济　南	-	-	-	-	-	-
郑　州	2	2	-	-	-	-
武　汉	5	5	-	-	-	-
长　沙	3	2	-	-	-	1
广　州	13	12	-	-	1	-
南　宁	1	1	-	-	-	-
海　口	-	-	-	-	-	-
重　庆	6	3	3	-	-	-
成　都	4	4	-	-	-	-
贵　阳	-	-	-	-	-	-
昆　明	1	1	-	-	-	-
拉　萨	-	-	-	-	-	-
西　安	3	3	-	-	-	-
兰　州	-	-	-	-	-	-
西　宁	-	-	-	-	-	-
银　川	-	-	-	-	-	-
乌鲁木齐	-	-	-	-	-	-
大　连	7	2	3	-	2	-
青　岛	2	1	-	-	1	-
宁　波	2	2	-	-	-	-
深　圳	8	8	-	-	-	-
厦　门	-	-	-	-	-	-

4-31 中心城市轨道交通运营线路总长度

单位：公里

地区	运营线路总长度					
	合计	地铁	轻轨	单轨	有轨电车	磁悬浮
合 计	3 528.5	3 109.0	298.8	–	73.0	47.7
北 京	574.0	574.0	–	–	–	–
天 津	175.4	115.2	52.3	–	7.9	–
石家庄	–	–	–	–	–	–
太 原	–	–	–	–	–	–
呼和浩特	–	–	–	–	–	–
沈 阳	54.0	54.0	–	–	–	–
长 春	64.2	–	46.9	–	17.3	–
哈尔滨	17.2	17.2	–	–	–	–
上 海	617.5	588.4	–	–	–	29.1
南 京	231.8	224.0	–	–	7.8	–
杭 州	81.5	81.5	–	–	–	–
合 肥	24.6	24.6	–	–	–	–
福 州	9.2	9.2	–	–	–	–
南 昌	28.8	28.8	–	–	–	–
济 南	–	–	–	–	–	–
郑 州	46.2	46.2	–	–	–	–
武 汉	180.4	180.4	–	–	–	–
长 沙	68.8	50.2	–	–	–	18.6
广 州	309.0	301.3	–	–	7.7	–
南 宁	32.1	32.1	–	–	–	–
海 口	–	–	–	–	–	–
重 庆	213.3	114.8	98.5	–	–	–
成 都	105.5	105.5	–	–	–	–
贵 阳	–	–	–	–	–	–
昆 明	46.3	46.3	–	–	–	–
拉 萨	–	–	–	–	–	–
西 安	89.0	89.0	–	–	–	–
兰 州	–	–	–	–	–	–
西 宁	–	–	–	–	–	–
银 川	–	–	–	–	–	–
乌鲁木齐	–	–	–	–	–	–
大 连	166.9	42.3	101.1	–	23.5	–
青 岛	33.3	24.5	–	–	8.8	–
宁 波	74.5	74.5	–	–	–	–
深 圳	285.0	285.0	–	–	–	–
厦 门	–	–	–	–	–	–

注：广州轨道交通运营线路长度含佛山境内约21公里。

4-32 中心城市轨道交通运量

地区	运营里程（万列公里）	客运量（万人次）
合 计	41 584	1 589 080
北 京	8 781	365 934
天 津	1 266	30 855
石家庄	-	-
太 原	-	-
呼和浩特	-	-
沈 阳	594	29 723
长 春	742	8 078
哈尔滨	162	6 850
上 海	8 430	340 106
南 京	2 546	83 153
杭 州	971	26 877
合 肥	4	70
福 州	53	179
南 昌	313	7 958
济 南	-	-
郑 州	371	12 376
武 汉	1 895	71 659
长 沙	517	16 033
广 州	4 674	257 119
南 宁	42	642
海 口	-	-
重 庆	2 327	69 343
成 都	1 553	56 217
贵 阳	-	-
昆 明	437	8 821
拉 萨	-	-
西 安	906	40 816
兰 州	-	-
西 宁	-	-
银 川	-	-
乌鲁木齐	-	-
大 连	1 097	15 470
青 岛	122	1 121
宁 波	743	9 968
深 圳	3 039	129 714
厦 门	-	-

4-33　中心城市客运轮渡船舶及航线数

地区	运营船数（艘）	运营航线条数（条）	运营航线总长度（公里）
合　计	**219**	**79**	**374.7**
北　京	-	-	-
天　津	-	-	-
石家庄	-	-	-
太　原	-	-	-
呼和浩特	-	-	-
沈　阳	-	-	-
长　春	-	-	-
哈尔滨	38	11	40.6
上　海	44	17	11.0
南　京	15	6	33.4
杭　州	-	-	-
合　肥	-	-	-
福　州	2	2	8.5
南　昌	-	-	-
济　南	-	-	-
郑　州	-	-	-
武　汉	36	13	125.5
长　沙	-	-	-
广　州	48	14	58.8
南　宁	-	-	-
海　口	-	-	-
重　庆	5	4	18.6
成　都	-	-	-
贵　阳	-	-	-
昆　明	-	-	-
拉　萨	-	-	-
西　安	-	-	-
兰　州	-	-	-
西　宁	-	-	-
银　川	-	-	-
乌鲁木齐	-	-	-
大　连	-	-	-
青　岛	2	1	7.0
宁　波	2	1	0.3
深　圳	-	-	-
厦　门	27	10	71.0

4-34 中心城市客运轮渡运量

地 区	运 量		
	客运量（万人次）	机动车运量（辆）	非机动车运量（辆）
合 计	8 321	551 253	22 104 684
北 京	–	–	–
天 津			
石家庄			
太 原	–	–	–
呼和浩特	–		
沈 阳	–		
长 春			
哈尔滨	316	–	–
上 海	1 235	499 623	19 083 084
南 京	419	–	1 886 700
杭 州	–	–	–
合 肥	–	–	
福 州	5	–	
南 昌	–		
济 南	–		
郑 州	–	–	
武 汉	843	–	1 134 900
长 沙	–	–	
广 州	2 258	–	
南 宁	–		
海 口	–	–	
重 庆	178	–	
成 都			
贵 阳			
昆 明	–		
拉 萨	–	–	–
西 安	–	–	
兰 州	–	–	–
西 宁	–		
银 川	–		
乌鲁木齐	–	–	
大 连	–		
青 岛	49	51 630	
宁 波	189		
深 圳	–		–
厦 门	2 830	–	–

主要统计指标解释

经营业户 指截至报告期末持有主管部门核发的有效运营资质证件，从事城市客运交通经营活动的业户。按经营类别分为公共汽电车、出租汽车、轨道交通和城市客运轮渡经营业户。计算单位：户。

从业人员数 指在本单位工作并取得劳动报酬的期末实有人员数。从业人员包括在各单位工作的外方人员和港澳台方人员、兼职人员、再就业的离退休人员、借用的外单位人员和第二职业者，但不包括离开本单位仍保留劳动关系的职工。包括公共汽电车、出租汽车、轨道交通和城市客运轮渡从业人员数。计算单位：人。

公交专用车道 指为了调整公共交通车辆与其他社会车辆的路权使用分配关系，提高公共交通车辆运营速度和道路资源利用率而科学、合理设置的公共交通优先车道、专用车道（路）、路口专用线（道）、专用街道、单向优先专用线（道）等。计算单位：公里。

轨道交通车站数 指轨道交通运营线路上供乘客候车和上下车的场所个数。包括地面、地下、高架车站。如同一个车站被多条线路共用，同站台换乘站计为一站；非同站台换乘站，按累计计算。计算单位：个。

城市客运轮渡在用码头数 指报告期末在用的、供城市客运轮渡停靠和乘客购票、候船和乘降的场所个数。计算单位：个。

公交 IC 卡累计售卡量 指截至报告期末，累计发售的可以用于乘坐城市公共交通车辆的公交 IC 卡总量。计算单位：张。

公共汽电车运营车数 指城市（县城）用于公共客运交通运营业务的全部公共汽电车车辆数。新购、新制和调入的运营车辆，自投入之日起开始计算；调出、报废和调作他用的运营车辆，自上级主管机关批准之日起不再计入。可按不同车长、不同燃料类型、不同排放标准和是否配备空调等分别统计。计算单位：辆。

公共汽电车标准运营车数 指不同类型的运营车辆按统一的标准当量折算合成的运营车数。计算单位：标台。计算公式：标准运营车数 = Σ（每类型车辆数 × 相应换算系数）。

各类型车辆换算系数标准表

类别	车长范围	换算系数
1	5 米以下（含）	0.5
2	5 米—7 米（含）	0.7
3	7 米—10 米（含）	1.0
4	10 米—13 米（含）	1.3

续上表

各类型车辆换算系数标准表

类别	车长范围	换算系数
5	13 米—16 米（含）	1.7
6	16 米—18 米（含）	2.0
7	18 米以上	2.5
8	双层	1.9

停保场面积 指为公共电汽车提供运营车辆集中停放，或提供车辆停放场地的同时备有必要设施，能对运营车辆进行各级保养及相应的配件加工、修制和修车材料存储、发放的场所的占地面积。公共电汽车停车保养场可分散专门建设，也可与公交首末站等站点进行合建。计算单位：平方米。

公共汽电车运营线路条数 指为运营车辆设置的固定运营线路条数。包括干线、支线、专线和高峰时间行驶的固定线路。不包括临时行驶和联营线路。计算单位：条。

公共汽电车运营线路总长度 指全部运营线路长度之和。单向行驶的环行线路长度等于起点至终点里程与终点下客站至起点里程之和的一半。运营线路长度不包括折返、试车、联络线等非运营线路。计算单位：公里。

公共汽电车运营里程 指报告期内运营车辆为运营而出车行驶的全部里程。包括载客里程和空驶里程。计算单位：公里。

公共汽电车客运量 指报告期内公共汽电车运送乘客的总人次，包括付费乘客和不付费乘客人次，包括在城市道路和公路上完成的客运量。计算单位：人次。

出租汽车载客车次总数 指出租汽车年载客运行的总次数，数据可通过计价器、车载 GPS 等车载设备采集获得。计算单位：车次。

出租车客运量 指报告期内出租汽车运送乘客的总人次。计算单位：人次。

轨道交通运营车数 指城市用于轨道交通运营业务的全部车辆数。以企业（单位）固定资产台账中已投入运营的车辆数为准；新购、新制和调入的运营车辆，自投入之日起开始计算；调出、报废和调作他用的运营车辆，自上级主管机关批准之日起不再计入。计算单位：辆。

轨道交通标准运营车数 指不同类型的运营车辆按统一的标准当量折算合成的运营车数。计算单位：标台。计算公式：标准运营车数 =Σ（每类型车辆数 × 相应换算系数）。

各类型车辆换算系数标准表

类别	车长范围	换算系数
1	7米以下（含）	0.7
2	7米—10米（含）	1.0
3	10米—13米（含）	1.3
4	13米—16米（含）	1.7
5	16米—18米（含）	2.0
6	18米以上	2.5

轨道交通编组列数 指某一城市各条轨道交通运营线路列车日均编组的数量合计数。计算单位：列。

轨道交通运营线路条数 指为运营列车设置的固定线路总条数。按规划设计为同一条线路但分期建成的线路，统计时仍按一条线路计算。计算单位：条。

轨道交通客运量 指报告期内轨道交通运送乘客的总人次，包括付费乘客和不付费乘客人次。计算单位：人次。

轨道交通运营里程 指轨道交通车辆在运营中运行的全部里程，包括载客里程和调度空驶里程。计算单位：列公里。

运营船数 指用于城市客渡运营业务的全部船舶数，不含旅游客轮（长途旅游和市内供游人游览江、河、湖泊的船舶）。计算单位：艘。

运营航线条数 指为运营船舶设置的固定航线的总条数，包括对江航线和顺江航线。计算单位：条。

运营航线总长度 指全部运营航线长度之和。测定运营航线的长度，应按实际航程的曲线长度计算。水位变化大的对江河客渡航线长度，可通过实测计算出一个平均长度，作为常数值使用。计算单位：公里。

轮渡客运量 指报告期内城市客运轮渡运输经营业户运送乘客的总人次。计算单位：人次。

轮渡机动车运量 指报告期内城市客运轮渡运输经营业户运送机动车（如电瓶车、摩托车等）的总量。计算单位：辆。

轮渡非机动车运量 指报告期内城市客运轮渡运输经营业户运送非机动车（如自行车、三轮车等）的总量。计算单位：辆。

五、港口吞吐量

简 要 说 明

一、本篇资料反映我国港口发展的基本情况。主要包括：全国港口码头泊位拥有量、全国港口吞吐量、规模以上港口吞吐量等。

二、全国港口统计范围是在各地港口行政管理部门注册的全部港口企业和从事港口生产活动的单位。规模以上港口的统计范围为年货物吞吐量在1000万吨以上的沿海港口和200万吨以上的内河港口，其范围由交通运输部划定。2016年规模以上港口的数量为95个，其中沿海港口的数量39个，内河港口的数量56个。

三、全国港口的码头泊位拥有量为年末生产用码头泊位数，全国港口吞吐量为全年累计数，根据各港口企业和生产活动单位的资料整理，由各省（区、市）交通运输厅（局、委）提供。

四、规模以上港口的设施、设备拥有量和港口吞吐量资料由各港口行政管理机构提供。

5-1 全国港口生产用码头泊位拥有量

地区	泊位长度（米）		生产用码头泊位（个）		#万吨级泊位（个）	
	总长	公用	总数	公用	总数	公用
总计	2 252 958	1 126 135	30 388	12 467	2 317	1 775
沿海合计	838 963	546 844	5 887	3 023	1 894	1 516
天津	37 133	37 133	160	160	116	116
河北	53 176	45 204	213	177	176	157
辽宁	80 319	67 580	411	337	227	200
上海	74 066	35 322	592	218	172	104
江苏	24 774	19 628	153	105	72	61
浙江	127 274	45 790	1 083	263	227	128
福建	76 250	52 991	492	296	168	138
山东	106 152	83 958	566	400	284	254
广东	198 281	118 452	1 817	835	304	244
广西	36 603	25 764	260	147	83	69
海南	24 935	15 022	140	85	65	45
内河合计	1 413 995	579 291	24 501	9 444	423	259
山西	180	–	6	–	–	–
辽宁	345	345	6	6	–	–
吉林	1 726	1 238	31	19	–	–
黑龙江	11 834	10 435	154	138	–	–
上海	88 112	7 730	1 770	164	–	–
江苏	468 076	152 264	7 119	1 626	406	246
浙江	148 880	18 167	3 083	539	–	–
安徽	82 437	53 844	1 148	790	17	13
福建	4 132	2 538	86	44	–	–
江西	68 002	15 777	1 720	195	–	–
山东	15 190	14 403	213	204	–	–
河南	3 213	360	71	6	–	–
湖北	154 185	67 895	1 829	655	–	–
湖南	83 492	63 001	1 859	1 509	–	–
广东	60 106	13 514	971	208	–	–
广西	32 921	16 149	517	222	–	–
重庆	70 837	49 588	813	539	–	–
四川	73 530	68 363	2 044	1 975	–	–
贵州	23 637	5 405	424	78	–	–
云南	8 840	4 206	190	86	–	–
陕西	11 127	11 127	258	258	–	–
甘肃	3 193	2 942	189	183	–	–

5-2 全国港口吞吐量

地　区	旅客吞吐量（万人）	货物吞吐量（万吨）		集装箱吞吐量	
			外贸	箱量（万 TEU）	重量（万吨）
总　计	**18 475**	**1 320 079**	**385 140**	**22 005**	**258 636**
沿海合计	**8 203**	**845 510**	**345 341**	**19 590**	**228 980**
天　津	79	55 056	29 693	1 452	15 691
河　北	5	95 207	34 039	305	4 202
辽　宁	542	109 066	24 433	1 880	31 725
上　海	344	64 482	38 012	3 713	36 736
江　苏	5	28 058	13 372	490	4 991
浙　江	666	114 202	45 542	2 362	24 439
福　建	973	50 776	20 343	1 440	18 655
山　东	1 353	142 856	73 482	2 509	29 090
广　东	2 855	149 026	51 254	5 094	57 124
广　西	18	20 392	12 094	179	3 335
海　南	1 363	16 390	3 078	165	2 991
内河合计	**10 272**	**474 569**	**39 799**	**2 415**	**29 656**
山　西	20	16	–	–	–
辽　宁	–	15	–	–	–
吉　林	–	14	–	–	–
黑龙江	127	459	67	…	3
上　海	–	5 695	–	–	–
江　苏	–	213 429	31 408	1 139	14 172
浙　江	114	26 664	166	36	382
安　徽	64	51 917	1 620	115	899
福　建	297	364	–	–	–
江　西	323	31 075	447	39	568
山　东	–	6 300	–	–	–
河　南	54	222	–	–	–
湖　北	348	35 192	1 310	142	1 979
湖　南	1 426	31 678	412	42	504
广　东	580	30 898	3 610	634	7 324
广　西	–	11 684	106	72	1 348
重　庆	745	17 372	551	115	1 407
四　川	1 226	9 477	65	80	1 069
贵　州	2 937	966	–	–	–
云　南	1 374	816	36	…	3
陕　西	637	315	–	–	–
甘　肃	–	–	–	–	–

5-3　全国港口货物吞吐量

单位：万吨

地　区	合计	液体散货	干散货	件杂货	集装箱		滚装汽车	
					（万TEU）	重量	（万辆）	重量
总　计	1 320 079	117 754	758 937	120 772	22 005	258 636	1 821	63 981
沿海合计	845 510	94 852	397 704	64 136	19 590	228 980	1 647	59 839
天　津	55 056	6 056	25 775	4 971	1 452	15 691	83	2 563
河　北	95 207	2 638	81 998	6 369	305	4 202	–	–
辽　宁	109 066	15 297	35 420	13 147	1 880	31 725	219	13 478
上　海	64 482	3 628	18 068	4 710	3 713	36 736	130	1 340
江　苏	28 058	313	19 850	2 899	490	4 991	…	5
浙　江	114 202	17 903	61 491	5 394	2 362	24 439	238	4 975
福　建	50 776	4 745	23 764	3 222	1 440	18 655	35	390
山　东	142 856	22 010	67 057	9 264	2 509	29 090	218	15 435
广　东	149 026	17 024	49 107	9 231	5 094	57 124	464	16 540
广　西	20 392	2 068	12 401	2 470	179	3 335	4	117
海　南	16 390	3 170	2 772	2 459	165	2 991	256	4 997
内河合计	474 569	22 902	361 233	56 636	2 415	29 656	174	4 141
山　西	16	–	13	3	–	–	–	–
辽　宁	15	–	10	5	–	–	–	–
吉　林	14	–	14	–	–	–	–	–
黑龙江	459	8	368	59	…	3	1	22
上　海	5 695	21	4 799	875	–	–	–	–
江　苏	213 429	15 463	151 769	31 937	1 139	14 172	8	89
浙　江	26 664	854	23 062	2 365	36	382	–	–
安　徽	51 917	589	46 861	3 428	115	899	14	141
福　建	364	–	288	76	–	–	–	–
江　西	31 075	464	27 585	2 459	39	568	–	–
山　东	6 300	–	6 229	72	–	–	–	–
河　南	222	–	204	18	–	–	–	–
湖　北	35 192	1 088	26 134	4 151	142	1 979	72	1 840
湖　南	31 678	1 039	27 868	2 268	42	504	–	–
广　东	30 898	2 233	17 808	3 533	634	7 324	–	–
广　西	11 684	121	8 116	2 100	72	1 348	–	–
重　庆	17 372	938	10 967	2 009	115	1 407	79	2 051
四　川	9 477	86	7 669	653	80	1 069	–	–
贵　州	966	–	533	433	–	–	–	–
云　南	816	–	627	186	…	3	–	–
陕　西	315	–	309	6	–	–	–	–
甘　肃	–	–	–	–	–	–	–	–

5-4 规模以上港口旅客吞吐量

单位：万人

港 口	总计	到达量	国际航线	发送量	国际航线
总　计	8 395	4 175	738	4 219	803
沿海合计	7 338	3 630	703	3 708	768
丹　东	17	8	8	8	8
大　连	520	249	8	271	8
营　口	5	2	2	3	3
锦　州	-	-	-	-	-
秦皇岛	5	3	3	3	3
黄　骅	-	-	-	-	-
唐　山	-	-	-	-	-
#京　唐	-	-	-	-	-
曹妃甸	-	-	-	-	-
天　津	79	39	39	39	39
烟　台	333	176	12	157	12
#龙　口	4	1	-	3	-
威　海	138	67	16	71	15
青　岛	16	8	8	8	8
日　照	10	5	5	5	5
#石　臼	10	5	5	5	5
岚　山	-	-	-	-	-
上　海	344	172	145	172	145
连云港	5	2	2	2	2
盐　城	-	-	-	-	-
嘉　兴	-	-	-	-	-
宁波-舟山	301	152	-	149	-
#宁　波	148	73	-	74	-
舟　山	153	79	-	74	-
台　州	183	91	…	92	…
温　州	183	92	-	91	-
福　州	16	8	8	8	8
#原福州	16	8	8	8	8
宁　德	-	-	-	-	-
莆　田	-	-	-	-	-
泉　州	12	6	6	6	6
厦　门	946	473	92	472	91

5-4 （续表一）

单位：万人

港　口	总计	到达量	国际航线	发送量	国际航线
#原厦门	946	473	92	472	91
漳　州	-	-	-	-	-
汕　头	-	-	-	-	-
汕　尾	-	-	-	-	-
惠　州	-	-	-	-	-
深　圳	577	264	131	313	180
#蛇　口	515	236	103	279	146
赤　湾	-	-	-	-	-
妈　湾	-	-	-	-	-
东角头	-	-	-	-	-
盐　田	-	-	-	-	-
下　洞	-	-	-	-	-
虎　门	27	8	8	19	19
#太　平	27	8	8	19	19
麻　涌	-	-	-	-	-
沙　田	-	-	-	-	-
广　州	87	43	43	45	45
中　山	116	56	56	60	60
珠　海	720	358	107	361	106
江　门	-	-	-	-	-
阳　江	-	-	-	-	-
茂　名	-	-	-	-	-
湛　江	1 329	660	-	669	-
#原湛江	-	-	-	-	-
海　安	1 329	660	-	669	-
北部湾港	18	9	-	9	-
#北　海	18	9	-	9	-
钦　州	-	-	-	-	-
防　城	-	-	-	-	-
海　口	1 354	679	3	675	3
洋　浦	-	-	-	-	-
八　所	-	-	-	-	-
内河合计	1 057	545	35	512	35

5-4 （续表二）

单位：万人

港口	总计	到达量		发送量	
			国际航线		国际航线
哈尔滨	–	–	–	–	–
佳木斯	–	–	–	–	–
上　海	–	–	–	–	–
南　京	–	–	–	–	–
镇　江	–	–	–	–	–
苏　州	–	–	–	–	–
#常　熟	–	–	–	–	–
太　仓	–	–	–	–	–
张家港	–	–	–	–	–
南　通	–	–	–	–	–
常　州	–	–	–	–	–
江　阴	–	–	–	–	–
扬　州	–	–	–	–	–
泰　州	–	–	–	–	–
徐　州	–	–	–	–	–
连云港	–	–	–	–	–
无　锡	–	–	–	–	–
宿　迁	–	–	–	–	–
淮　安	–	–	–	–	–
扬州内河	–	–	–	–	–
镇江内河	–	–	–	–	–
杭　州	–	–	–	–	–
嘉兴内河	–	–	–	–	–
湖　州	–	–	–	–	–
合　肥	–	–	–	–	–
亳　州	–	–	–	–	–
阜　阳	–	–	–	–	–
淮　南	–	–	–	–	–
滁　州	–	–	–	–	–
马鞍山	–	–	–	–	–
芜　湖	–	–	–	–	–
铜　陵	–	–	–	–	–
池　州	–	–	–	–	–
安　庆	–	–	–	–	–

5-4 （续表三）

单位：万人

港 口	总计	到达量	国际航线	发送量	国际航线
南　昌	-	-	-	-	-
九　江	24	13	-	11	-
武　汉	-	-	-	-	-
黄　石	-	-	-	-	-
荆　州	-	-	-	-	-
宜　昌	23	13	-	10	-
长　沙	-	-	-	-	-
湘　潭	-	-	-	-	-
株　洲	-	-	-	-	-
岳　阳	4	2	-	2	-
番　禺	-	-	-	-	-
新　塘	-	-	-	-	-
五　和	-	-	-	-	-
中　山	-	-	-	-	-
佛　山	57	29	29	29	29
江　门	13	7	7	6	6
虎　门	-	-	-	-	-
肇　庆	-	-	-	-	-
惠　州	-	-	-	-	-
南　宁	-	-	-	-	-
柳　州	-	-	-	-	-
贵　港	-	-	-	-	-
梧　州	-	-	-	-	-
来　宾	-	-	-	-	-
重　庆	745	384	-	361	-
#原重庆	41	20	-	21	-
涪　陵	…	…	-	…	-
万　州	119	56	-	64	-
重庆航管处	26	13	-	13	-
泸　州	-	-	-	-	-
宜　宾	18	9	-	9	-
乐　山	3	1	-	1	-
南　充	38	19	-	19	-
广　安	85	45	-	40	-
达　州	47	24	-	24	-

5-5 规模以上港口货物吞吐量

单位：万吨

港口	总计	外贸	出港	外贸	进港	外贸
总　计	1 188 872	378 584	513 421	103 310	675 450	275 274
沿海合计	810 933	339 026	354 066	92 039	456 867	246 988
丹　东	15 788	1 672	5 478	239	10 311	1 433
大　连	43 660	13 910	21 519	4 566	22 141	9 343
营　口	35 217	7 955	17 148	1 718	18 069	6 237
锦　州	8 949	738	7 662	233	1 288	505
秦皇岛	18 682	1 501	17 243	429	1 439	1 072
黄　骅	24 475	3 231	19 648	10	4 827	3 221
唐　山	52 051	29 307	23 262	1 911	28 790	27 396
#京　唐	27 099	13 195	13 873	975	13 227	12 220
曹妃甸	24 952	16 112	9 389	936	15 563	15 176
天　津	55 056	29 693	30 565	10 393	24 491	19 300
烟　台	26 537	9 148	11 189	1 565	15 348	7 583
#龙　口	7 361	3 488	2 402	434	4 959	3 054
威　海	4 340	2 266	2 150	1 111	2 190	1 155
青　岛	50 036	33 288	19 589	9 935	30 447	23 353
日　照	35 007	23 246	8 289	1 213	26 718	22 032
#石　臼	22 703	12 302	7 275	904	15 428	11 397
岚　山	12 304	10 944	1 014	309	11 290	10 635
上　海	64 482	38 012	28 492	17 756	35 989	20 256
连云港	20 082	11 233	7 257	1 774	12 825	9 458
盐　城	7 976	2 139	2 018	339	5 958	1 800
嘉　兴	6 817	1 166	1 709	277	5 108	889
宁波-舟山	92 209	43 135	40 393	12 241	51 816	30 894
#宁　波	49 619	29 967	19 458	11 781	30 161	18 186
舟　山	42 590	13 168	20 935	460	21 655	12 708
台　州	6 771	803	927	13	5 844	791
温　州	8 406	437	1 304	57	7 102	380
福　州	14 516	5 883	5 242	1 491	9 274	4 392
#原福州	11 812	4 778	4 404	1 315	7 408	3 463
宁　德	2 704	1 105	838	176	1 866	929
莆　田	2 789	1 024	284	8	2 506	1 016
泉　州	12 561	3 640	3 295	420	9 265	3 220
厦　门	20 911	9 795	9 100	4 919	11 811	4 877

5-5 （续表一）

单位：万吨

港 口	总计	外贸	出港	外贸	进港	外贸
#原厦门	19 557	9 785	8 719	4 914	10 838	4 871
漳　州	1 354	10	380	5	974	5
汕　头	4 985	1 159	527	237	4 458	922
汕　尾	896	528	60	1	836	527
惠　州	5 414	2 460	1 405	468	4 009	1 991
深　圳	21 410	18 022	11 221	10 035	10 189	7 988
#蛇　口	5 825	4 705	3 033	2 627	2 792	2 078
赤　湾	5 555	5 261	2 944	2 664	2 611	2 597
妈　湾	983	95	161	-	822	95
东角头	-	-	-	-	-	-
盐　田	6 421	6 265	4 240	4 207	2 181	2 058
下　洞	436	284	119	117	317	166
虎　门	13 426	2 787	4 794	257	8 632	2 530
#太　平	856	127	61	3	794	124
麻　涌	5 153	1 366	1 839	1	3 314	1 365
沙　田	7 417	1 294	2 893	253	4 524	1 041
广　州	52 254	12 596	22 020	4 486	30 234	8 110
中　山	3 191	472	1 218	294	1 973	178
珠　海	11 779	2 523	4 484	489	7 295	2 034
江　门	3 835	229	1 840	110	1 995	119
阳　江	2 337	911	223	2	2 114	909
茂　名	2 560	1 363	534	173	2 026	1 191
湛　江	25 612	7 603	9 466	384	16 146	7 220
#原湛江	12 585	7 603	2 923	384	9 661	7 220
海　安	12 971	-	6 517	-	6 454	-
北部湾港	20 392	12 094	6 318	1 824	14 073	10 269
#北　海	2 750	1 024	1 333	205	1 417	820
钦　州	6 954	3 122	2 352	557	4 602	2 564
防　城	10 688	7 948	2 634	1 062	8 055	6 885
海　口	9 952	283	3 797	43	6 155	240
洋　浦	4 058	2 433	1 668	564	2 390	1 869
八　所	1 516	339	730	53	786	286
内河合计	377 939	39 558	159 355	11 271	218 584	28 287

5-5 （续表二）

单位：万吨

港口	总计	外贸	出港	外贸	进港	外贸
哈尔滨	127	-	48	-	79	-
佳木斯	204	44	28	11	176	33
上 海	5 695	-	1 389	-	4 306	-
南 京	21 973	2 369	8 787	1 137	13 187	1 232
镇 江	13 137	2 750	5 689	549	7 448	2 201
苏 州	57 937	15 142	22 366	3 611	35 570	11 531
＃常 熟	8 665	1 567	3 174	394	5 491	1 173
太 仓	23 204	7 472	10 442	1 240	12 762	6 232
张家港	26 068	6 103	8 751	1 976	17 317	4 126
南 通	22 614	5 811	9 185	1 258	13 429	4 553
常 州	4 031	569	1 456	156	2 575	413
江 阴	13 197	2 380	4 771	297	8 426	2 082
扬 州	8 163	803	3 402	315	4 761	488
泰 州	17 000	1 560	6 658	210	10 342	1 350
徐 州	9 122	-	4 068	-	5 054	-
连云港	2 053	-	910	-	1 143	-
无 锡	5 618	25	975	19	4 643	6
宿 迁	1 582	-	313	-	1 269	-
淮 安	9 051	-	1 866	-	7 185	-
扬州内河	2 730	-	279	-	2 451	-
镇江内河	532	-	266	-	266	-
杭 州	7 279	1	3 073	…	4 205	1
嘉兴内河	8 423	68	1 508	11	6 916	57
湖 州	8 664	97	5 183	42	3 481	55
合 肥	2 811	20	846	15	1 965	4
亳 州	1 327	-	162	-	1 165	-
阜 阳	1 195	-	291	-	904	-
淮 南	2 358	-	2 051	-	307	-
滁 州	943	-	527	-	416	-
马鞍山	10 571	1 215	3 789	23	6 782	1 192
芜 湖	13 101	297	8 020	215	5 081	82
铜 陵	11 004	35	6 988	11	4 016	23
池 州	4 548	23	3 883	23	665	1
安 庆	2 278	30	870	20	1 408	10

5–5 （续表三）

单位：万吨

港口	总计	外贸	出港	外贸	进港	外贸
南昌	2 727	166	162	106	2 565	60
九江	11 328	282	6 674	162	4 654	120
武汉	9 000	812	2 500	473	6 500	339
黄石	3 804	397	2 543	17	1 261	380
荆州	902	37	202	25	700	12
宜昌	763	64	481	56	281	9
长沙	4 514	93	61	60	4 453	33
湘潭	1 676	–	372	–	1 304	–
株洲	822	–	20	–	803	–
岳阳	14 082	319	9 551	173	4 531	146
番禺	654	–	26	–	628	–
新塘	946	10	158	2	788	8
五和	583	116	226	52	358	64
中山	3 598	191	1 407	140	2 192	50
佛山	6 610	2 354	2 564	1 321	4 046	1 032
江门	4 087	447	1 484	219	2 603	228
虎门	1 158	4	210	1	948	3
肇庆	3 261	306	1 764	140	1 496	166
惠州	2 244	–	1 429	–	815	–
南宁	1 312	–	431	–	881	–
柳州	129	…	117	…	12	–
贵港	5 763	23	3 113	18	2 650	5
梧州	3 385	83	2 780	55	605	27
来宾	1 061	–	1 033	–	27	–
重庆	17 372	551	7 335	303	10 037	249
#原重庆	3 560	427	2 048	262	1 512	165
涪陵	458	21	210	18	248	3
万州	1 766	25	706	22	1 061	3
重庆航管处	6 583	1	1 909	…	4 674	1
泸州	3 459	50	1 346	23	2 112	27
宜宾	1 870	15	1 244	3	626	12
乐山	237	–	234	–	3	–
南充	562	–	54	–	508	–
广安	402	–	6	–	396	–
达州	362	–	181	–	181	–

5-6 规模以上港口分货类吞吐量

单位：万吨

货物种类	总计	外贸	出港	外贸	进港	外贸
总　计	1 188 872	378 584	513 421	103 310	675 450	275 274
煤炭及制品	215 143	24 505	102 947	2 063	112 196	22 442
石油、天然气及制品	92 999	48 462	27 873	4 293	65 126	44 169
#原油	51 394	35 223	9 270	521	42 123	34 702
金属矿石	191 264	119 375	40 836	198	150 428	119 177
钢铁	47 380	10 634	30 543	9 138	16 837	1 495
矿建材料	176 823	3 746	72 850	3 242	103 972	504
水泥	33 100	1 635	22 048	1 622	11 052	13
木材	9 038	6 711	1 675	257	7 363	6 454
非金属矿石	26 540	6 157	13 082	1 152	13 459	5 005
化学肥料及农药	5 021	2 799	3 050	2 191	1 971	608
盐	1 653	550	557	31	1 097	519
粮食	24 952	10 732	7 412	97	17 540	10 635
机械、设备、电器	22 509	13 659	12 558	8 300	9 951	5 359
化工原料及制品	25 956	9 367	10 183	1 750	15 773	7 617
有色金属	1 477	926	762	393	715	534
轻工、医药产品	12 330	5 211	6 256	2 584	6 074	2 626
农林牧渔业产品	5 270	2 204	1 799	450	3 471	1 754
其他	297 417	111 911	158 991	65 550	138 426	46 361

5-7 沿海规模以上港口分货类吞吐量

单位：万吨

货物种类	总计	外贸	出港	外贸	进港	外贸
总　计	810 933	339 026	354 066	92 039	456 867	246 988
煤炭及制品	138 566	21 508	78 469	1 954	60 097	19 554
石油、天然气及制品	79 954	47 179	22 993	4 008	56 961	43 171
#原油	48 473	35 222	8 576	521	39 898	34 701
金属矿石	140 726	108 191	25 663	154	115 064	108 037
钢铁	29 584	8 772	20 184	7 715	9 400	1 057
矿建材料	59 932	3 291	25 131	2 824	34 801	468
水泥	6 886	544	2 138	531	4 748	13
木材	5 458	4 470	715	212	4 743	4 257
非金属矿石	14 007	5 343	6 012	865	7 995	4 479
化学肥料及农药	2 551	2 027	1 770	1 520	781	507
盐	857	502	149	5	708	497
粮食	17 190	8 988	5 016	87	12 174	8 901
机械、设备、电器	21 541	13 183	11 813	7 913	9 728	5 270
化工原料及制品	14 783	6 049	5 875	1 186	8 908	4 863
有色金属	1 157	660	567	222	590	438
轻工、医药产品	10 366	4 393	5 394	2 337	4 972	2 056
农林牧渔业产品	3 826	1 919	1 172	410	2 654	1 509
其他	263 549	102 008	141 007	60 096	122 542	41 912

5-8 内河规模以上港口分货类吞吐量

单位：万吨

货 物 种 类	总计	外贸	出港	外贸	进港	外贸
总 计	**377 939**	**39 558**	**159 355**	**11 271**	**218 584**	**28 287**
煤炭及制品	76 577	2 997	24 478	108	52 099	2 889
石油、天然气及制品	13 045	1 283	4 880	285	8 165	998
#原油	2 920	1	695	–	2 226	1
金属矿石	50 538	11 184	15 174	44	35 364	11 140
钢铁	17 796	1 862	10 359	1 424	7 438	438
矿建材料	116 890	455	47 719	418	69 171	37
水泥	26 214	1 092	19 910	1 092	6 304	…
木材	3 580	2 241	960	44	2 619	2 197
非金属矿石	12 533	814	7 070	287	5 463	526
化学肥料及农药	2 471	773	1 280	671	1 190	102
盐	797	48	408	25	389	23
粮食	7 762	1 744	2 396	10	5 365	1 734
机械、设备、电器	967	475	745	387	223	89
化工原料及制品	11 173	3 319	4 308	564	6 865	2 755
有色金属	320	266	195	170	125	96
轻工、医药产品	1 964	817	862	247	1 102	570
农林牧渔业产品	1 444	285	628	40	816	245
其他	33 868	9 903	17 984	5 454	15 884	4 449

5-9　规模以上港口煤炭及制品吞吐量

单位：千吨

港　口	总计	外贸	出港	外贸	进港	外贸
总　计	2 151 433	245 053	1 029 473	20 629	1 121 960	224 424
沿海合计	1 385 659	215 082	784 692	19 544	600 967	195 538
丹　东	13 927	4 250	2 555	12	11 372	4 237
大　连	13 954	2 734	946	2	13 008	2 732
营　口	19 862	8 219	4 631	45	15 232	8 174
锦　州	7 355	80	7 281	26	74	54
秦皇岛	161 379	2 731	159 247	602	2 132	2 129
黄　骅	192 480	1 363	190 781	21	1 699	1 342
唐　山	143 235	14 441	129 262	1 448	13 974	12 993
#京　唐	99 666	10 463	90 126	1 407	9 540	9 056
曹妃甸	43 569	3 978	39 136	41	4 434	3 937
天　津	132 295	11 913	131 826	11 704	469	209
烟　台	17 222	5 292	4 516	1 482	12 706	3 810
#龙　口	10 710	3 493	3 379	956	7 331	2 537
威　海	6 168	1 405	1 302	213	4 866	1 192
青　岛	17 679	4 795	10 464	1 056	7 215	3 740
日　照	30 172	11 714	17 639	1 718	12 534	9 996
#石　臼	24 403	6 591	17 209	1 700	7 194	4 892
岚　山	5 769	5 122	429	18	5 340	5 104
上　海	71 411	13 086	12 594	350	58 816	12 736
连云港	20 945	3 955	6 854	529	14 091	3 426
盐　城	19 614	241	3 640	-	15 974	241
嘉　兴	32 924	82	8 287	-	24 638	82
宁波－舟山	79 984	13 576	14 961	64	65 022	13 511
#宁　波	53 974	4 448	4 473	64	49 501	4 384
舟　山	26 010	9 128	10 489	-	15 521	9 128
台　州	16 227	5 763	24	-	16 203	5 763
温　州	22 689	1 876	1 675	-	21 014	1 876
福　州	23 107	10 783	1 317	-	21 789	10 783
#原福州	18 085	7 904	1 317	-	16 767	7 904
宁　德	5 022	2 879	-	-	5 022	2 879
莆　田	10 780	5 240	2 429	-	8 351	5 240
泉　州	13 676	4 282	9	-	13 667	4 282
厦　门	19 210	6 970	1 601	12	17 609	6 958

5-9 （续表一）

单位：千吨

港 口	总计	外贸	出港	外贸	进港	外贸
#原厦门	18 786	6 970	1 597	12	17 189	6 958
漳 州	424	–	4	–	421	–
汕 头	11 472	7 145	39	–	11 433	7 145
汕 尾	8 034	5 187	–	–	8 034	5 187
惠 州	5 731	67	–	–	5 731	67
深 圳	3 228	554	–	–	3 228	554
#蛇 口	–	–	–	–	–	–
赤 湾	–	–	–	–	–	–
妈 湾	3 228	554	–	–	3 228	554
东角头	–	–	–	–	–	–
盐 田	–	–	–	–	–	–
下 洞	–	–	–	–	–	–
虎 门	56 869	8 795	20 476	–	36 393	8 795
#太 平	8 039	1 015	574	–	7 465	1 015
麻 涌	37 031	7 455	14 822	–	22 209	7 455
沙 田	11 799	325	5 079	–	6 720	325
广 州	73 348	10 972	27 597	3	45 751	10 969
中 山	484	…	5	…	479	–
珠 海	40 816	4 783	15 220	–	25 596	4 783
江 门	9 306	–	57	–	9 249	–
阳 江	9 620	847	17	17	9 602	830
茂 名	2 083	71	22	–	2 061	71
湛 江	20 867	8 070	1 017	–	19 850	8 070
#原湛江	20 557	8 070	1 017	–	19 540	8 070
海 安	78	–	–	–	78	–
北部湾港	46 271	28 889	5 949	241	40 322	28 649
#北 海	4 196	361	12	–	4 184	361
钦 州	13 836	7 350	486	4	13 350	7 346
防 城	28 239	21 178	5 451	237	22 789	20 941
海 口	4 016	1 549	397	–	3 619	1 549
洋 浦	1 590	499	–	–	1 590	499
八 所	5 627	2 862	57	–	5 570	2 862
内河合计	**765 774**	**29 971**	**244 781**	**1 085**	**520 993**	**28 886**

5-9 （续表二）

单位：千吨

港 口	总计	外贸	出港	外贸	进港	外贸
哈尔滨	651	–	444	–	207	–
佳木斯	158	–	154	–	4	–
上 海	7 194	–	3 527	–	3 666	–
南 京	61 121	3 354	20 216	–	40 905	3 354
镇 江	38 913	5 920	9 484	381	29 429	5 539
苏 州	161 498	7 792	53 118	671	108 380	7 121
#常 熟	32 944	761	9 437	–	23 506	761
太 仓	65 026	5 412	26 295	671	38 731	4 741
张家港	63 528	1 619	17 386	–	46 143	1 619
南 通	52 063	5 243	17 079	3	34 984	5 240
常 州	10 456	1 949	2 597	–	7 859	1 949
江 阴	53 988	1 638	19 199	–	34 789	1 638
扬 州	38 982	165	16 288	–	22 694	165
泰 州	76 318	3 212	30 791	15	45 527	3 197
徐 州	30 708	–	27 756	–	2 952	–
连云港	697	–	291	–	407	–
无 锡	11 445	–	–	–	11 445	–
宿 迁	1 885	–	67	–	1 817	–
淮 安	8 498	–	8	–	8 490	–
扬州内河	2 742	–	…	–	2 742	–
镇江内河	406	–	–	–	406	–
杭 州	4 578	–	123	–	4 455	–
嘉兴内河	7 894	–	1 231	–	6 663	–
湖 州	10 391	–	126	–	10 264	–
合 肥	1 968	–	8	–	1 961	–
亳 州	1 147	–	1 147	–	–	–
阜 阳	1 909	–	1 562	–	347	–
淮 南	10 369	–	10 267	–	102	–
滁 州	522	–	5	–	517	–
马鞍山	13 652	480	529	–	13 123	480
芜 湖	19 019	–	5 387	–	13 632	–
铜 陵	21 529	3	2 942	3	18 586	–
池 州	4 261	–	18	–	4 244	–
安 庆	7 983	–	35	–	7 948	–

5-9 （续表三）

单位：千吨

港口	总计	外贸	出港	外贸	进港	外贸
南 昌	6 253	202	3	–	6 250	202
九 江	14 712	–	456	–	14 256	–
武 汉	3 652	–	1 280	–	2 371	–
黄 石	4 788	–	17	–	4 770	–
荆 州	450	–	78	–	372	–
宜 昌	3 670	–	2 603	–	1 067	–
长 沙	1 079	–	–	–	1 079	–
湘 潭	1 392	–	–	–	1 392	–
株 洲	287	–	–	–	287	–
岳 阳	6 338	–	646	–	5 692	–
番 禺	770	–	–	–	770	–
新 塘	2 930	–	–	–	2 930	–
五 和	662	–	–	–	662	–
中 山	2 428	–	16	–	2 412	–
佛 山	7 034	–	71	–	6 964	–
江 门	3 785	–	186	–	3 599	–
虎 门	2 651	…	5	–	2 646	…
肇 庆	4 659	–	1	–	4 658	–
惠 州	288	–	–	–	288	–
南 宁	1 284	–	398	–	886	–
柳 州	37	–	–	–	37	–
贵 港	6 344	–	713	–	5 630	–
梧 州	1 922	–	108	–	1 814	–
来 宾	1 422	–	1 317	–	106	–
重 庆	18 014	–	8 128	–	9 886	–
#原重庆	1 408	–	1 179	–	228	–
涪 陵	547	–	31	–	517	–
万 州	3 685	–	2 407	–	1 277	–
重庆航管处	5 425	–	1 506	–	3 920	–
泸 州	4 606	13	3 475	11	1 131	2
宜 宾	734	–	572	–	162	–
乐 山	14	–	7	–	7	–
南 充	24	–	–	–	24	–
广 安	–	–	–	–	–	–
达 州	598	–	299	–	299	–

5-10　规模以上港口石油、天然气及制品吞吐量

单位：千吨

港　口	总计	外贸	出港	外贸	进港	外贸
总　计	929 994	484 619	278 730	42 928	651 264	441 691
沿海合计	799 544	471 788	229 930	40 076	569 613	431 711
丹　东	400	9	400	9	-	-
大　连	78 443	41 228	37 258	7 208	41 185	34 021
营　口	43 840	17 644	14 343	1 015	29 496	16 629
锦　州	8 894	1 009	6 857	713	2 037	296
秦皇岛	3 779	276	1 389	2	2 389	275
黄　骅	4 557	5	10	5	4 547	-
唐　山	17 669	16 009	1 381	45	16 288	15 965
#京　唐	441	165	49	45	392	120
曹妃甸	17 229	15 845	1 332	-	15 897	15 845
天　津	59 896	21 175	30 684	1 528	29 212	19 648
烟　台	16 916	10 016	3 001	778	13 915	9 238
#龙　口	13 142	6 742	2 497	527	10 645	6 214
威　海	268	82	19	2	249	80
青　岛	82 408	65 695	20 509	4 462	61 899	61 233
日　照	57 930	54 995	2 373	435	55 557	54 560
#石　臼	561	368	153	26	408	342
岚　山	57 369	54 627	2 221	409	55 149	54 218
上　海	29 514	10 829	9 604	2 584	19 909	8 245
连云港	1 016	67	269	-	748	67
盐　城	271	187	84	-	187	187
嘉　兴	5 950	1 837	1 835	-	4 114	1 837
宁波-舟山	148 257	92 841	37 434	3 035	110 824	89 806
#宁　波	84 294	53 803	16 993	1 611	67 300	52 192
舟　山	63 964	39 038	20 440	1 424	43 523	37 614
台　州	1 808	-	51	-	1 757	-
温　州	4 387	664	680	4	3 707	660
福　州	2 324	44	146	-	2 179	44
#原福州	2 068	44	145	-	1 923	44
宁　德	257	-	1	-	256	-
莆　田	3 068	3 056	-	-	3 068	3 056
泉　州	34 205	25 056	10 267	3 424	23 938	21 631
厦　门	3 453	386	509	25	2 944	361

5-10 （续表一）

单位：千吨

港 口	总计	外贸	出港	外贸	进港	外贸
#原厦门	2 878	386	381	25	2 498	361
漳 州	575	-	129	-	446	-
汕 头	1 427	653	46	-	1 381	653
汕 尾	-	-	-	-	-	-
惠 州	35 541	20 374	5 359	1 197	30 182	19 177
深 圳	13 529	9 013	1 495	1 175	12 034	7 838
#蛇 口	551	-	2	-	548	-
赤 湾	-	-	-	-	-	-
妈 湾	1 391	69	301	-	1 090	69
东角头	-	-	-	-	-	-
盐 田	-	-	-	-	-	-
下 洞	4 361	2 838	1 192	1 175	3 169	1 664
虎 门	11 071	4 587	4 970	1 269	6 101	3 317
#太 平	…	…	-	-	…	…
麻 涌	369	-	212	-	158	-
沙 田	10 701	4 587	4 758	1 269	5 942	3 317
广 州	21 710	4 501	8 159	735	13 551	3 766
中 山	1 051	1	135	-	916	1
珠 海	10 221	4 791	3 797	837	6 424	3 955
江 门	1 876	172	1 225	-	651	172
阳 江	285	13	1	-	284	13
茂 名	16 757	13 140	3 031	1 562	13 726	11 578
湛 江	28 975	20 827	4 434	59	24 541	20 768
#原湛江	28 975	20 827	4 434	59	24 541	20 768
海 安	-	-	-	-	-	-
北部湾港	19 793	13 007	6 471	2 717	13 322	10 290
#北 海	4 560	1 079	3 312	242	1 248	837
钦 州	13 684	10 853	3 063	2 406	10 621	8 447
防 城	1 550	1 075	96	69	1 454	1 006
海 口	2 182	105	245	-	1 936	105
洋 浦	21 993	17 492	9 718	5 256	12 274	12 237
八 所	3 880	-	1 741	-	2 140	-
内河合计	130 450	12 831	48 800	2 852	81 650	9 979

5-10 （续表二）

单位：千吨

港 口	总计	外贸	出港	外贸	进港	外贸
哈尔滨	38	-	38	-	-	-
佳木斯	39	-	-	-	39	-
上 海	209	-	9	-	199	-
南 京	36 855	1 172	19 947	663	16 907	509
镇 江	5 107	1 627	1 800	157	3 306	1 471
苏 州	7 388	2 799	2 591	604	4 797	2 195
#常 熟	2 277	-	1 097	-	1 180	-
太 仓	3 480	1 418	1 397	514	2 082	904
张家港	1 632	1 381	97	90	1 535	1 291
南 通	14 976	4 565	5 216	409	9 760	4 156
常 州	-	-	-	-	-	-
江 阴	7 206	1 280	2 455	593	4 752	687
扬 州	2 667	142	1 853	-	813	142
泰 州	4 710	1 014	1 935	423	2 775	591
徐 州	-	-	-	-	-	-
连云港	-	-	-	-	-	-
无 锡	2 414	-	8	-	2 406	-
宿 迁	823	-	29	-	795	-
淮 安	3 098	-	1 444	-	1 654	-
扬州内河	2 022	-	945	-	1 077	-
镇江内河	-	-	-	-	-	-
杭 州	1 309	-	5	-	1 304	-
嘉兴内河	778	-	421	-	358	-
湖 州	375	-	168	-	207	-
合 肥	69	-	-	-	69	-
亳 州	-	-	-	-	-	-
阜 阳	15	-	1	-	14	-
淮 南	-	-	-	-	-	-
滁 州	64	-	-	-	64	-
马鞍山	325	-	101	-	224	-
芜 湖	1 559	-	226	-	1 333	-
铜 陵	197	-	12	-	185	-
池 州	423	7	-	-	423	7
安 庆	1 505	-	1 298	-	207	-

5-10 （续表三）

单位：千吨

港口	总计	外贸	出港	外贸	进港	外贸
南昌	589	-	12	-	577	-
九江	3 786	-	1 437	-	2 349	-
武汉	3 906	-	2 449	-	1 457	-
黄石	311	…	-	-	311	…
荆州	196	-	7	-	189	-
宜昌	-	-	-	-	-	-
长沙	390	1	…	…	389	1
湘潭	-	-	-	-	-	-
株洲	80	-	-	-	80	-
岳阳	7 605	-	947	-	6 658	-
番禺	464	-	57	-	407	-
新塘	1 354	-	345	-	1 009	-
五和	-	-	-	-	-	-
中山	89	-	3	-	86	-
佛山	5 990	224	1 311	4	4 679	220
江门	1 278	-	259	-	1 020	-
虎门	834	-	272	-	562	-
肇庆	405	-	-	-	405	-
惠州	-	-	-	-	-	-
南宁	60	-	-	-	60	-
柳州	-	-	-	-	-	-
贵港	14	-	13	-	1	-
梧州	497	-	45	-	452	-
来宾	-	-	-	-	-	-
重庆	7 569	-	1 140	-	6 429	-
#原重庆	1 711	-	6	-	1 705	-
涪陵	128	-	43	-	85	-
万州	32	-	-	-	32	-
重庆航管处	5 588	-	1 084	-	4 504	-
泸州	861	…	…	-	861	…
宜宾	-	-	-	-	-	-
乐山	-	-	-	-	-	-
南充	-	-	-	-	-	-
广安	-	-	-	-	-	-
达州	-	-	-	-	-	-

5-11 规模以上港口原油吞吐量

单位：千吨

港口	总计		出港		进港	
		外贸		外贸		外贸
总计	**513 936**	**352 227**	**92 705**	**5 211**	**421 231**	**347 016**
沿海合计	**484 733**	**352 222**	**85 757**	**5 211**	**398 976**	**347 011**
丹东	–	–	–	–	–	–
大连	48 519	30 335	14 725	495	33 794	29 840
营口	26 846	16 379	5 460	–	21 387	16 379
锦州	5 497	291	3 518	–	1 979	291
秦皇岛	2 852	–	1 009	–	1 843	–
黄骅	4 547	–	–	–	4 547	–
唐山	15 267	13 883	1 332	–	13 935	13 883
#京唐	–	–	–	–	–	–
曹妃甸	15 267	13 883	1 332	–	13 935	13 883
天津	43 771	16 300	21 434	136	22 337	16 163
烟台	10 157	6 034	330	39	9 827	5 994
#龙口	8 845	4 801	251	–	8 594	4 801
威海	138	–	16	–	121	–
青岛	69 390	57 789	13 377	2 055	56 013	55 734
日照	45 446	43 671	1 280	180	44 166	43 492
#石臼	–	–	–	–	–	–
岚山	45 446	43 671	1 280	180	44 166	43 492
上海	3 842	195	–	–	3 842	195
连云港	–	–	–	–	–	–
盐城	–	–	–	–	–	–
嘉兴	–	–	–	–	–	–
宁波－舟山	99 901	77 313	15 119	1 061	84 782	76 253
#宁波	62 891	47 278	8 246	–	54 645	47 278
舟山	37 010	30 035	6 874	1 061	30 136	28 975
台州	–	–	–	–	–	–
温州	592	2	–	–	592	2
福州	42	–	16	–	26	–
#原福州	42	–	16	–	26	–
宁德	–	–	–	–	–	–
莆田	–	–	–	–	–	–
泉州	20 934	20 934	–	–	20 934	20 934
厦门	86	–	86	–	–	–

5-11 （续表一）

单位：千吨

港 口	总计		出港		进港	
		外贸		外贸		外贸
#原厦门	–	–	–	–	–	–
漳 州	86	–	86	–	–	–
汕 头	–	–	–	–	–	–
汕 尾	–	–	–	–	–	–
惠 州	24 830	17 138	–	–	24 830	17 138
深 圳	–	–	–	–	–	–
#蛇 口	–	–	–	–	–	–
赤 湾	–	–	–	–	–	–
妈 湾	–	–	–	–	–	–
东角头	–	–	–	–	–	–
盐 田	–	–	–	–	–	–
下 洞	–	–	–	–	–	–
虎 门	–	–	–	–	–	–
#太 平	–	–	–	–	–	–
麻 涌	–	–	–	–	–	–
沙 田	–	–	–	–	–	–
广 州	720	–	360	–	360	–
中 山	–	–	–	–	–	–
珠 海	–	–	–	–	–	–
江 门	–	–	–	–	–	–
阳 江	–	–	–	–	–	–
茂 名	11 492	11 492	–	–	11 492	11 492
湛 江	24 567	20 627	3 197	–	21 369	20 627
#原湛江	24 567	20 627	3 197	–	21 369	20 627
海 安	–	–	–	–	–	–
北部湾港	10 634	7 598	2 819	–	7 815	7 598
#北 海	2 816	–	2 816	–	–	–
钦 州	7 818	7 598	3	–	7 815	7 598
防 城	–	–	–	–	–	–
海 口	160	–	160	–	–	–
洋 浦	12 515	12 240	1 519	1 245	10 996	10 996
八 所	1 988	–	–	–	1 988	–
内河合计	**29 203**	**5**	**6 948**	**–**	**22 256**	**5**

5-11 （续表二）

单位：千吨

港 口	总计	外贸	出港	外贸	进港	外贸
哈尔滨	-	-	-	-	-	-
佳木斯	-	-	-	-	-	-
上 海	-	-	-	-	-	-
南 京	12 856	-	4 043	-	8 813	-
镇 江	-	-	-	-	-	-
苏 州	-	-	-	-	-	-
#常 熟	-	-	-	-	-	-
太 仓	-	-	-	-	-	-
张家港	-	-	-	-	-	-
南 通	22	-	12	-	10	-
常 州	-	-	-	-	-	-
江 阴	2 051	5	415	-	1 636	5
扬 州	-	-	-	-	-	-
泰 州	2 006	-	674	-	1 332	-
徐 州	-	-	-	-	-	-
连云港	-	-	-	-	-	-
无 锡	-	-	-	-	-	-
宿 迁	-	-	-	-	-	-
淮 安	1 906	-	322	-	1 584	-
扬州内河	1 642	-	924	-	717	-
镇江内河	-	-	-	-	-	-
杭 州	-	-	-	-	-	-
嘉兴内河	-	-	-	-	-	-
湖 州	-	-	-	-	-	-
合 肥	-	-	-	-	-	-
亳 州	-	-	-	-	-	-
阜 阳	-	-	-	-	-	-
淮 南	-	-	-	-	-	-
滁 州	-	-	-	-	-	-
马鞍山	-	-	-	-	-	-
芜 湖	-	-	-	-	-	-
铜 陵	-	-	-	-	-	-
池 州	-	-	-	-	-	-
安 庆	-	-	-	-	-	-

5-11 （续表三）

单位：千吨

港 口	总计	外贸	出港	外贸	进港	外贸
南　昌	-	-	-	-	-	-
九　江	120	-	-	-	120	-
武　汉	595	-	558	-	37	-
黄　石	-	-	-	-	-	-
荆　州	-	-	-	-	-	-
宜　昌	-	-	-	-	-	-
长　沙	-	-	-	-	-	-
湘　潭	-	-	-	-	-	-
株　洲	-	-	-	-	-	-
岳　阳	5 407	-	-	-	5 407	-
番　禺	-	-	-	-	-	-
新　塘	-	-	-	-	-	-
五　和	-	-	-	-	-	-
中　山	-	-	-	-	-	-
佛　山	1 958	-	-	-	1 958	-
江　门	-	-	-	-	-	-
虎　门	-	-	-	-	-	-
肇　庆	-	-	-	-	-	-
惠　州	-	-	-	-	-	-
南　宁	-	-	-	-	-	-
柳　州	-	-	-	-	-	-
贵　港	-	-	-	-	-	-
梧　州	-	-	-	-	-	-
来　宾	-	-	-	-	-	-
重　庆	-	-	-	-	-	-
#原重庆	-	-	-	-	-	-
涪　陵	-	-	-	-	-	-
万　州	-	-	-	-	-	-
重庆航管处	-	-	-	-	-	-
泸　州	640	-	-	-	640	-
宜　宾	-	-	-	-	-	-
乐　山	-	-	-	-	-	-
南　充	-	-	-	-	-	-
广　安	-	-	-	-	-	-
达　州	-	-	-	-	-	-

5-12　规模以上港口金属矿石吞吐量

单位：千吨

港口	总计	外贸	出港	外贸	进港	外贸
总　计	1 912 640	1 193 752	408 363	1 981	1 504 277	1 191 771
沿海合计	1 407 264	1 081 908	256 627	1 538	1 150 637	1 080 370
丹　东	16 903	7 641	4 382	–	12 521	7 641
大　连	19 357	14 729	4 154	–	15 203	14 729
营　口	37 192	33 374	677	–	36 514	33 374
锦　州	5 795	3 755	49	–	5 746	3 755
秦皇岛	5 316	5 251	33	–	5 283	5 251
黄　骅	38 704	29 840	50	–	38 655	29 840
唐　山	242 936	241 862	303	–	242 633	241 862
#京　唐	111 951	111 602	187	–	111 763	111 602
曹妃甸	130 986	130 260	116	–	130 870	130 260
天　津	121 148	119 945	473	171	120 675	119 773
烟　台	19 648	12 610	6 700	62	12 948	12 548
#龙　口	1 969	1 398	268	57	1 701	1 341
威　海	30	30	–	–	30	30
青　岛	157 644	110 234	37 886	586	119 758	109 648
日　照	129 997	122 663	7 187	10	122 810	122 653
#石　臼	90 463	83 834	6 576	10	83 886	83 824
岚　山	39 535	38 829	611	–	38 924	38 829
上　海	91 882	40 250	32 573	–	59 309	40 250
连云港	104 946	75 086	26 006	381	78 940	74 705
盐　城	22 015	14 176	3 458	–	18 557	14 176
嘉　兴	248	168	–	–	248	168
宁波-舟山	220 201	118 159	101 882	78	118 319	118 081
#宁　波	76 581	46 713	29 801	–	46 780	46 713
舟　山	143 620	71 446	72 081	78	71 540	71 368
台　州	–					
温　州	1 576	633	4	–	1 572	633
福　州	35 421	24 815	9 942	–	25 479	24 815
#原福州	29 608	19 295	9 885	–	19 723	19 295
宁　德	5 813	5 520	57	–	5 756	5 520
莆　田	407	350	–	–	407	350
泉　州	1 267	1 086	7	–	1 259	1 086
厦　门	9 119	8 594	375	–	8 745	8 594

5-12 （续表一）

单位：千吨

港口	总计	外贸	出港	外贸	进港	外贸
#原厦门	9 119	8 594	375	–	8 745	8 594
漳州	–	–	–	–	–	–
汕头	18	18	–	–	18	18
汕尾	–	–	–	–	–	–
惠州	–	–	–	–	–	–
深圳	–	–	–	–	–	–
#蛇口	–	–	–	–	–	–
赤湾	–	–	–	–	–	–
妈湾	–	–	–	–	–	–
东角头	–	–	–	–	–	–
盐田	–	–	–	–	–	–
下洞	–	–	–	–	–	–
虎门	444	–	193	–	251	–
#太平	–	–	–	–	–	–
麻涌	15	–	–	–	15	–
沙田	428	–	193	–	236	–
广州	8 880	5 096	1 085	12	7 795	5 084
中山	22	–	15	–	6	–
珠海	9 759	7 411	1 170	2	8 589	7 409
江门	9	–	5	–	3	–
阳江	8 405	6 806	–	–	8 405	6 806
茂名	39	–	10	–	29	–
湛江	48 050	35 790	10 775	155	37 275	35 635
#原湛江	48 050	35 790	10 775	155	37 275	35 635
海安	–	–	–	–	–	–
北部湾港	45 742	41 377	3 797	66	41 945	41 310
#北海	4 763	4 546	25	6	4 737	4 540
钦州	4 967	4 044	618	48	4 349	3 997
防城	36 012	32 787	3 153	13	32 859	32 774
海口	833	158	123	15	709	144
洋浦	1 155	–	1 155	–	…	–
八所	2 157	–	2 157	–	–	–
内河合计	**505 376**	**111 844**	**151 736**	**443**	**353 640**	**111 401**

5-12 （续表二）

单位：千吨

港　口	总计	外贸	出港	外贸	进港	外贸
哈尔滨	-	-	-	-	-	-
佳木斯	-	-	-	-	-	-
上　海	133	-	13	-	120	-
南　京	40 322	2 920	8 565	-	31 757	2 920
镇　江	26 473	5 067	13 498	6	12 975	5 061
苏　州	163 798	53 094	53 322	250	110 475	52 844
＃常　熟	2 862	-	1 431	-	1 431	-
太　仓	86 546	36 629	43 496	250	43 050	36 378
张家港	74 389	16 465	8 395	-	65 994	16 465
南　通	57 915	20 548	28 717	-	29 198	20 548
常　州	21 021	781	8 956	-	12 065	781
江　阴	44 324	11 506	16 411	2	27 913	11 504
扬　州	10 994	2 900	4 715	-	6 279	2 900
泰　州	12 855	876	5 429	66	7 425	810
徐　州	514	-	25	-	489	-
连云港	9 121	-	3 730	-	5 391	-
无　锡	333	-	-	-	333	-
宿　迁	787	-	-	-	787	-
淮　安	5 199	-	2	-	5 197	-
扬州内河	2 415	-	-	-	2 415	-
镇江内河	139	-	107	-	32	-
杭　州	150	-	6	-	144	-
嘉兴内河	…	-	-	-	…	-
湖　州	3	-	…	-	3	-
合　肥	684	-	585	-	98	-
亳　州	-	-	-	-	-	-
阜　阳	1	-	-	-	1	-
淮　南	-	-	-	-	-	-
滁　州	-	-	-	-	-	-
马鞍山	22 435	10 145	886	-	21 549	10 145
芜　湖	6 506	-	372	-	6 133	-
铜　陵	7 007	59	1 769	1	5 239	58
池　州	1 120	-	388	-	731	-
安　庆	362	-	351	-	11	-

5-12 （续表三）

单位：千吨

港口	总计	外贸	出港	外贸	进港	外贸
南 昌	4 122	–	–	–	4 122	–
九 江	11 843	–	469	–	11 374	–
武 汉	22 076	–	45	–	22 031	–
黄 石	6 189	3 766	830	2	5 359	3 765
荆 州	30	–	3	–	27	–
宜 昌	54	9	1	–	53	9
长 沙	196	84	71	71	124	12
湘 潭	5 142	–	5	–	5 136	–
株 洲	467	–	–	–	467	–
岳 阳	6 871	–	233	–	6 638	–
番 禺	1	–	–	–	1	–
新 塘	–	–	–	–	–	–
五 和	–	–	–	–	–	–
中 山	7	–	–	–	7	–
佛 山	116	…	…	…	116	–
江 门	4	–	–	–	4	–
虎 门	–	–	–	–	–	–
肇 庆	…	–	–	–	…	–
惠 州	–	–	–	–	–	–
南 宁	10	–	3	–	7	–
柳 州	–	–	–	–	–	–
贵 港	2 754	–	446	–	2 308	–
梧 州	27	3	20	3	8	–
来 宾	302	–	302	–	–	–
重 庆	8 821	–	634	–	8 186	–
#原重庆	2 658	–	417	–	2 241	–
涪 陵	101	–	49	–	51	–
万 州	3 282	–	74	–	3 208	–
重庆航管处	611	–	73	–	538	–
泸 州	1 330	86	624	41	705	45
宜 宾	285	–	80	–	206	–
乐 山	121	–	121	–	–	–
南 充	–	–	–	–	–	–
广 安	–	–	–	–	–	–
达 州	–	–	–	–	–	–

5-13 规模以上港口钢铁吞吐量

单位：千吨

港口	总计	外贸	出港	外贸	进港	外贸
总　计	473 799	106 336	305 428	91 384	168 371	14 952
沿海合计	295 838	87 720	201 843	77 149	93 995	10 571
丹　东	7 537	790	7 154	691	383	99
大　连	8 538	2 575	6 786	1 983	1 752	592
营　口	24 680	10 335	24 028	10 101	652	234
锦　州	1 743	428	1 634	425	109	3
秦皇岛	4 375	799	4 260	696	115	103
黄　骅	–	–	–	–	–	–
唐　山	52 447	12 731	52 067	12 716	380	14
#京　唐	16 794	5 501	16 785	5 494	9	7
曹妃甸	35 653	7 230	35 282	7 222	370	8
天　津	45 201	32 610	41 711	31 617	3 490	994
烟　台	1 614	570	478	224	1 137	346
#龙　口	197	43	54	42	143	1
威　海	149	39	18	18	130	21
青　岛	6 726	3 255	6 064	2 894	662	361
日　照	8 346	4 796	8 323	4 792	24	5
#石　臼	4 041	3 777	4 041	3 777	–	–
岚　山	4 305	1 019	4 282	1 014	24	5
上　海	34 445	8 437	13 886	6 731	20 559	1 706
连云港	5 676	1 958	5 597	1 949	79	9
盐　城	3 881	274	1 985	73	1 896	201
嘉　兴	2 545	–	37	–	2 507	–
宁波-舟山	12 965	960	1 605	234	11 360	726
#宁　波	8 747	853	817	234	7 930	619
舟　山	4 217	107	788	–	3 430	107
台　州	3 875	–	245	–	3 629	–
温　州	2 245	1	31	–	2 213	1
福　州	8 470	956	5 384	8	3 085	949
#原福州	3 596	124	1 956	8	1 640	117
宁　德	4 873	832	3 428	–	1 445	832
莆　田	50	–	46	–	4	–
泉　州	2 401	2	67	2	2 334	–
厦　门	2 547	563	978	276	1 570	287

5-13 （续表一）

单位：千吨

港　　口	总计	外贸	出港	外贸	进港	外贸
#原厦门	2 522	563	954	276	1 569	287
漳　州	25	-	24	-	1	-
汕　头	624	3	128	…	496	3
汕　尾	-	-	-	-	-	-
惠　州	183	-	2	-	181	-
深　圳	1 173	382	99	-	1 075	382
#蛇　口	350	144	74	-	276	144
赤　湾	1	-	-	-	1	-
妈　湾	801	238	24	-	777	238
东角头	-	-	-	-	-	-
盐　田	-	-	-	-	-	-
下　洞	-	-	-	-	-	-
虎　门	3 225	642	890	14	2 335	629
#太　平	-	-	-	-	-	-
麻　涌	230	13	31	-	199	13
沙　田	2 995	629	859	14	2 136	616
广　州	28 157	3 204	6 966	838	21 191	2 366
中　山	738	100	176	29	561	71
珠　海	634	60	150	42	483	18
江　门	1 363	102	178	57	1 185	45
阳　江	1 425	84	1 334	-	90	84
茂　名	271	-	-	-	271	-
湛　江	5 465	410	4 757	410	708	-
#原湛江	5 458	410	4 757	410	701	-
海　安	7	-	-	-	7	-
北部湾港	8 309	561	4 640	329	3 669	232
#北　海	1 387	223	1 116	6	271	218
钦　州	1 400	35	203	21	1 197	14
防　城	5 523	303	3 321	302	2 201	1
海　口	3 780	92	137	1	3 644	91
洋　浦	36	-	1	-	35	-
八　所	1	-	…	-	1	-
内河合计	177 961	18 617	103 585	14 235	74 376	4 381

5-13 （续表二）

单位：千吨

港口	总计	外贸	出港	外贸	进港	外贸
哈尔滨	-	-	-	-	-	-
佳木斯	2	2	2	2	-	-
上 海	6 493	-	2 205	-	4 287	-
南 京	11 533	509	9 433	191	2 099	317
镇 江	683	3	222	-	461	3
苏 州	37 905	13 126	30 375	11 576	7 530	1 550
#常 熟	5 204	2 755	2 870	2 635	2 334	120
太 仓	2 040	1 207	490	331	1 551	875
张家港	30 661	9 164	27 015	8 610	3 646	555
南 通	3 578	1 570	1 502	343	2 076	1 227
常 州	715	-	349	-	365	-
江 阴	6 204	2 068	3 039	1 458	3 164	610
扬 州	3 677	-	1 456	-	2 221	-
泰 州	6 702	1	3 410	1	3 292	-
徐 州	2 737	-	2 687	-	49	-
连云港	4 968	-	3 288	-	1 680	-
无 锡	6 443	-	509	-	5 934	-
宿 迁	1 185	-	674	-	510	-
淮 安	3 316	-	2 687	-	628	-
扬州内河	1 833	-	1 120	-	712	-
镇江内河	26	-	-	-	26	-
杭 州	10 672	-	471	-	10 201	-
嘉兴内河	4 076	-	1 256	-	2 820	-
湖 州	2 588	-	201	-	2 388	-
合 肥	1 972	-	624	-	1 348	-
亳 州	3	-	3	-	-	-
阜 阳	2	-	1	-	1	-
淮 南	1	-	-	-	1	-
滁 州	16	-	3	-	12	-
马鞍山	5 050	227	4 178	227	871	-
芜 湖	3 584	47	2 918	1	666	46
铜 陵	3 620	-	3 497	-	123	-
池 州	1 595	-	1 343	-	253	-
安 庆	66	-	9	-	57	-

5-13 （续表三）

单位：千吨

港 口	总计	外贸	出港	外贸	进港	外贸
南　昌	1 981	32	360	32	1 622	-
九　江	7 352	-	7 322	-	30	-
武　汉	8 963	-	6 270	-	2 693	-
黄　石	2 242	68	1 819	67	423	…
荆　州	265	-	73	-	193	-
宜　昌	280	5	92	5	188	-
长　沙	1 724	16	7	7	1 718	9
湘　潭	3 657	-	3 637	-	19	-
株　洲	-	-	-	-	-	-
岳　阳	430	-	134	-	296	-
番　禺	93	-	…	-	92	-
新　塘	-	-	-	-	-	-
五　和	4	-	-	-	4	-
中　山	374	11	285	10	88	1
佛　山	7 656	877	1 308	261	6 348	616
江　门	1 427	1	811	-	616	1
虎　门	67	…	5	-	62	…
肇　庆	23	…	…	-	23	…
惠　州	-	-	-	-	-	-
南　宁	169	-	43	-	126	-
柳　州	652	-	643	-	9	-
贵　港	437	46	307	46	130	-
梧　州	17	1	6	1	11	-
来　宾	2 089	-	2 089	-	-	-
重　庆	6 376	-	806	-	5 570	-
#原重庆	2 024	-	295	-	1 729	-
涪　陵	565	-	257	-	308	-
万　州	473	-	-	-	473	-
重庆航管处	2 937	-	48	-	2 890	-
泸　州	311	6	48	5	263	1
宜　宾	128	-	56	-	72	-
乐　山	-	-	-	-	-	-
南　充	-	-	-	-	-	-
广　安	-	-	-	-	-	-
达　州	…	-	…	-	…	-

5-14　规模以上港口矿建材料吞吐量

单位：千吨

港口	总计	外贸	出港	外贸	进港	外贸
总　计	1 768 226	37 460	728 503	32 418	1 039 722	5 042
沿海合计	599 322	32 915	251 313	28 239	348 009	4 675
丹　东	51 655	–	10 464	–	41 191	–
大　连	6 407	177	6 004	164	403	13
营　口	33 525	1 164	21 770	1 162	11 756	2
锦　州	71	–	32	–	39	–
秦皇岛	860	–	797	–	62	–
黄　骅	268	–	79	–	189	–
唐　山	27 492	4 218	27 102	4 218	390	–
#京　唐	15 952	2 285	15 952	2 285	–	–
曹妃甸	11 540	1 933	11 150	1 933	390	–
天　津	6 231	1 406	1 500	926	4 732	479
烟　台	781	463	709	463	72	–
#龙　口	208	…	185	…	23	–
威　海	585	57	140	57	446	–
青　岛	3 779	113	138	107	3 640	6
日　照	13 981	1 034	3 195	1 034	10 786	–
#石　臼	7 009	38	1 364	38	5 646	–
岚　山	6 971	997	1 831	997	5 140	–
上　海	5 557	19	126	19	5 431	–
连云港	5	–	–	–	5	–
盐　城	18 817	–	3 108	–	15 708	–
嘉　兴	3 466	–	505	–	2 961	–
宁波–舟山	148 236	56	85 753	56	62 483	–
#宁　波	12 368	56	2 012	56	10 356	–
舟　山	135 868	–	83 741	–	52 127	–
台　州	24 890	–	2 561	–	22 330	–
温　州	23 065	5	1 227	–	21 838	5
福　州	20 557	3 838	15 146	3 791	5 410	46
#原福州	15 088	2 282	11 363	2 236	3 725	46
宁　德	5 468	1 556	3 783	1 556	1 685	–
莆　田	10 549	–	11	–	10 538	–
泉　州	26 332	2 486	2 572	264	23 760	2 222
厦　门	49 061	13 176	23 730	11 422	25 331	1 754

5-14 （续表一）

单位：千吨

港口	总计		出港		进港	
		外贸		外贸		外贸
#原厦门	39 101	13 176	21 702	11 422	17 398	1 754
漳州	9 960	–	2 027	–	7 933	–
汕头	17 126	12	63	…	17 063	12
汕尾	234	–	–	–	234	–
惠州	3 852	3 389	3 753	3 389	99	–
深圳	1 046	–	930	–	117	–
#蛇口	–	–	–	–	–	–
赤湾	–	–	–	–	–	–
妈湾	–	–	–	–	–	–
东角头	–	–	–	–	–	–
盐田	–	–	–	–	–	–
下洞	–	–	–	–	–	–
虎门	5 844	129	1 726	19	4 118	110
#太平	171	–	–	–	171	–
麻涌	238	–	6	–	232	–
沙田	5 435	129	1 720	19	3 715	110
广州	25 110	724	5 248	717	19 862	7
中山	18 640	13	6 142	11	12 498	2
珠海	16 231	21	7 732	21	8 499	–
江门	13 143	58	12 400	57	744	1
阳江	145	–	–	–	145	–
茂名	1 563	26	854	18	709	9
湛江	2 226	–	1 342	–	883	–
#原湛江	945	–	945	–	–	–
海安	987	–	144	–	843	–
北部湾港	9 920	318	2 453	311	7 468	6
#北海	1 458	…	1 275	–	183	…
钦州	2 051	211	744	205	1 307	6
防城	6 412	107	434	107	5 978	1
海口	5 698	14	786	14	4 913	…
洋浦	1 291	–	167	–	1 124	–
八所	1 082	–	1 051	–	31	–
内河合计	**1 168 904**	**4 545**	**477 191**	**4 179**	**691 713**	**366**

5-14 （续表二）

单位：千吨

港　口	总计		出港		进港	
		外贸		外贸		外贸
哈尔滨	585	–	–	–	585	–
佳木斯	1 365	5	5	5	1 359	–
上　海	30 599	–	4 052	–	26 547	–
南　京	12 964	112	1 572	112	11 392	–
镇　江	18 421	–	8 082	–	10 339	–
苏　州	43 538	–	15 380	–	28 158	–
#常　熟	24 810	–	11 937	–	12 873	–
太　仓	471	–	207	–	264	–
张家港	18 258	–	3 236	–	15 021	–
南　通	34 779	1	12 329	–	22 450	1
常　州	2 825	–	98	–	2 727	–
江　阴	2 434	81	1 070	64	1 364	17
扬　州	11 302	–	1 337	–	9 965	–
泰　州	27 141	18	6 553	9	20 588	8
徐　州	53 152	–	7 978	–	45 173	–
连云港	1 807	–	69	–	1 738	–
无　锡	16 321	–	624	–	15 697	–
宿　迁	8 649	–	1 484	–	7 165	–
淮　安	56 374	–	6 301	–	50 073	–
扬州内河	13 273	–	163	–	13 110	–
镇江内河	4 364	–	2 282	–	2 082	–
杭　州	38 966	–	16 762	–	22 204	–
嘉兴内河	51 426	–	7 647	–	43 780	–
湖　州	45 186	–	34 496	–	10 690	–
合　肥	14 291	–	899	–	13 392	–
亳　州	11 608	–	2	–	11 606	–
阜　阳	8 562	–	1 142	–	7 420	–
淮　南	10 012	–	9 121	–	891	–
滁　州	5 022	–	1 893	–	3 129	–
马鞍山	49 162	–	23 607	–	25 556	–
芜　湖	41 912	355	18 696	355	23 216	–
铜　陵	31 596	5	20 993	5	10 603	–
池　州	11 514	–	11 214	–	300	–
安　庆	9 576	2	5 130	–	4 446	2

5-14 （续表三）

单位：千吨

港口	总计	外贸	出港	外贸	进港	外贸
南 昌	4 734	450	472	360	4 262	90
九 江	51 362	-	41 200	-	10 162	-
武 汉	20 367	-	1 387	-	18 980	-
黄 石	19 897	3	19 067	3	830	…
荆 州	4 031	-	114	-	3 917	-
宜 昌	883	56	661	49	222	6
长 沙	39 517	53	33	32	39 484	21
湘 潭	6 479	-	-	-	6 479	-
株 洲	6 819	-	-	-	6 819	-
岳 阳	113 189	-	91 221	-	21 968	-
番 禺	2 730	-	52	-	2 678	-
新 塘	1 450	-	762	-	688	-
五 和	1 633	-	-	-	1 633	-
中 山	25 489	5	11 347	3	14 142	2
佛 山	10 217	2 631	4 540	2 621	5 676	10
江 门	21 454	143	9 839	142	11 615	1
虎 门	400	…	161	-	239	…
肇 庆	9 438	585	4 995	380	4 442	205
惠 州	16 766	-	11 392	-	5 374	-
南 宁	6 867	-	123	-	6 744	-
柳 州	523	-	512	-	12	-
贵 港	23 551	…	11 291	…	12 260	-
梧 州	18 581	32	17 523	32	1 058	-
来 宾	1 292	-	1 292	-	-	-
重 庆	56 319	-	17 651	-	38 668	-
#原重庆	4 442	-	3 199	-	1 242	-
涪 陵	2 085	-	1 013	-	1 072	-
万 州	3 941	-	1 159	-	2 782	-
重庆航管处	26 313	-	6 571	-	19 742	-
泸 州	18 653	8	4 448	6	14 204	2
宜 宾	4 286	-	2 735	-	1 551	-
乐 山	1 801	-	1 793	-	8	-
南 充	5 414	-	536	-	4 878	-
广 安	4 014	-	52	-	3 962	-
达 州	2 025	-	1 013	-	1 012	-

5-15　规模以上港口水泥吞吐量

单位：千吨

港　口	总计	外贸	出港	外贸	进港	外贸
总　　计	**330 997**	**16 351**	**220 476**	**16 223**	**110 521**	**128**
沿海合计	68 861	5 436	21 378	5 308	47 483	128
丹　东	215	-	-	-	215	-
大　连	1 367	114	1 367	114	-	-
营　口	240	1	83	1	157	-
锦　州	-	-	-	-	-	-
秦皇岛	1 328	127	1 328	127	-	-
黄　骅	-	-	-	-	-	-
唐　山	3 206	364	3 206	364	-	-
#京　唐	355	339	355	339	-	-
曹妃甸	2 851	26	2 851	26	-	-
天　津	430	25	41	16	389	8
烟　台	3 477	2 191	2 598	2 191	878	-
#龙　口	1 101	1 076	1 092	1 076	9	-
威　海	20	-	-	-	20	-
青　岛	186	62	128	62	58	-
日　照	4 112	882	4 063	838	49	44
#石　臼	4 011	782	3 962	738	49	44
岚　山	101	101	101	101	-	-
上　海	2 281	-	38	-	2 243	-
连云港	-	-	-	-	-	-
盐　城	1 626	-	-	-	1 626	-
嘉　兴	-	-	-	-	-	-
宁波-舟山	11 516	119	2 964	119	8 552	-
#宁　波	9 561	7	2 438	7	7 122	-
舟　山	1 956	112	526	112	1 429	-
台　州	5 291	-	-	-	5 291	-
温　州	7 514	-	287	-	7 227	-
福　州	7 839	-	5	-	7 834	-
#原福州	6 020	-	5	-	6 015	-
宁　德	1 819	-	-	-	1 819	-
莆　田	846	-	-	-	846	-
泉　州	934	14	14	14	920	-
厦　门	1 468	-	87	-	1 381	-

5-15 （续表一）

单位：千吨

港口	总计		出港		进港	
		外贸		外贸		外贸
#原厦门	1 468	–	87	–	1 381	–
漳　州	–	–	–	–	–	–
汕　头	2 619	–	1	–	2 618	–
汕　尾	–	–	–	–	–	–
惠　州	1 346	–	–	–	1 346	–
深　圳	1 202	–	–	–	1 202	–
#蛇　口	–	–	–	–	–	–
赤　湾	–	–	–	–	–	–
妈　湾	1 057	–	–	–	1 057	–
东角头	–	–	–	–	–	–
盐　田	–	–	–	–	–	–
下　洞	–	–	–	–	–	–
虎　门	1 339	476	1 308	476	31	–
#太　平	–	–	–	–	–	–
麻　涌	178	–	171	–	6	–
沙　田	1 161	476	1 136	476	25	–
广　州	460	…	211	…	248	–
中　山	2 348	1	83	–	2 265	1
珠　海	1 152	–	2	–	1 150	–
江　门	786	–	587	–	199	–
阳　江	574	–	574	–	–	–
茂　名	–	–	–	–	–	–
湛　江	216	–	177	–	39	–
#原湛江	–	–	–	–	–	–
海　安	177	–	177	–	–	–
北部湾港	2 339	1 062	2 203	987	136	75
#北　海	64	–	4	–	61	–
钦　州	1 156	7	1 155	7	1	–
防　城	1 119	1 055	1 044	980	75	75
海　口	424	…	22	–	402	…
洋　浦	156	–	–	–	156	–
八　所	5	–	–	–	5	–
内河合计	**262 136**	**10 915**	**199 098**	**10 915**	**63 038**	…

5-15 (续表二)

单位：千吨

港口	总计	外贸	出港	外贸	进港	外贸
哈尔滨	-	-	-	-	-	-
佳木斯	7	7	7	7	-	-
上 海	7 376	-	334	-	7 041	-
南 京	1 383	832	1 383	832	-	-
镇 江	3 704	-	3 459	-	245	-
苏 州	1 399	296	1 064	296	336	-
#常 熟	45	-	-	-	45	-
太 仓	-	-	-	-	-	-
张家港	1 354	296	1 064	296	290	-
南 通	18 495	7 589	7 589	7 589	10 907	-
常 州	-	-	-	-	-	-
江 阴	-	-	-	-	-	-
扬 州	4 408	1 895	4 408	1 895	-	-
泰 州	970	-	76	-	895	-
徐 州	862	-	822	-	41	-
连云港	837	-	-	-	837	-
无 锡	12 442	-	6 985	-	5 457	-
宿 迁	454	-	-	-	454	-
淮 安	1 616	-	761	-	855	-
扬州内河	3 712	-	33	-	3 679	-
镇江内河	22	-	22	-	-	-
杭 州	2 117	-	123	-	1 993	-
嘉兴内河	8 645	-	2 893	-	5 752	-
湖 州	17 432	-	14 424	-	3 008	-
合 肥	3 748	-	3 324	-	423	-
亳 州	-	-	-	-	-	-
阜 阳	1 199	-	-	-	1 199	-
淮 南	3 014	-	987	-	2 028	-
滁 州	-	-	-	-	-	-
马鞍山	6 807	-	6 693	-	114	-
芜 湖	37 637	-	37 506	-	131	-
铜 陵	33 362	-	33 362	-	-	-
池 州	12 008	-	11 975	-	33	-
安 庆	1 537	65	1 274	65	263	-

5-15 （续表三）

单位：千吨

港口	总计	外贸	出港	外贸	进港	外贸
南昌	3 506	1	4	1	3 502	–
九江	11 412	–	11 239	–	173	–
武汉	1 740	–	36	–	1 704	–
黄石	2 638	…	2 638	–	…	…
荆州	74	–	74	–	–	–
宜昌	–	–	–	–	–	–
长沙	–	–	–	–	–	–
湘潭	–	–	–	–	–	–
株洲	–	–	–	–	–	–
岳阳	618	–	42	–	576	–
番禺	140	–	–	–	140	–
新塘	20	–	–	–	20	–
五和	1 615	231	1 510	231	104	–
中山	2 760	–	29	–	2 731	–
佛山	3 018	…	2 033	…	984	–
江门	821	–	22	–	800	–
虎门	2	–	2	–	–	–
肇庆	9 199	–	9 199	–	–	–
惠州	1 139	–	–	–	1 139	–
南宁	2 514	–	2 353	–	161	–
柳州	5	–	–	–	5	–
贵港	15 883	…	15 124	…	759	–
梧州	209	–	4	–	205	–
来宾	821	–	820	–	1	–
重庆	16 706	–	13 975	–	2 731	–
#原重庆	118	–	117	–	…	–
涪陵	37	–	…	–	37	–
万州	885	–	–	–	885	–
重庆航管处	1 759	–	874	–	885	–
泸州	1 114	–	–	–	1 114	–
宜宾	–	–	–	–	–	–
乐山	–	–	–	–	–	–
南充	6	–	–	–	6	–
广安	…	–	…	–	…	–
达州	981	–	491	–	490	–

5-16　规模以上港口木材吞吐量

单位：千吨

港 口	总计	外贸	出港	外贸	进港	外贸
总　计	90 378	67 109	16 750	2 568	73 628	64 541
沿海合计	54 581	44 696	7 147	2 123	47 434	42 572
丹　东	743	162	462	–	281	162
大　连	369	18	161	–	208	18
营　口	7	–	6	–	1	–
锦　州	–	–	–	–	–	–
秦皇岛	–	–	–	–	–	–
黄　骅	–	–	–	–	–	–
唐　山	986	943	43	–	943	943
#京　唐	–	–	–	–	–	–
曹妃甸	986	943	43	–	943	943
天　津	1 250	798	210	146	1 041	652
烟　台	3 215	3 161	39	–	3 176	3 161
#龙　口	2 662	2 662	–	–	2 662	2 662
威　海	–	–	–	–	–	–
青　岛	898	898	1	1	897	897
日　照	17 647	17 647	15	15	17 632	17 632
#石　臼	13 795	13 795	15	15	13 780	13 780
岚　山	3 852	3 852	–	–	3 852	3 852
上　海	217	194	5	...	212	193
连云港	2 893	2 886	1 592	1 592	1 301	1 295
盐　城	1 309	1 309	–	–	1 309	1 309
嘉　兴	39	5	–	–	39	5
宁波-舟山	835	26	2	–	834	26
#宁　波	80	26	2	–	78	26
舟　山	756	–	–	–	756	–
台　州	28	–	–	–	28	–
温　州	16	3	–	–	16	3
福　州	89	...	14	...	75	–
#原福州	89	...	14	...	75	–
宁　德	...	–	–	–	...	–
莆　田	715	687	5	–	709	687
泉　州	556	534	–	–	556	534

5-16 （续表一）

单位：千吨

港口	总计	外贸	出港	外贸	进港	外贸
厦　门	1 441	1 392	31	3	1 411	1 389
#原厦门	1 441	1 392	31	3	1 411	1 389
漳　州	–	–	–	–	–	–
汕　头	81	6	12	1	70	5
汕　尾	121	–	121	–	–	–
惠　州	–	–	–	–	–	–
深　圳	42	41	1	–	41	41
#蛇　口	–	–	–	–	–	–
赤　湾	–	–	–	–	–	–
妈　湾	42	41	1	–	41	41
东角头	–	–	–	–	–	–
盐　田	–	–	–	–	–	–
下　洞	–	–	–	–	–	–
虎　门	2 247	1 418	254	…	1 993	1 418
#太　平	1	1	…	…	…	…
麻　涌	37	26	1	–	37	26
沙　田	2 209	1 392	253	…	1 956	1 392
广　州	4 304	1 298	1 400	19	2 904	1 280
中　山	179	89	28	12	151	77
珠　海	–	–	–	–	–	–
江　门	35	3	8	1	27	2
阳　江	–	–	–	–	–	–
茂　名	24	–	24	–	–	–
湛　江	1 991	1 980	58	50	1 933	1 930
#原湛江	1 988	1 980	58	50	1 930	1 930
海　安	3	–	…	–	3	–
北部湾港	6 674	4 413	2 281	284	4 393	4 129
#北　海	127	96	29	7	97	89
钦　州	4 025	1 838	2 203	256	1 822	1 582
防　城	2 522	2 479	49	21	2 473	2 458
海　口	736	…	339	–	397	…
洋　浦	4 895	4 785	38	–	4 857	4 785
八　所	–	–	–	–	–	–
内河合计	**35 797**	**22 413**	**9 602**	**445**	**26 194**	**21 969**

5-16 （续表二）

单位：千吨

港　口	总计	外贸	出港	外贸	进港	外贸
哈尔滨	–	–	–	–	–	–
佳木斯	308	273	11	–	297	273
上　海	18	–	14	–	4	–
南　京	–	–	–	–	–	–
镇　江	2 144	1 554	590	–	1 554	1 554
苏　州	16 252	13 387	2 744	77	13 509	13 311
＃常　熟	3 385	2 942	440	2	2 945	2 941
太　仓	6 614	6 237	384	7	6 230	6 230
张家港	6 253	4 208	1 919	68	4 333	4 139
南　通	795	795	–	–	795	795
常　州	–	–	–	–	–	–
江　阴	46	20	23	10	23	10
扬　州	1 136	665	471	–	665	665
泰　州	7 086	3 741	3 327	…	3 759	3 741
徐　州	–	–	–	–	–	–
连云港	3	–	3	–	–	–
无　锡	–	–	–	–	–	–
宿　迁	2	–	–	–	2	–
淮　安	54	–	23	–	32	–
扬州内河	325	–	–	–	325	–
镇江内河	–	–	–	–	–	–
杭　州	4	–	–	–	4	–
嘉兴内河	8	–	–	–	8	–
湖　州	584	–	2	–	582	–
合　肥	5	–	…	–	5	–
亳　州	2	–	2	–	–	–
阜　阳	–	–	–	–	–	–
淮　南	3	–	–	–	3	–
滁　州	…	–	–	–	…	–
马鞍山	1	–	–	–	1	–
芜　湖	9	–	1	–	8	–
铜　陵	–	–	–	–	–	–
池　州	44	–	–	–	44	–
安　庆	65	1	5	–	60	1

5-16 （续表三）

单位：千吨

港口	总计	外贸	出港	外贸	进港	外贸
南　昌	584	–	1	–	583	–
九　江	109	–	–	–	109	–
武　汉	27	–	–	–	27	–
黄　石	…	…	–	–	…	…
荆　州	105	–	105	–	–	–
宜　昌	20	…	9	–	11	…
长　沙	19	2	1	1	18	1
湘　潭	–	–	–	–	–	–
株　洲	8	–	–	–	8	–
岳　阳	51	–	–	–	51	–
番　禺	–	–	–	–	–	–
新　塘	–	–	–	–	–	–
五　和	–	–	–	–	–	–
中　山	711	20	68	2	642	17
佛　山	1 742	1 722	155	144	1 587	1 578
江　门	52	6	38	…	14	6
虎　门	76	–	34	–	42	–
肇　庆	37	6	18	5	19	1
惠　州	–	–	–	–	–	–
南　宁	183	–	183	–	–	–
柳　州	2	2	2	2	–	–
贵　港	190	112	165	111	25	…
梧　州	625	90	624	90	1	…
来　宾	972	–	972	–	–	–
重　庆	1 234	–	2	–	1 232	–
#原重庆	…	–	–	–	…	–
涪　陵	1	–	–	–	1	–
万　州	–	–	–	–	–	–
重庆航管处	1 232	–	2	–	1 230	–
泸　州	84	19	5	2	79	17
宜　宾	57	–	–	–	57	–
乐　山	13	–	6	–	7	–
南　充	–	–	–	–	–	–
广　安	–	–	–	–	–	–
达　州	–	–	–	–	–	–

5-17 规模以上港口非金属矿石吞吐量

单位：千吨

港口	总计	外贸	出港	外贸	进港	外贸
总　计	265 401	61 569	130 816	11 518	134 585	50 051
沿海合计	140 067	53 433	60 115	8 646	79 951	44 787
丹　东	703	231	702	230	1	1
大　连	835	117	516	38	319	79
营　口	3 421	2 871	3 080	2 715	340	156
锦　州	251	200	251	200	-	-
秦皇岛	290	15	75	15	215	-
黄　骅	1 019	998	-	-	1 019	998
唐　山	1 203	40	-	-	1 203	40
#京　唐	72	-	-	-	72	-
曹妃甸	1 131	40	-	-	1 131	40
天　津	1 751	1 169	1 289	1 066	462	104
烟　台	76 413	39 175	32 791	146	43 623	39 029
#龙　口	27 162	14 245	8 420	92	18 741	14 153
威　海	2 626	1 271	1 355	-	1 271	1 271
青　岛	2 052	1 928	58	24	1 994	1 904
日　照	2 360	1 473	1 086	602	1 275	870
#石　臼	2 289	1 466	1 034	595	1 254	870
岚　山	72	7	51	7	21	-
上　海	2 991	1	177	1	2 814	-
连云港	1 891	416	905	370	986	46
盐　城	216	-	106	-	111	-
嘉　兴	238	-	-	-	238	-
宁波-舟山	4 581	55	104	19	4 477	36
#宁　波	4 578	55	101	19	4 477	36
舟　山	3	-	3	-	-	-
台　州	149	-	-	-	149	-
温　州	369	6	86	5	283	1
福　州	2 605	64	425	57	2 180	7
#原福州	2 266	62	355	54	1 911	7
宁　德	339	3	70	3	269	-
莆　田	87	24	26	24	61	-
泉　州	1 068	54	56	54	1 011	-
厦　门	2 500	314	1 873	299	627	15

5-17 （续表一）

单位：千吨

港口	总计	外贸	出港	外贸	进港	外贸
#原厦门	495	300	334	284	160	15
漳　州	2 005	14	1 539	14	467	–
汕　头	535	72	219	72	316	…
汕　尾	468	–	468	–	–	–
惠　州	154	4	4	4	150	–
深　圳	52	–	44	–	7	–
#蛇　口	–	–	–	–	–	–
赤　湾	–	–	–	–	–	–
妈　湾	52	–	44	–	7	–
东角头	–	–	–	–	–	–
盐　田	–	–	–	–	–	–
下　洞	–	–	–	–	–	–
虎　门	2 120	23	927	2	1 193	22
#太　平	83	4	–	–	83	4
麻　涌	9	–	–	–	9	–
沙　田	2 028	19	927	2	1 101	17
广　州	1 791	603	1 015	552	777	50
中　山	2 058	15	1 946	1	113	14
珠　海	6 122	26	385	21	5 737	5
江　门	3 506	30	380	27	3 125	2
阳　江	5	–	–	–	5	–
茂　名	6	6	6	6	–	–
湛　江	2 420	455	494	455	1 927	–
#原湛江	2 092	455	494	455	1 598	–
海　安	329	–	–	–	329	–
北部湾港	8 386	1 686	7 368	1 626	1 018	61
#北　海	4 715	426	4 485	424	230	1
钦　州	2 488	185	1 710	126	778	59
防　城	1 182	1 076	1 173	1 075	10	1
海　口	2 660	12	1 858	12	802	…
洋　浦	109	76	3	–	106	76
八　所	56	–	37	–	20	–
内河合计	**125 335**	**8 136**	**70 701**	**2 872**	**54 634**	**5 263**

5-17 （续表二）

单位：千吨

港 口	总计	外贸	出港	外贸	进港	外贸
哈尔滨	-	-	-	-	-	-
佳木斯	-	-	-	-	-	-
上 海	46	-	-	-	46	-
南 京	4 159	-	1 269	-	2 891	-
镇 江	10 788	3 169	6 967	1 445	3 821	1 724
苏 州	1 032	288	110	102	922	187
＃常 熟	718	246	70	64	648	183
太 仓	292	39	35	35	257	4
张家港	22	3	5	3	17	-
南 通	7 089	3 742	3 488	600	3 601	3 142
常 州	38	-	14	-	24	-
江 阴	-	-	-	-	-	-
扬 州	347	188	99	-	248	188
泰 州	697	183	203	176	494	7
徐 州	1 581	-	1 202	-	379	-
连云港	1 236	-	471	-	765	-
无 锡	-	-	-	-	-	-
宿 迁	197	-	-	-	197	-
淮 安	3 726	-	1	-	3 725	-
扬州内河	-	-	-	-	-	-
镇江内河	177	-	164	-	13	-
杭 州	353	-	102	-	250	-
嘉兴内河	2 074	-	26	-	2 049	-
湖 州	4 060	-	1 330	-	2 730	-
合 肥	2 030	-	1 328	-	702	-
亳 州	1	-	-	-	1	-
阜 阳	-	-	-	-	-	-
淮 南	1	-	1	-	-	-
滁 州	3 075	-	3 075	-	-	-
马鞍山	5 274	-	869	-	4 406	-
芜 湖	13 744	235	10 946	235	2 798	-
铜 陵	7 261	35	3 160	35	4 101	-
池 州	13 340	228	13 095	228	246	-
安 庆	51	-	-	-	51	-

5-17 （续表三）

单位：千吨

港口	总计	外贸	出港	外贸	进港	外贸
南　昌	1 087	33	82	33	1 005	–
九　江	4 696	–	930	–	3 765	–
武　汉	3 679	–	570	–	3 109	–
黄　石	1 139	3	327	1	812	1
荆　州	732	–	42	–	690	–
宜　昌	516	18	373	14	143	4
长　沙	452	11	3	3	449	9
湘　潭	89	–	80	–	9	–
株　洲	–	–	–	–	–	–
岳　阳	53	–	48	–	4	–
番　禺	–	–	–	–	–	–
新　塘	776	–	–	–	776	–
五　和	15	–	–	–	15	–
中　山	286	…	15	…	271	…
佛　山	24	1	13	1	11	1
江　门	3 908	–	942	–	2 966	–
虎　门	208	–	192	–	16	–
肇　庆	1 074	1	1 005	…	69	1
惠　州	1 386	–	1 386	–	–	–
南　宁	733	–	733	–	–	–
柳　州	4	–	–	–	4	–
贵　港	3 359	…	1 602	…	1 757	–
梧　州	3 554	–	3 535	–	19	–
来　宾	1 915	–	1 915	–	–	–
重　庆	6 885	–	3 240	–	3 646	–
#原重庆	2 780	–	2 620	–	160	–
涪　陵	101	–	46	–	56	–
万　州	–	–	–	–	–	–
重庆航管处	2 297	–	546	–	1 751	–
泸　州	1 340	…	1 142	…	199	…
宜　宾	5 046	–	4 607	–	438	–
乐　山	…	–	…	–	–	–
南　充	–	–	–	–	–	–
广　安	–	–	–	–	–	–
达　州	–	–	–	–	–	–

5-18 规模以上港口化学肥料及农药吞吐量

单位：千吨

港口	总计	外贸	出港	外贸	进港	外贸
总　计	50 215	27 995	30 502	21 911	19 712	6 084
沿海合计	25 509	20 266	17 700	15 199	7 809	5 067
丹　东	406	–	103	–	303	–
大　连	44	1	4	1	40	–
营　口	1 476	1 014	153	117	1 323	897
锦　州	783	783	783	783	–	–
秦皇岛	842	842	714	714	127	127
黄　骅	98	69	98	69	–	–
唐　山	88	62	–	–	88	62
#京　唐	–	–	–	–	–	–
曹妃甸	88	62	–	–	88	62
天　津	980	967	835	828	145	138
烟　台	3 869	3 742	3 061	3 019	808	723
#龙　口	676	596	596	596	79	–
威　海	–	–	–	–	–	–
青　岛	1 489	1 457	815	784	674	673
日　照	671	671	671	671	–	–
#石　臼	443	443	443	443	–	–
岚　山	228	228	228	228	–	–
上　海	28	4	6	…	22	4
连云港	753	753	174	174	578	578
盐　城	–	–	–	–	–	–
嘉　兴	–	–	–	–	–	–
宁波-舟山	186	158	158	154	28	4
#宁　波	178	154	154	154	24	–
舟　山	8	4	4	–	4	4
台　州	12	–	–	–	12	–
温　州	14	–	–	–	14	–
福　州	32	23	23	23	9	–
#原福州	24	23	23	23	1	–
宁　德	8	–	–	–	8	–
莆　田	–	–	–	–	–	–
泉　州	2	–	–	–	2	–
厦　门	137	106	106	106	32	–

5-18 （续表一）

单位：千吨

港口	总计	外贸	出港	外贸	进港	外贸
#原厦门	137	106	106	106	32	-
漳州	-	-	-	-	-	-
汕头	23	…	1	-	22	…
汕尾	-	-	-	-	-	-
惠州	-	-	-	-	-	-
深圳	13	13	13	13	-	-
#蛇口	-	-	-	-	-	-
赤湾	13	13	13	13	-	-
妈湾	-	-	-	-	-	-
东角头	-	-	-	-	-	-
盐田	-	-	-	-	-	-
下洞	-	-	-	-	-	-
虎门	1 266	889	267	…	999	889
#太平	-	-	-	-	-	-
麻涌	1 112	887	196	-	916	887
沙田	154	2	71	…	83	2
广州	110	50	54	16	56	34
中山	7	…	…	…	7	-
珠海	…	-	-	-	…	-
江门	22	-	10	-	13	-
阳江	-	-	-	-	-	-
茂名	3	-	-	-	3	-
湛江	2 006	1 976	1 420	1 400	586	577
#原湛江	2 006	1 976	1 420	1 400	586	577
海安	-	-	-	-	-	-
北部湾港	8 404	6 150	7 214	5 796	1 190	354
#北海	1 027	1 014	1 025	1 014	2	-
钦州	2 147	683	1 220	544	927	139
防城	5 231	4 453	4 969	4 237	261	215
海口	934	7	216	-	718	7
洋浦	2	-	1	-	1	-
八所	810	531	800	531	10	-
内河合计	24 705	7 729	12 802	6 712	11 903	1 017

5-18 （续表二）

单位：千吨

港 口	总计	外贸	出港	外贸	进港	外贸
哈尔滨	–	–	–	–	–	–
佳木斯	–	–	–	–	–	–
上 海	13	–	…	–	12	–
南 京	6 378	3 381	3 230	2 842	3 148	539
镇 江	3 039	1 551	1 501	1 441	1 539	110
苏 州	3 123	1 522	1 552	1 460	1 572	62
#常 熟	19	16	16	16	3	–
太 仓	–	–	–	–	–	–
张家港	3 104	1 506	1 535	1 444	1 569	62
南 通	2 384	993	1 154	842	1 230	152
常 州	41	–	16	–	25	–
江 阴	193	…	112	–	81	…
扬 州	14	–	6	–	8	–
泰 州	393	140	137	47	256	93
徐 州	–	–	–	–	–	–
连云港	28	–	–	–	28	–
无 锡	1 370	–	900	–	470	–
宿 迁	1	–	–	–	1	–
淮 安	86	–	28	–	58	–
扬州内河	2	–	–	–	2	–
镇江内河	49	–	–	–	49	–
杭 州	–	–	–	–	–	–
嘉兴内河	36	–	18	–	17	–
湖 州	28	–	…	–	28	–
合 肥	23	–	–	–	23	–
亳 州	24	–	23	–	1	–
阜 阳	31	–	29	–	2	–
淮 南	2	–	2	–	–	–
滁 州	19	–	–	–	19	–
马鞍山	4	–	–	–	4	–
芜 湖	…	–	–	–	…	–
铜 陵	190	–	136	–	54	–
池 州	17	–	5	–	12	–
安 庆	40	–	–	–	40	–

5-18 （续表三）

单位：千吨

港口	总计	外贸	出港	外贸	进港	外贸
南　昌	56	…	1	…	55	-
九　江	174	-	12	-	163	-
武　汉	232	-	127	-	105	-
黄　石	74	-	74	-	-	-
荆　州	333	-	330	-	3	-
宜　昌	369	54	318	54	52	-
长　沙	4	4	…	…	4	3
湘　潭	-	-	-	-	-	-
株　洲	39	-	-	-	39	-
岳　阳	185	-	1	-	184	-
番　禺	-	-	-	-	-	-
新　塘	41	-	-	-	41	-
五　和	-	-	-	-	-	-
中　山	5	…	…	-	5	…
佛　山	7	…	2	…	5	…
江　门	87	76	24	24	63	52
虎　门	34	-	11	-	23	-
肇　庆	58	…	48	…	10	-
惠　州	-	-	-	-	-	-
南　宁	21	-	-	-	21	-
柳　州	-	-	-	-	-	-
贵　港	294	7	101	…	193	6
梧　州	8	-	2	-	6	-
来　宾	…	-	…	-	-	-
重　庆	4 012	-	2 135	-	1 877	-
#原重庆	37	-	24	-	14	-
涪　陵	94	-	75	-	19	-
万　州	579	-	461	-	118	-
重庆航管处	2 925	-	1 574	-	1 351	-
泸　州	619	1	615	…	4	1
宜　宾	493	-	147	-	347	-
乐　山	-	-	-	-	-	-
南　充	26	-	1	-	25	-
广　安	2	-	1	-	…	-
达　州	3	-	2	-	2	-

5-19 规模以上港口盐吞吐量

单位：千吨

港 口	总计	外贸	出港	外贸	进港	外贸
总 计	16 534	5 500	5 566	305	10 968	5 194
沿海合计	8 568	5 017	1 488	51	7 080	4 966
丹 东	342	–	87	–	256	–
大 连	573	520	–	–	573	520
营 口	262	172	–	–	262	172
锦 州	753	728	–	–	753	728
秦皇岛	–	–	–	–	–	–
黄 骅	–	–	–	–	–	–
唐 山	487	487	–	–	487	487
#京 唐	–	–	–	–	–	–
曹妃甸	487	487	–	–	487	487
天 津	168	82	18	17	150	65
烟 台	276	276	8	8	268	268
#龙 口	8	8	8	8	–	–
威 海	–	–	–	–	–	–
青 岛	–	–	–	–	–	–
日 照	–	–	–	–	–	–
#石臼 岚山	–	–	–	–	–	–
上 海	1 033	742	–	–	1 033	742
连云港	540	189	197	27	343	162
盐 城	807	369	438	–	369	369
嘉 兴	454	59	–	–	454	59
宁波–舟山	2 025	833	700	–	1 325	833
#宁 波	1 267	774	–	–	1 267	774
舟 山	758	58	700	–	58	58
台 州	10	–	–	–	10	–
温 州	3	–	–	–	3	–
福 州	283	152	–	–	283	152
#原福州	283	152	–	–	283	152
宁 德	–	–	–	–	–	–
莆 田	–	–	–	–	–	–
泉 州	266	266	–	–	266	266
厦 门	–	–	–	–	–	–

5-19 （续表一）

单位：千吨

港口	总计	外贸	出港	外贸	进港	外贸
#原厦门	–	–	–	–	–	–
漳州	–	–	–	–	–	–
汕头	…	–	–	–	…	–
汕尾	–	–	–	–	–	–
惠州	–	–	–	–	–	–
深圳	–	–	–	–	–	–
#蛇口	–	–	–	–	–	–
赤湾	–	–	–	–	–	–
妈湾	–	–	–	–	–	–
东角头	–	–	–	–	–	–
盐田	–	–	–	–	–	–
下洞	–	–	–	–	–	–
虎门	19	–	9	–	10	–
#太平	–	–	–	–	–	–
麻涌	–	–	–	–	–	–
沙田	19	–	9	–	10	–
广州	33	…	3	…	31	–
中山	8	…	–	–	8	…
珠海	–	–	–	–	–	–
江门	23	–	…	–	23	–
阳江	–	–	–	–	–	–
茂名	–	–	–	–	–	–
湛江	–	–	–	–	–	–
#原湛江	–	–	–	–	–	–
海安	–	–	–	–	–	–
北部湾港	118	81	20	–	98	81
#北海	5	–	–	–	5	–
钦州	112	81	20	–	91	81
防城	2	…	–	–	2	…
海口	15	–	10	–	5	–
洋浦	68	63	–	–	68	63
八所	–	–	–	–	–	–
内河合计	**7 965**	**482**	**4 077**	**255**	**3 888**	**228**

5-19 （续表二）

单位：千吨

港口	总计	外贸	出港	外贸	进港	外贸
哈尔滨	–	–	–	–	–	–
佳木斯	–	–	–	–	–	–
上海	148	–	…	–	148	–
南京	472	2	26	2	446	–
镇江	1 494	–	1 431	–	63	–
苏州	131	6	17	6	114	–
#常熟	121	1	12	1	109	–
太仓	–	–	–	–	–	–
张家港	10	5	5	5	5	–
南通	236	–	3	–	233	–
常州	–	–	–	–	–	–
江阴	–	–	–	–	–	–
扬州	–	–	–	–	–	–
泰州	1 081	421	386	193	695	228
徐州	–	–	–	–	–	–
连云港	41	–	–	–	41	–
无锡	17	–	–	–	17	–
宿迁	–	–	–	–	–	–
淮安	1 549	–	1 392	–	157	–
扬州内河	115	–	–	–	115	–
镇江内河	…	–	–	–	…	–
杭州	22	–	–	–	22	–
嘉兴内河	437	–	…	–	437	–
湖州	19	–	–	–	19	–
合肥	76	–	–	–	76	–
亳州	–	–	–	–	–	–
阜阳	–	–	–	–	–	–
淮南	21	–	–	–	21	–
滁州	…	–	–	–	…	–
马鞍山	111	–	–	–	111	–
芜湖	111	–	1	–	110	–
铜陵	–	–	–	–	–	–
池州	–	–	–	–	–	–
安庆	1	–	–	–	1	–

5-19 （续表三）

单位：千吨

港 口	总计	外贸	出港	外贸	进港	外贸
南　昌	59	52	59	52	-	-
九　江	271	-	-	-	271	-
武　汉	4	-	2	-	2	-
黄　石	-	-	-	-	-	-
荆　州	-	-	-	-	-	-
宜　昌	-	-	-	-	-	-
长　沙	-	-	-	-	-	-
湘　潭	-	-	-	-	-	-
株　洲	81	-	-	-	81	-
岳　阳	14	-	-	-	14	-
番　禺	-	-	-	-	-	-
新　塘	-	-	-	-	-	-
五　和	-	-	-	-	-	-
中　山	10	…	-	-	10	…
佛　山	-	-	-	-	-	-
江　门	9	-	-	-	9	-
虎　门	1	-	…	-	1	-
肇　庆	2	-	-	-	2	-
惠　州	-	-	-	-	-	-
南　宁	-	-	-	-	-	-
柳　州	-	-	-	-	-	-
贵　港	-	-	-	-	-	-
梧　州	-	-	-	-	-	-
来　宾	-	-	-	-	-	-
重　庆	1 137	-	481	-	656	-
#原重庆	44	-	-	-	44	-
涪　陵	13	-	…	-	12	-
万　州	272	-	271	-	…	-
重庆航管处	801	-	209	-	592	-
泸　州	1	1	1	1	-	-
宜　宾	150	-	150	-	-	-
乐　山	128	-	128	-	-	-
南　充	17	-	-	-	17	-
广　安	…	-	-	-	…	-
达　州	-	-	-	-	-	-

5-20 规模以上港口粮食吞吐量

单位：千吨

港口	总计	外贸	出港	外贸	进港	外贸
总 计	249 518	107 322	74 121	972	175 397	106 350
沿海合计	171 901	89 880	50 156	874	121 745	89 006
丹 东	3 635	1 586	2 049	-	1 586	1 586
大 连	9 087	6 363	2 630	360	6 457	6 003
营 口	9 304	592	8 686	21	618	571
锦 州	7 385	30	7 366	30	19	-
秦皇岛	2 015	1 904	-	-	2 015	1 904
黄 骅	348	-	92	-	256	-
唐 山	868	813	40	-	828	813
#京 唐	868	813	40	-	828	813
曹妃甸	-	-	-	-	-	-
天 津	9 592	7 271	2 229	77	7 363	7 194
烟 台	3 801	3 693	156	81	3 645	3 612
#龙 口	2 750	2 659	153	81	2 597	2 578
威 海	13	-	13	-	-	-
青 岛	7 087	6 856	377	166	6 710	6 689
日 照	11 647	11 497	124	-	11 523	11 497
#石 臼	8 307	8 165	124	-	8 183	8 165
岚 山	3 340	3 331	-	-	3 340	3 331
上 海	2 224	1 340	770	-	1 454	1 340
连云港	6 012	5 952	31	-	5 981	5 952
盐 城	4 010	792	1 564	-	2 446	792
嘉 兴	17	-	1	-	16	-
宁波－舟山	11 146	6 064	4 326	96	6 820	5 968
#宁 波	2 468	1 654	724	-	1 744	1 654
舟 山	8 677	4 409	3 602	96	5 075	4 314
台 州	4	-	3	-	1	-
温 州	26	-	11	-	15	-
福 州	1 867	1 620	-	-	1 867	1 620
#原福州	1 864	1 620	-	-	1 864	1 620
宁 德	3	-	-	-	3	-
莆 田	895	702	99	-	796	702
泉 州	1 072	768	14	-	1 058	768
厦 门	2 891	1 193	24	-	2 867	1 193

5-20 （续表一）

单位：千吨

港口	总计	外贸	出港	外贸	进港	外贸
#原厦门	2 891	1 193	24	–	2 867	1 193
漳州	–	–	–	–	–	–
汕头	1 477	254	1	–	1 476	254
汕尾	–	–	–	–	–	–
惠州	80	–	28	–	52	–
深圳	15 513	3 595	6 548	–	8 964	3 595
#蛇口	6 871	519	2 965	–	3 906	519
赤湾	5 528	3 076	2 345	–	3 182	3 076
妈湾	3 115	–	1 238	–	1 876	–
东角头	–	–	–	–	–	–
盐田	–	–	–	–	–	–
下洞	–	–	–	–	–	–
虎门	13 571	5 203	3 592	–	9 978	5 203
#太平	35	35	–	–	35	35
麻涌	9 786	4 933	2 274	–	7 512	4 933
沙田	3 749	235	1 318	–	2 431	235
广州	20 985	9 423	6 935	19	14 051	9 404
中山	128	5	…	…	128	5
珠海	104	–	20	–	84	–
江门	1 054	–	131	–	923	–
阳江	1 820	1 323	150	–	1 670	1 323
茂名	1 968	–	7	–	1 961	–
湛江	2 895	2 248	18	–	2 877	2 248
#原湛江	2 895	2 248	18	–	2 877	2 248
海安	–	–	–	–	–	–
北部湾港	13 883	8 794	1 596	23	12 287	8 771
#北海	1 951	1 597	1	–	1 950	1 597
钦州	6 684	2 641	1 011	19	5 673	2 622
防城	5 248	4 557	585	4	4 663	4 553
海口	3 421	–	502	–	2 919	–
洋浦	54	–	20	–	34	–
八所	4	–	4	–	–	–
内河合计	77 616	17 442	23 964	98	53 652	17 343

5-20 （续表二）

单位：千吨

港口	总计	外贸	出港	外贸	进港	外贸
哈尔滨	-	-	-	-	-	-
佳木斯	-	-	-	-	-	-
上海	598	-	362	-	236	-
南京	1 384	635	548	-	836	635
镇江	8 553	3 896	3 619	-	4 934	3 896
苏州	8 450	4 427	2 489	9	5 961	4 418
#常熟	20	-	5	-	15	-
太仓	175	155	-	-	175	155
张家港	8 254	4 272	2 483	9	5 771	4 263
南通	10 303	5 282	3 427	-	6 875	5 282
常州	-	-	-	-	-	-
江阴	1 694	227	784	22	910	205
扬州	39	-	29	-	10	-
泰州	17 113	2 548	7 134	3	9 980	2 544
徐州	1 667	-	207	-	1 460	-
连云港	24	-	24	-	-	-
无锡	1 930	-	492	-	1 438	-
宿迁	448	-	183	-	265	-
淮安	1 646	-	1 451	-	195	-
扬州内河	664	-	378	-	286	-
镇江内河	51	-	-	-	51	-
杭州	272	-	66	-	206	-
嘉兴内河	1 048	-	186	-	861	-
湖州	536	-	28	-	508	-
合肥	1 269	-	795	-	474	-
亳州	465	-	436	-	29	-
阜阳	171	-	154	-	17	-
淮南	98	-	79	-	19	-
滁州	534	-	289	-	245	-
马鞍山	80	-	18	-	62	-
芜湖	230	-	16	-	214	-
铜陵	2	-	2	-	-	-
池州	23	-	12	-	10	-
安庆	81	30	23	-	57	30

5-20 （续表三）

单位：千吨

港口	总计	外贸	出港	外贸	进港	外贸
南 昌	1 796	185	3	-	1 793	185
九 江	29	-	5	-	24	-
武 汉	845	-	69	-	776	-
黄 石	28	1	1	1	27	-
荆 州	282	-	31	-	251	-
宜 昌	24	1	6	-	19	1
长 沙	286	15	1	-	286	15
湘 潭	-	-	-	-	-	-
株 洲	103	-	-	-	103	-
岳 阳	1 148	-	147	-	1 001	-
番 禺	2 106	-	-	-	2 106	-
新 塘	-	-	-	-	-	-
五 和	31	-	-	-	31	-
中 山	70	4	7	-	62	4
佛 山	943	98	101	31	843	68
江 门	1 362	43	24	14	1 339	30
虎 门	2 051	-	4	-	2 047	-
肇 庆	1 290	42	57	19	1 234	23
惠 州	19	-	-	-	19	-
南 宁	315	-	4	-	311	-
柳 州	53	-	-	-	53	-
贵 港	2 244	…	111	…	2 132	-
梧 州	979	8	45	…	934	7
来 宾	86	-	-	-	86	-
重 庆	1 829	-	29	-	1 800	-
＃原重庆	36	-	2	-	35	-
涪 陵	18	-	-	-	18	-
万 州	43	-	-	-	43	-
重庆航管处	1 693	-	26	-	1 667	-
泸 州	145	…	63	-	82	…
宜 宾	37	-	9	-	28	-
乐 山	-	-	-	-	-	-
南 充	134	-	7	-	126	-
广 安	4	-	4	-	…	-
达 州	3	-	2	-	2	-

5-21　规模以上港口机械、设备、电器吞吐量

单位：千吨

港口	总计	外贸	出港	外贸	进港	外贸
总　计	225 086	136 588	125 577	82 996	99 509	53 592
沿海合计	215 411	131 834	118 132	79 130	97 280	52 704
丹　东	1 030	2	…	…	1 030	2
大　连	4 838	2 615	2 714	2 557	2 124	58
营　口	10 993	580	6 274	547	4 719	33
锦　州	4	3	4	3	…	-
秦皇岛	50	50	50	50	-	-
黄　骅	-	-	-	-	-	-
唐　山	37	37	37	37	-	-
#京　唐	19	19	19	19	-	-
曹妃甸	18	18	18	18	-	-
天　津	52 778	36 036	32 235	23 772	20 543	12 264
烟　台	228	218	215	212	13	6
#龙　口	…	…	…	…	…	…
威　海	1	1	1	1	-	-
青　岛	6 989	1 526	1 610	1 501	5 379	25
日　照	24	14	12	12	12	2
#石　臼	24	14	12	12	12	2
岚　山	…	…	…	…	…	…
上　海	75 954	64 661	40 367	34 403	35 587	30 259
连云港	1 481	1 474	1 465	1 460	16	14
盐　城	4 026	2 595	4 008	2 577	18	18
嘉　兴	4	-	3	-	1	-
宁波-舟山	342	25	51	14	291	11
#宁　波	14	9	11	6	3	2
舟　山	328	17	40	8	288	9
台　州	1 526	1 525	-	-	1 526	1 525
温　州	-	-	-	-	-	-
福　州	173	173	170	170	4	3
#原福州	4	3	…	…	4	3
宁　德	170	170	170	170	-	-
莆　田	11	…	2	-	9	…
泉　州	2	1	2	1	…	-
厦　门	82	72	72	65	10	6

5-21 （续表一）

单位：千吨

港口	总计	外贸	出港	外贸	进港	外贸
#原厦门	81	72	71	65	10	6
漳州	…	-	…	-	-	-
汕头	2 494	1 251	1 234	621	1 259	631
汕尾	6	-	-	-	6	-
惠州	138	106	13	12	125	93
深圳	11	4	1	…	10	4
#蛇口	6	1	…	…	6	1
赤湾	2	1	1	…	1	…
妈湾	4	3	1	-	3	3
东角头	-	-	-	-	-	-
盐田	-	-	-	-	-	-
下洞	-	-	-	-	-	-
虎门	1 262	260	535	26	728	234
#太平	55	55	4	4	51	51
麻涌	155	-	155	-	-	-
沙田	1 052	204	376	22	677	183
广州	37 496	14 845	19 051	7 744	18 445	7 100
中山	1 019	984	892	868	127	115
珠海	186	157	124	100	62	56
江门	103	37	68	27	36	11
阳江	-	-	-	-	-	-
茂名	4	-	3	-	2	-
湛江	18	…	…	-	18	…
#原湛江	18	…	…	-	18	…
海安	1	-	-	-	1	-
北部湾港	2 570	2 420	2 307	2 263	263	157
#北海	37	34	20	18	16	16
钦州	426	293	190	159	237	134
防城	2 107	2 093	2 097	2 086	10	7
海口	9 522	162	4 612	87	4 911	75
洋浦	7	…	…	-	7	…
八所	-	-	-	-	-	-
内河合计	9 675	4 754	7 445	3 866	2 230	888

5-21 （续表二）

单位：千吨

港 口	总计		出港		进港	
		外贸		外贸		外贸
哈尔滨	–	–	–	–	–	–
佳木斯	4	4	4	4	–	–
上 海	23	–	21	–	2	–
南 京	1 266	74	1 240	61	27	13
镇 江	8	–	4	–	4	–
苏 州	1 883	1 488	1 808	1 477	75	11
#常 熟	211	157	182	153	29	4
太 仓	1 390	1 158	1 377	1 154	13	4
张家港	282	174	249	171	34	3
南 通	216	100	155	93	61	6
常 州	2	–	2	–	…	–
江 阴	548	313	442	291	106	22
扬 州	32	24	30	24	2	–
泰 州	194	79	104	4	90	75
徐 州	–	–	–	–	–	–
连云港	–	–	–	–	–	–
无 锡	–	–	–	–	–	–
宿 迁	–	–	–	–	–	–
淮 安	104	–	71	–	33	–
扬州内河	–	–	–	–	–	–
镇江内河	–	–	–	–	–	–
杭 州	43	–	35	–	8	–
嘉兴内河	1	–	–	–	1	–
湖 州	–	–	–	–	–	–
合 肥	332	110	321	110	11	…
亳 州	2	–	–	–	2	–
阜 阳	–	–	–	–	–	–
淮 南	–	–	–	–	–	–
滁 州	–	–	–	–	–	–
马鞍山	3	3	3	3	–	–
芜 湖	…	–	–	–	…	–
铜 陵	…	–	…	–	…	–
池 州	–	–	–	–	–	–
安 庆	9	7	5	4	4	4

5-21 （续表三）

单位：千吨

港口	总计	外贸	出港	外贸	进港	外贸
南昌	126	121	95	94	31	28
九江	19	14	19	14	–	–
武汉	383	–	287	–	97	–
黄石	12	10	9	8	3	2
荆州	4	–	4	–	…	–
宜昌	190	11	99	10	91	1
长沙	171	148	86	86	85	62
湘潭	–	–	–	–	–	–
株洲	2	–	2	–	–	–
岳阳	…	–	…	–	–	–
番禺	2	–	…	–	1	–
新塘	15	15	…	…	14	14
五和	60	60	–	–	60	60
中山	942	439	705	414	237	24
佛山	1 360	1 095	1 049	809	311	286
江门	539	477	290	253	249	224
虎门	18	7	5	…	13	7
肇庆	68	59	62	58	6	1
惠州	–	–	–	–	–	–
南宁	22	–	…	–	22	–
柳州	…	…	…	…	…	–
贵港	11	1	1	…	9	1
梧州	4	3	…	…	4	3
来宾	–	–	–	–	–	–
重庆	115	–	56	–	59	–
#原重庆	34	–	10	–	24	–
涪陵	1	–	1	–	…	–
万州	–	–	–	–	–	–
重庆航管处	18	–	6	–	12	–
泸州	772	93	322	50	450	43
宜宾	152	–	93	–	59	–
乐山	17	–	17	–	…	–
南充	–	–	–	–	–	–
广安	–	–	–	–	–	–
达州	–	–	–	–	–	–

5-22　规模以上港口化工原料及制品吞吐量

单位：千吨

港口	总计	外贸	出港	外贸	进港	外贸
总　计	259 560	93 673	101 829	17 499	157 732	76 174
沿海合计	147 828	60 487	58 745	11 860	89 083	48 627
丹　东	228	-	-	-	228	-
大　连	15 892	4 364	9 957	79	5 935	4 285
营　口	927	190	442	8	485	182
锦　州	539	62	446	53	93	8
秦皇岛	223	128	24	24	199	104
黄　骅	-	-	-	-	-	-
唐　山	726	210	564	87	162	123
#京　唐	497	198	335	75	162	123
曹妃甸	229	12	229	12	-	-
天　津	24 052	13 098	13 022	6 705	11 031	6 392
烟　台	2 878	1 394	1 523	340	1 355	1 054
#龙　口	1 580	1 300	535	282	1 045	1 018
威　海	-	-	-	-	-	-
青　岛	1 644	1 194	1 075	649	569	544
日　照	914	756	192	133	722	622
#石　臼	2	2	2	2	-	-
岚　山	912	754	190	131	722	622
上　海	13 629	2 410	6 119	303	7 509	2 107
连云港	1 634	1 096	830	378	805	718
盐　城	1 447	372	795	238	652	134
嘉　兴	6 377	3 477	468	223	5 909	3 254
宁波-舟山	19 156	10 537	4 988	241	14 168	10 296
#宁　波	15 036	9 121	3 192	241	11 844	8 880
舟　山	4 120	1 415	1 796	-	2 324	1 415
台　州	95	-	14	-	80	-
温　州	686	107	-	-	686	107
福　州	1 350	204	208	-	1 142	204
#原福州	1 312	179	208	-	1 104	179
宁　德	38	25	-	-	38	25
莆　田	-	-	-	-	-	-
泉　州	4 661	642	2 222	-	2 439	642
厦　门	1 171	334	56	…	1 116	334

5-22 （续表一）

单位：千吨

港口	总计	外贸	出港	外贸	进港	外贸
#原厦门	721	334	19	…	702	334
漳州	451	-	37	-	414	-
汕头	2 835	114	199	12	2 636	102
汕尾	-	-	-	-	-	-
惠州	4 140	596	2 735	61	1 405	535
深圳	44	44	-	-	44	44
#蛇口	-	-	-	-	-	-
赤湾	-	-	-	-	-	-
妈湾	44	44	-	-	44	44
东角头	-	-	-	-	-	-
盐田	-	-	-	-	-	-
下洞	-	-	-	-	-	-
虎门	10 325	3 036	2 271	40	8 053	2 997
#太平	61	58	4	4	57	53
麻涌	2	-	-	-	2	-
沙田	10 262	2 978	2 267	35	7 995	2 943
广州	6 527	4 115	1 265	752	5 262	3 363
中山	872	490	186	156	685	334
珠海	4 784	2 150	1 134	5	3 649	2 145
江门	368	86	69	4	299	83
阳江	744	-	-	-	744	-
茂名	205	6	199	6	6	-
湛江	1 438	1 395	16	-	1 422	1 395
#原湛江	1 438	1 395	16	-	1 422	1 395
海安	-	-	-	-	-	-
北部湾港	9 749	6 984	3 165	1 354	6 584	5 630
#北海	553	485	162	109	391	376
钦州	3 185	1 203	2 080	836	1 105	367
防城	6 010	5 295	923	408	5 087	4 887
海口	1 746	19	841	8	906	11
洋浦	4 344	878	2 326	-	2 018	878
八所	1 479	-	1 395	-	83	-
内河合计	**111 732**	**33 186**	**43 083**	**5 639**	**68 649**	**27 547**

5-22 （续表二）

单位：千吨

港 口	总计	外贸	出港	外贸	进港	外贸
哈尔滨	-	-	-	-	-	-
佳木斯	-	-	-	-	-	-
上 海	76	-	15	-	61	-
南 京	13 840	2 550	5 778	973	8 062	1 577
镇 江	3 867	1 284	1 141	106	2 726	1 178
苏 州	22 942	12 966	6 663	1 631	16 279	11 335
#常 熟	3 695	1 332	856	161	2 838	1 171
太 仓	6 149	4 539	2 500	1 006	3 649	3 533
张家港	13 098	7 095	3 307	463	9 791	6 632
南 通	4 794	2 953	1 351	129	3 443	2 824
常 州	2 176	1 102	544	33	1 631	1 069
江 阴	12 389	6 434	2 763	407	9 626	6 028
扬 州	1 029	477	192	-	837	477
泰 州	9 014	2 441	3 640	614	5 374	1 827
徐 州	-	-	-	-	-	-
连云港	208	-	29	-	179	-
无 锡	1 888	-	11	-	1 877	-
宿 迁	643	-	337	-	306	-
淮 安	4 514	-	4 200	-	314	-
扬州内河	157	-	151	-	6	-
镇江内河	82	-	81	-	…	-
杭 州	408	-	13	-	395	-
嘉兴内河	2 830	-	493	-	2 337	-
湖 州	1 650	-	121	-	1 528	-
合 肥	395	13	284	-	111	13
亳 州	-	-	-	-	-	-
阜 阳	40	-	25	-	16	-
淮 南	39	-	35	-	4	-
滁 州	174	-	2	-	173	-
马鞍山	88	-	29	-	59	-
芜 湖	1 328	-	1 293	-	35	-
铜 陵	1 684	-	1 611	-	73	-
池 州	827	-	664	-	163	-
安 庆	786	2	298	2	488	1

5-22 （续表三）

单位：千吨

港口	总计	外贸	出港	外贸	进港	外贸
南昌	235	18	15	13	220	5
九江	566	–	299	–	267	–
武汉	560	–	221	–	339	–
黄石	445	50	435	50	10	1
荆州	774	–	125	–	649	–
宜昌	907	147	232	144	675	3
长沙	283	174	151	146	132	28
湘潭	–	–	–	–	–	–
株洲	280	–	165	–	116	–
岳阳	466	–	97	–	370	–
番禺	–	–	–	–	–	–
新塘	2 331	–	59	–	2 271	–
五和	–	–	–	–	–	–
中山	269	85	28	19	241	66
佛山	1 854	1 756	1 115	1 082	740	673
江门	1 906	500	372	200	1 533	300
虎门	805	12	50	…	754	12
肇庆	170	97	43	16	126	81
惠州	–	–	–	–	–	–
南宁	109	–	60	–	49	–
柳州	10	–	10	–	–	–
贵港	615	1	402	1	213	…
梧州	886	7	692	7	194	…
来宾	14	–	14	–	–	–
重庆	6 267	–	4 014	–	2 253	–
#原重庆	516	–	10	–	506	–
涪陵	285	–	159	–	126	–
万州	834	–	834	–	–	–
重庆航管处	3 125	–	1 730	–	1 395	–
泸州	1 670	115	1 266	67	404	48
宜宾	2 267	–	1 285	–	982	–
乐山	178	–	170	–	7	–
南充	–	–	–	–	–	–
广安	–	–	–	–	–	–
达州	–	–	–	–	–	–

5-23 规模以上港口有色金属吞吐量

单位：千吨

港口	总计	外贸	出港	外贸	进港	外贸
总　计	14 771	9 262	7 620	3 926	7 150	5 336
沿海合计	11 566	6 598	5 666	2 222	5 900	4 376
丹　东	211	–	211	–	–	–
大　连	4	4	–	–	4	4
营　口	10	10	–	–	10	10
锦　州	111	–	–	–	111	–
秦皇岛	–	–	–	–	–	–
黄　骅	–	–	–	–	–	–
唐　山	–	–	–	–	–	–
#京　唐	–	–	–	–	–	–
曹妃甸	–	–	–	–	–	–
天　津	5 555	5 126	2 306	1 951	3 249	3 175
烟　台	8	8	8	8	–	–
#龙　口	8	8	8	8	–	–
威　海	–	–	–	–	–	–
青　岛	–	–	–	–	–	–
日　照	47	35	–	–	47	35
#石　臼	47	35	–	–	47	35
岚　山	–	–	–	–	–	–
上　海	234	90	–	–	234	90
连云港	1 145	872	240	45	905	827
盐　城	–	–	–	–	–	–
嘉　兴	–	–	–	–	–	–
宁波-舟山	149	19	13	–	136	19
#宁　波	149	19	13	–	136	19
舟　山	–	–	–	–	–	–
台　州	–	–	–	–	–	–
温　州	–	–	–	–	–	–
福　州	249	2	–	–	249	2
#原福州	209	2	–	–	209	2
宁　德	40	–	–	–	40	–
莆　田	–	–	–	–	–	–
泉　州	–	–	–	–	–	–
厦　门	–	–	–	–	–	–

5-23 (续表一)

单位：千吨

港口	总计	外贸	出港	外贸	进港	外贸
#原厦门	-	-	-	-	-	-
漳州	-	-	-	-	-	-
汕头	22	…	…	…	22	…
汕尾	-	-	-	-	-	-
惠州	-	-	-	-	-	-
深圳	28	28	-	-	28	28
#蛇口	28	28	-	-	28	28
赤湾	-	-	-	-	-	-
妈湾	-	-	-	-	-	-
东角头	-	-	-	-	-	-
盐田	-	-	-	-	-	-
下洞	-	-	-	-	-	-
虎门	372	13	183	…	188	12
#太平	1	1	…	…	…	…
麻涌	-	-	-	-	-	-
沙田	371	12	183	…	188	12
广州	515	221	243	133	272	88
中山	24	21	12	10	12	11
珠海	-	-	-	-	-	-
江门	8	-	4	-	4	-
阳江	-	-	-	-	-	-
茂名	-	-	-	-	-	-
湛江	-	-	-	-	-	-
#原湛江	-	-	-	-	-	-
海安	-	-	-	-	-	-
北部湾港	2 871	150	2 444	75	426	76
#北海	129	11	4	1	124	10
钦州	2 604	124	2 311	61	293	62
防城	138	16	129	13	9	3
海口	4	-	2	-	2	-
洋浦	…	…	…	…	…	…
八所	-	-	-	-	-	-
内河合计	3 205	2 663	1 954	1 703	1 251	960

5-23 (续表二)

单位：千吨

港口	总计	外贸	出港	外贸	进港	外贸
哈尔滨	–	–	–	–	–	–
佳木斯	–	–	–	–	–	–
上　海	–	–	–	–	–	–
南　京	–	–	–	–	–	–
镇　江	–	–	–	–	–	–
苏　州	4	–	–	–	4	–
#常　熟	4	–	–	–	4	–
太　仓	–	–	–	–	–	–
张家港	–	–	–	–	–	–
南　通	–	–	–	–	–	–
常　州	8	–	–	–	8	–
江　阴	118	9	52	6	66	3
扬　州	–	–	–	–	–	–
泰　州	14	…	5	…	9	–
徐　州	–	–	–	–	–	–
连云港	–	–	–	–	–	–
无　锡	–	–	–	–	–	–
宿　迁	–	–	–	–	–	–
淮　安	…	–	–	–	…	–
扬州内河	–	–	–	–	–	–
镇江内河	–	–	–	–	–	–
杭　州	–	–	–	–	–	–
嘉兴内河	–	–	–	–	–	–
湖　州	155	–	1	–	153	–
合　肥	–	–	–	–	–	–
亳　州	–	–	–	–	–	–
阜　阳	–	–	–	–	–	–
淮　南	–	–	–	–	–	–
滁　州	–	–	–	–	–	–
马鞍山	–	–	–	–	–	–
芜　湖	–	–	–	–	–	–
铜　陵	–	–	–	–	–	–
池　州	20	–	10	–	10	–
安　庆	1	1	–	–	1	1

5-23 （续表三）

单位：千吨

港口	总计	外贸	出港	外贸	进港	外贸
南　昌	–	–	–	–	–	–
九　江	–	–	–	–	–	–
武　汉	4	–	–	–	4	–
黄　石	187	39	165	17	22	22
荆　州	–	–	–	–	–	–
宜　昌	21	20	21	20	…	–
长　沙	40	24	14	14	26	10
湘　潭	–	–	–	–	–	–
株　洲	28	–	28	–	–	–
岳　阳	–	–	–	–	–	–
番　禺	–	–	–	–	–	–
新　塘	–	–	–	–	–	–
五　和	–	–	–	–	–	–
中　山	1	1	…	…	1	…
佛　山	2 282	2 278	1 581	1 578	700	700
江　门	9	4	3	3	6	1
虎　门	10	2	2	1	9	1
肇　庆	242	230	69	63	173	167
惠　州	–	–	–	–	–	–
南　宁	2	–	2	–	–	–
柳　州	–	–	–	–	–	–
贵　港	3	…	1	–	1	…
梧　州	56	56	…	…	56	56
来　宾	–	–	–	–	–	–
重　庆	1	–	–	–	1	–
#原重庆	1	–	–	–	1	–
涪　陵	–	–	–	–	–	–
万　州	–	–	–	–	–	–
重庆航管处	–	–	–	–	–	–
泸　州	…	…	…	…	–	–
宜　宾	–	–	–	–	–	–
乐　山	–	–	–	–	–	–
南　充	–	–	–	–	–	–
广　安	–	–	–	–	–	–
达　州	–	–	–	–	–	–

5-24　规模以上港口轻工、医药产品吞吐量

单位：千吨

港　口	总计	外贸	出港	外贸	进港	外贸
总　计	123 296	52 106	62 557	25 843	60 739	26 264
沿海合计	103 659	43 934	53 938	23 370	49 721	20 564
丹　东	493	482	151	139	343	343
大　连	13	7	7	7	7	–
营　口	1 185	709	380	…	805	709
锦　州	148	148	–	–	148	148
秦皇岛	–	–	–	–	–	–
黄　骅	–	–	–	–	–	–
唐　山	178	178	–	–	178	178
#京　唐	–	–	–	–	–	–
曹妃甸	178	178	–	–	178	178
天　津	49 962	26 660	31 019	18 289	18 944	8 371
烟　台	104	94	–	–	104	94
#龙　口	10	–	–	–	10	–
威　海	–	–	–	–	–	–
青　岛	2 615	2 464	135	5	2 480	2 459
日　照	471	466	–	–	471	466
#石　臼	471	466	–	–	471	466
岚　山	–	–	–	–	–	–
上　海	1 015	346	360	–	655	346
连云港	564	559	2	–	562	559
盐　城	8	–	5	–	3	–
嘉　兴	10 898	4 850	3 885	2 116	7 013	2 734
宁波–舟山	844	224	–	–	844	224
#宁　波	800	224	–	–	800	224
舟　山	45	–	–	–	45	–
台　州	3	–	–	–	3	–
温　州	12	–	3	–	9	–
福　州	47	13	–	–	47	13
#原福州	47	13	–	–	47	13
宁　德	–	–	–	–	–	–
莆　田	5	…	–	–	5	…
泉　州	75	46	–	–	75	46
厦　门	284	282	1	1	283	281

5-24 （续表一）

单位：千吨

港口	总计	外贸	出港	外贸	进港	外贸
#原厦门	284	282	1	1	283	281
漳州	–	–	–	–	–	–
汕头	2 529	329	1 866	304	663	25
汕尾	–	–	–	–	–	–
惠州	–	–	–	–	–	–
深圳	74	–	1	–	73	–
#蛇口	–	–	–	–	–	–
赤湾	–	–	–	–	–	–
妈湾	74	–	1	–	73	–
东角头	–	–	–	–	–	–
盐田	–	–	–	–	–	–
下洞	–	–	–	–	–	–
虎门	12 041	543	5 278	137	6 762	406
#太平	56	56	5	5	52	52
麻涌	34	–	–	–	34	–
沙田	11 951	487	5 274	133	6 677	354
广州	7 679	2 575	3 158	749	4 520	1 826
中山	1 337	1 136	977	814	360	322
珠海	356	310	97	53	259	257
江门	565	477	342	282	223	195
阳江	–	–	–	–	–	–
茂名	–	–	–	–	–	–
湛江	361	271	86	–	275	271
#原湛江	312	271	37	–	275	271
海安	49	–	49	–	–	–
北部湾港	5 939	731	4 250	444	1 689	287
#北海	411	119	224	6	187	113
钦州	5 141	504	3 800	423	1 341	81
防城	387	108	226	15	162	93
海口	2 215	33	728	28	1 487	5
洋浦	1 641	–	1 207	–	434	–
八所	–	–	–	–	–	–
内河合计	**19 637**	**8 172**	**8 619**	**2 472**	**11 018**	**5 700**

5-24（续表二）

单位：千吨

港口	总计	外贸	出港	外贸	进港	外贸
哈尔滨	–	–	–	–	–	–
佳木斯	–	–	–	–	–	–
上 海	2	–	–	–	2	–
南 京	19	–	1	–	17	–
镇 江	1 041	514	102	–	939	514
苏 州	5 725	3 664	1 885	2	3 840	3 662
＃常 熟	5 712	3 664	1 881	2	3 831	3 662
太 仓	13	–	4	–	9	–
张家港	–	–	–	–	–	–
南 通	62	–	61	–	1	–
常 州	62	–	28	–	34	–
江 阴	1 127	53	486	30	642	23
扬 州	3	–	–	–	3	–
泰 州	254	188	242	187	13	1
徐 州	–	–	–	–	–	–
连云港	115	–	115	–	–	–
无 锡	–	–	–	–	–	–
宿 迁	178	–	173	–	5	–
淮 安	245	–	82	–	164	–
扬州内河	–	–	–	–	–	–
镇江内河	–	–	–	–	–	–
杭 州	154	–	46	–	108	–
嘉兴内河	199	–	38	–	161	–
湖 州	39	–	…	–	38	–
合 肥	653	5	56	…	596	4
亳 州	–	–	–	–	–	–
阜 阳	–	–	–	–	–	–
淮 南	–	–	–	–	–	–
滁 州	–	–	–	–	–	–
马鞍山	19	–	19	–	–	–
芜 湖	4	–	3	–	1	–
铜 陵	–	–	–	–	–	–
池 州	–	–	–	–	–	–
安 庆	342	70	63	59	280	11

5-24 （续表三）

单位：千吨

港口	总计	外贸	出港	外贸	进港	外贸
南　昌	253	48	63	38	189	11
九　江	408	-	5	-	403	-
武　汉	297	-	108	-	188	-
黄　石	10	4	6	2	4	2
荆　州	279	-	265	-	13	-
宜　昌	305	186	202	179	102	7
长　沙	175	95	68	67	107	28
湘　潭	-	-	-	-	-	-
株　洲	-	-	-	-	-	-
岳　阳	18	-	14	-	4	-
番　禺	72	-	-	-	72	-
新　塘	99	41	20	20	79	21
五　和	97	97	97	97	-	-
中　山	1 343	617	953	582	390	35
佛　山	1 044	740	554	345	491	394
江　门	1 945	1 552	1 008	763	937	789
虎　门	770	9	635	…	135	9
肇　庆	404	230	172	49	232	181
惠　州	-	-	-	-	-	-
南　宁	326	-	326	-	-	-
柳　州	-	-	-	-	-	-
贵　港	306	3	213	2	93	1
梧　州	58	47	54	44	4	2
来　宾	100	-	100	-	-	-
重　庆	661	-	185	-	475	-
#原重庆	516	-	113	-	402	-
涪　陵	77	-	49	-	28	-
万　州	-	-	-	-	-	-
重庆航管处	49	-	22	-	27	-
泸　州	311	10	136	7	175	4
宜　宾	113	-	33	-	81	-
乐　山	-	-	-	-	-	-
南　充	-	-	-	-	-	-
广　安	-	-	-	-	-	-
达　州	-	-	-	-	-	-

5-25　规模以上港口农、林、牧、渔业产品吞吐量

单位：千吨

港口	总计	外贸	出港	外贸	进港	外贸
总　计	**52 698**	**22 040**	**17 992**	**4 500**	**34 706**	**17 540**
沿海合计	**38 259**	**19 193**	**11 716**	**4 101**	**26 543**	**15 092**
丹　东	2 919	11	11	11	2 907	-
大　连	784	553	53	13	732	540
营　口	569	458	74	14	494	444
锦　州	4	4	4	4	-	-
秦皇岛	172	149	87	80	85	69
黄　骅	59	15	-	-	59	15
唐　山	4	4	-	-	4	4
#京　唐	4	4	-	-	4	4
曹妃甸	-	-	-	-	-	-
天　津	12 430	7 188	4 893	2 700	7 537	4 488
烟　台	258	223	38	4	219	219
#龙　口	18	-	18	-	-	-
威　海	…	…	…	…	…	…
青　岛	373	373	10	10	364	364
日　照	194	181	13	-	182	181
#石　臼	167	154	13	-	154	154
岚　山	27	27	-	-	27	27
上　海	1 279	615	218	…	1 061	615
连云港	465	425	62	49	403	375
盐　城	178	-	178	-	-	-
嘉　兴	284	280	1	1	283	279
宁波－舟山	744	506	158	5	586	501
#宁　波	112	101	4	4	107	96
舟　山	632	405	154	…	479	405
台　州	22	22	-	-	22	22
温　州	-	-	-	-	-	-
福　州	329	267	56	3	272	265
#原福州	329	267	56	3	272	265
宁　德	-	-	-	-	-	-
莆　田	202	-	117	-	85	-
泉　州	139	101	6	-	133	101
厦　门	1 259	1 084	130	2	1 129	1 082

5-25 （续表一）

单位：千吨

港口	总计	外贸	出港	外贸	进港	外贸
#原厦门	1 236	1 068	125	1	1 111	1 067
漳州	23	17	5	1	18	15
汕头	30	2	19	-	11	2
汕尾	21	21	-	-	21	21
惠州	-	-	-	-	-	-
深圳	1 033	544	456	-	577	544
#蛇口	7	-	…	-	7	-
赤湾	1 027	544	456	-	571	544
妈湾	-	-	-	-	-	-
东角头	-	-	-	-	-	-
盐田	-	-	-	-	-	-
下洞	-	-	-	-	-	-
虎门	706	251	233	11	473	241
#太平	-	-	-	-	-	-
麻涌	361	244	118	11	244	233
沙田	345	8	116	…	229	8
广州	2 356	2 050	282	79	2 074	1 971
中山	22	9	2	2	20	7
珠海	5	1	4	1	1	-
江门	111	…	61	…	49	-
阳江	91	30	36	-	55	30
茂名	48	33	-	-	48	33
湛江	504	482	22	-	482	482
#原湛江	504	482	22	-	482	482
海安	-	-	-	-	-	-
北部湾港	5 025	2 857	2 333	951	2 692	1 906
#北海	368	217	334	192	34	25
钦州	1 208	398	390	78	818	320
防城	3 449	2 242	1 610	682	1 840	1 560
海口	5 625	455	2 153	162	3 472	293
洋浦	11	-	…	-	11	-
八所	3	1	3	-	1	1
内河合计	14 439	2 847	6 276	399	8 163	2 448

5-25 （续表二）

单位：千吨

港口	总计	外贸	出港	外贸	进港	外贸
哈尔滨	-	-	-	-	-	-
佳木斯	-	-	-	-	-	-
上　海	…	-	-	-	…	-
南　京	80	12	39	-	41	12
镇　江	499	120	275	-	224	120
苏　州	4 394	1 270	2 679	39	1 715	1 231
#常　熟	-	-	-	-	-	-
太　仓	-	-	-	-	-	-
张家港	4 394	1 270	2 679	39	1 715	1 231
南　通	1 458	777	712	126	746	650
常　州	-	-	-	-	-	-
江　阴	456	35	248	19	208	16
扬　州	-	-	-	-	-	-
泰　州	387	176	160	14	227	161
徐　州	-	-	-	-	-	-
连云港	-	-	-	-	-	-
无　锡	-	-	-	-	-	-
宿　迁	215	-	107	-	108	-
淮　安	77	-	8	-	69	-
扬州内河	3	-	2	-	1	-
镇江内河	-	-	-	-	-	-
杭　州	-	-	-	-	-	-
嘉兴内河	48	-	10	-	39	-
湖　州	11	-	2	-	9	-
合　肥	-	-	-	-	-	-
亳　州	-	-	-	-	-	-
阜　阳	22	-	-	-	22	-
淮　南	-	-	-	-	-	-
滁　州	-	-	-	-	-	-
马鞍山	-	-	-	-	-	-
芜　湖	9	-	5	-	4	-
铜　陵	-	-	-	-	-	-
池　州	-	-	-	-	-	-
安　庆	15	14	…	-	15	14

5-25 （续表三）

单位：千吨

港口	总计	外贸	出港	外贸	进港	外贸
南 昌	1 279	6	6	–	1 273	6
九 江	784	–	300	–	484	–
武 汉	789	–	18	–	771	–
黄 石	1	…	–	–	1	…
荆 州	217	–	8	–	209	–
宜 昌	27	1	9	–	18	1
长 沙	256	57	39	39	217	18
湘 潭	–	–	–	–	–	–
株 洲	–	–	–	–	–	–
岳 阳	110	–	53	–	57	–
番 禺	66	–	66	–	–	–
新 塘	–	–	–	–	–	–
五 和	31	31	–	–	31	31
中 山	19	5	12	…	7	5
佛 山	290	203	194	123	96	80
江 门	137	13	13	7	124	6
虎 门	10	–	10	–	–	–
肇 庆	89	43	44	28	45	15
惠 州	–	–	–	–	–	–
南 宁	404	–	62	–	342	–
柳 州	–	–	–	–	–	–
贵 港	26	…	1	…	25	…
梧 州	81	9	71	…	10	9
来 宾	–	–	–	–	–	–
重 庆	1 262	–	716	–	546	–
#原重庆	309	–	3	–	306	–
涪 陵	–	–	–	–	–	–
万 州	–	–	–	–	–	–
重庆航管处	936	–	711	–	225	–
泸 州	879	75	404	3	475	73
宜 宾	1	–	1	–	–	–
乐 山	1	–	1	–	–	–
南 充	–	–	–	–	–	–
广 安	–	–	–	–	–	–
达 州	6	–	3	–	3	–

5-26 规模以上港口其他吞吐量

单位：千吨

港　口	总计	外贸	出港	外贸	进港	外贸
总　计	2 974 171	1 119 110	1 589 909	655 499	1 384 263	463 611
沿海合计	2 635 490	1 020 078	1 410 072	600 955	1 225 419	419 123
丹　东	56 535	1 558	26 048	1 296	30 488	262
大　连	276 095	62 976	142 635	33 135	133 461	29 840
营　口	164 676	2 220	86 852	1 437	77 824	783
锦　州	55 657	154	51 909	93	3 748	61
秦皇岛	6 189	2 741	4 426	1 979	1 763	762
黄　骅	7 212	17	5 370	1	1 842	16
唐　山	28 950	672	18 611	199	10 339	473
#京　唐	24 376	560	14 877	87	9 498	473
曹妃甸	4 574	112	3 734	112	840	-
天　津	26 838	11 459	11 357	2 416	15 480	9 043
烟　台	114 662	8 355	56 051	6 634	58 611	1 721
#龙　口	11 409	645	6 804	613	4 606	32
威　海	33 535	19 771	18 650	10 814	14 885	8 957
青　岛	208 794	132 035	116 619	87 047	92 175	44 988
日　照	71 559	3 635	38 002	1 874	33 557	1 761
#石　臼	70 995	3 086	37 802	1 688	33 194	1 398
岚　山	564	549	200	185	364	364
上　海	311 124	237 099	168 078	133 168	143 046	103 931
连云港	50 853	16 640	28 349	10 790	22 504	5 850
盐　城	1 531	1 074	807	503	724	571
嘉　兴	4 724	907	2 065	433	2 659	474
宁波－舟山	260 925	187 195	148 831	118 296	112 093	68 898
#宁　波	225 982	181 651	133 842	115 414	92 140	66 237
舟　山	34 942	5 544	14 989	2 882	19 954	2 661
台　州	13 768	723	6 369	126	7 398	597
温　州	21 459	1 075	9 039	563	12 421	511
福　州	40 415	15 877	19 583	10 863	20 832	5 014
#原福州	37 230	15 809	18 713	10 830	18 517	4 979
宁　德	3 186	68	871	33	2 315	35
莆　田	277	182	100	58	178	124
泉　州	38 952	1 069	17 716	441	21 236	628
厦　门	114 483	63 486	61 424	36 975	53 059	26 511

5-26 （续表一）

单位：千吨

港 口	总计	外贸	出港	外贸	进港	外贸
#原厦门	114 409	63 413	61 388	36 940	53 021	26 473
漳 州	74	74	36	36	38	38
汕 头	6 537	1 725	1 439	1 359	5 098	366
汕 尾	75	75	10	10	65	65
惠 州	2 974	60	2 154	20	821	40
深 圳	177 111	166 006	102 616	99 157	74 494	66 849
#蛇 口	50 441	46 357	27 287	26 267	23 154	20 090
赤 湾	48 980	48 978	26 626	26 624	22 354	22 354
妈 湾	25	…	–	–	25	…
东角头	–	–	–	–	–	–
盐 田	64 214	62 648	42 400	42 071	21 814	20 577
下 洞	–	–	–	–	–	–
虎 门	11 538	1 602	4 822	572	6 716	1 030
#太 平	55	43	26	15	29	29
麻 涌	1 967	105	404	–	1 564	105
沙 田	9 515	1 453	4 392	557	5 123	896
广 州	283 078	66 284	137 532	32 493	145 546	33 790
中 山	2 972	1 854	1 577	1 033	1 396	822
珠 海	27 419	5 524	15 004	3 813	12 415	1 712
江 门	6 075	1 324	2 880	645	3 195	679
阳 江	253	1	113	–	140	1
茂 名	2 630	353	1 185	134	1 445	218
湛 江	138 691	2 129	70 045	1 310	68 646	819
#原湛江	10 609	2 129	5 240	1 310	5 368	819
海 安	128 083	–	64 805	–	63 278	–
北部湾港	7 923	1 455	4 694	775	3 229	679
#北 海	1 749	34	1 300	20	448	13
钦 州	4 422	767	2 315	380	2 107	387
防 城	1 752	654	1 078	375	674	279
海 口	55 707	227	25 002	106	30 705	121
洋 浦	3 233	537	2 048	384	1 185	154
八 所	60	1	58	1	2	–
内河合计	338 681	99 032	179 837	54 544	158 844	44 488

5-26 (续表二)

单位：千吨

港 口	总计	外贸	出港	外贸	进港	外贸
哈尔滨	-	-	-	-	-	-
佳木斯	152	149	94	93	58	55
上 海	4 023	-	3 340	-	683	-
南 京	27 958	8 141	14 619	5 695	13 338	2 446
镇 江	6 634	2 790	4 718	1 952	1 916	838
苏 州	99 903	35 293	47 866	17 909	52 037	17 384
＃常 熟	4 621	3 794	1 499	909	3 122	2 885
太 仓	59 843	17 931	28 230	8 437	31 613	9 494
张家港	35 439	13 568	18 137	8 563	17 303	5 005
南 通	16 996	3 953	9 068	2 446	7 928	1 507
常 州	2 966	1 862	1 951	1 532	1 015	330
江 阴	1 245	133	626	70	619	63
扬 州	7 004	1 571	3 135	1 229	3 869	342
泰 州	5 071	561	3 047	347	2 025	215
徐 州	1	-	1	-	-	-
连云港	1 444	-	1 080	-	364	-
无 锡	1 576	248	224	188	1 352	60
宿 迁	353	-	72	-	281	-
淮 安	405	-	203	-	202	-
扬州内河	35	-	-	-	35	-
镇江内河	-	-	-	-	-	-
杭 州	13 740	12	12 981	1	760	11
嘉兴内河	4 732	681	858	108	3 873	574
湖 州	3 584	971	931	422	2 653	549
合 肥	599	69	238	44	361	24
亳 州	20	-	10	-	11	-
阜 阳	-	-	-	-	-	-
淮 南	18	-	16	-	3	-
滁 州	6	-	3	-	3	-
马鞍山	2 700	1 291	956	-	1 744	1 291
芜 湖	5 359	2 330	2 830	1 556	2 530	773
铜 陵	3 587	244	2 391	67	1 196	177
池 州	287	-	107	-	181	-
安 庆	356	113	207	74	149	40

5-26 （续表三）

单位：千吨

港　口	总计		出港		进港	
		外贸		外贸		外贸
南　昌	611	506	440	436	171	71
九　江	5 755	2 803	3 044	1 608	2 711	1 195
武　汉	22 477	8 119	12 132	4 731	10 344	3 388
黄　石	74	25	37	15	36	10
荆　州	1 243	370	756	246	488	124
宜　昌	363	137	190	80	173	56
长　沙	545	246	134	133	411	113
湘　潭	–	–	–	–	–	–
株　洲	26	–	–	–	26	–
岳　阳	3 727	3 191	1 929	1 728	1 798	1 464
番　禺	98	–	87	–	11	–
新　塘	445	49	395	…	50	49
五　和	1 687	740	653	188	1 035	552
中　山	1 179	720	596	370	583	350
佛　山	22 521	11 913	11 614	6 215	10 907	5 698
江　门	2 150	1 654	1 012	783	1 139	871
虎　门	3 644	11	712	5	2 932	6
肇　庆	5 448	1 770	1 932	782	3 516	988
惠　州	2 838	–	1 511	–	1 327	–
南　宁	100	–	24	–	76	–
柳　州	…	…	…	…	…	–
贵　港	1 605	58	639	21	967	38
梧　州	6 344	572	5 067	375	1 278	197
来　宾	1 592	–	1 511	–	81	–
重　庆	36 513	5 515	20 161	3 025	16 352	2 490
#原重庆	18 963	4 271	12 483	2 617	6 480	1 653
涪　陵	528	211	376	182	151	29
万　州	3 639	250	1 852	225	1 787	26
重庆航管处	10 118	9	4 112	1	6 006	8
泸　州	1 890	71	914	38	976	33
宜　宾	4 952	148	2 678	31	2 274	117
乐　山	99	–	99	–	–	–
南　充	–	–	–	–	–	–
广　安	1	–	…	–	…	–
达　州	–	–	–	–	–	–

5-27 规模以上港口集装箱吞吐量

港 口	总计（TEU）	出港（TEU）			进港（TEU）			重量（万吨）	
			40英尺	20英尺		40英尺	20英尺		货重
总 计	**218 650 194**	**110 906 377**	**33 494 608**	**42 575 952**	**107 743 817**	**32 505 530**	**41 452 927**	**256 253**	**211 071**
沿海合计	**194 807 332**	**99 012 279**	**30 182 032**	**37 351 740**	**95 795 053**	**29 107 495**	**36 327 868**	**227 167**	**186 777**
丹 东	1 919 130	962 942	125 824	711 294	956 188	131 679	692 830	4 035	3 594
大 连	9 583 023	4 798 245	1 377 312	2 038 898	4 784 778	1 387 499	2 005 316	11 880	9 667
营 口	6 087 274	3 050 854	435 657	2 179 540	3 036 420	436 065	2 164 290	13 439	11 958
锦 州	825 034	455 598	36 441	382 716	369 436	19 495	330 446	1 492	1 235
秦皇岛	515 482	259 373	42 778	173 817	256 109	43 908	168 293	609	500
黄 骅	601 519	300 788	77 367	146 054	300 731	77 258	146 215	714	585
唐 山	1 935 655	963 703	80 030	803 641	971 951	78 666	814 617	2 879	2 445
#京 唐	1 505 517	752 398	57 375	637 646	753 118	53 941	645 234	2 438	2 098
曹妃甸	430 138	211 305	22 655	165 995	218 833	24 725	169 383	441	347
天 津	14 519 170	7 435 844	1 894 863	3 632 069	7 083 326	1 845 171	3 378 564	15 691	12 628
烟 台	2 601 357	1 298 295	250 666	796 963	1 303 062	248 476	806 110	2 214	1 651
#龙 口	705 178	353 360	116 709	119 942	351 818	115 989	119 840	912	763
威 海	714 437	363 795	121 119	113 257	350 642	108 959	124 475	663	506
青 岛	18 050 081	9 145 078	3 006 711	3 072 317	8 905 003	2 930 712	2 987 513	18 441	14 639
日 照	3 010 222	1 502 896	219 975	1 062 669	1 507 326	220 091	1 066 899	6 838	6 181
#石 臼	3 010 222	1 502 896	219 975	1 062 669	1 507 326	220 091	1 066 899	6 838	6 181
岚 山	–	–	–	–	–	–	–	–	–
上 海	37 133 126	18 881 420	6 513 608	5 626 522	18 251 706	6 293 192	5 436 499	36 736	29 602
连云港	4 703 309	2 382 229	821 332	738 552	2 321 081	805 085	708 152	4 843	3 885
盐 城	196 548	100 222	21 160	57 902	96 326	20 313	55 700	148	108
嘉 兴	1 342 150	689 379	210 550	268 270	652 771	197 678	257 415	1 558	1 264
宁波－舟山	21 561 282	11 050 714	4 003 568	2 779 522	10 510 568	3 782 833	2 680 732	21 907	17 467
#宁 波	20 692 539	10 607 742	3 835 759	2 675 062	10 084 797	3 622 912	2 577 658	21 347	17 081
舟 山	868 743	442 972	167 809	104 460	425 771	159 921	103 074	560	386
台 州	160 153	76 719	8 469	59 781	83 434	9 741	63 952	158	123
温 州	559 233	282 764	60 092	162 578	276 468	58 090	160 286	817	705
福 州	2 681 215	1 319 397	292 324	718 344	1 361 818	297 490	751 574	3 778	3 190
#原福州	2 607 707	1 282 848	292 110	682 223	1 324 859	297 280	715 035	3 636	3 064
宁 德	73 508	36 549	214	36 121	36 959	210	36 539	141	125
莆 田	15 262	6 229	2 451	1 327	9 033	3 837	1 304	18	15
泉 州	2 091 486	1 042 977	182 940	677 061	1 048 509	183 365	681 750	3 859	3 411
厦 门	9 613 677	4 815 862	1 486 576	1 725 897	4 797 814	1 481 152	1 714 449	11 001	9 060

5-27 （续表一）

港 口	总计 （TEU）	出港 （TEU）	40英尺	20英尺	进港 （TEU）	40英尺	20英尺	重量 （万吨）	货重
#原厦门	9 602 245	4 810 236	1 486 576	1 720 271	4 792 008	1 481 152	1 708 643	10 993	9 055
漳 州	11 432	5 626	–	5 626	5 806	–	5 806	7	5
汕 头	1 240 171	613 504	217 466	175 561	626 667	225 997	171 838	1 226	978
汕 尾	11 719	5 526	1 422	–	6 193	1 814	–	8	5
惠 州	162 467	84 489	37 001	9 535	77 979	33 947	9 180	188	159
深 圳	23 979 364	12 391 055	4 911 422	2 084 790	11 588 310	4 583 991	1 965 451	17 708	12 816
#蛇 口	5 931 058	2 967 664	1 123 851	704 618	2 963 394	1 143 540	640 094	5 044	3 794
赤 湾	5 035 131	2 556 665	962 388	578 782	2 478 466	922 394	584 712	4 898	3 891
妈 湾	–	–	–	–	–	–	–	–	–
东角头	–	–	–	–	–	–	–	–	–
盐 田	11 696 492	6 268 142	2 610 913	638 493	5 428 350	2 258 850	562 493	6 421	4 050
下 洞	–	–	–	–	–	–	–	–	–
虎 门	3 122 666	1 583 997	336 153	906 466	1 538 669	297 205	919 795	5 254	4 630
#太 平	27 608	13 212	3 014	7 184	14 396	3 341	7 714	26	21
麻 涌	286 066	190 674	93 326	4 020	95 392	41 768	88	184	127
沙 田	2 808 992	1 380 110	239 813	895 262	1 428 882	252 096	911 993	5 044	4 482
广 州	18 661 831	9 516 535	2 623 358	4 218 624	9 145 296	2 522 606	4 059 867	27 598	23 841
中 山	813 488	405 251	157 885	82 459	408 237	159 115	82 881	533	370
珠 海	1 653 519	824 121	188 573	445 998	829 398	190 699	447 008	2 742	2 402
江 门	464 909	266 421	45 322	146 830	198 488	36 388	123 376	633	540
阳 江	10 741	5 233	168	4 897	5 508	174	5 160	25	23
茂 名	96 819	48 604	7 442	33 720	48 215	7 409	33 397	180	161
湛 江	723 644	358 477	85 592	187 070	365 167	85 716	193 548	1 030	874
#原湛江	722 934	358 144	85 592	186 737	364 790	85 715	193 173	1 029	873
海 安	710	333	–	333	377	1	375	1	1
北部湾港	1 794 899	895 564	131 834	631 836	899 335	133 548	632 214	3 335	2 922
#北 海	154 825	77 299	17 085	43 129	77 526	17 193	43 140	242	209
钦 州	1 373 812	686 293	103 360	479 535	687 519	105 726	476 056	2 668	2 350
防 城	266 262	131 973	11 389	109 172	134 290	10 629	113 018	425	363
海 口	1 401 794	703 107	130 323	442 405	698 687	131 683	435 262	2 678	2 376
洋 浦	249 480	125 074	36 258	52 558	124 406	36 448	51 510	314	262
八 所	–	–	–	–	–	–	–	–	–
内河合计	23 842 862	11 894 098	3 312 576	5 224 212	11 948 764	3 398 035	5 125 059	29 086	24 294

5-27 (续表二)

港 口	总计 (TEU)	出港 (TEU)	40英尺	20英尺	进港 (TEU)	40英尺	20英尺	重量 (万吨)	货重
哈尔滨	–	–	–	–	–	–	–	–	–
佳木斯	–	–	–	–	–	–	–	–	–
上 海	–	–	–	–	–	–	–	–	–
南 京	3 083 883	1 387 525	455 562	473 174	1 696 359	606 951	479 264	2 656	2 044
镇 江	373 010	184 323	24 915	134 493	188 687	23 227	142 233	550	476
苏 州	5 479 223	2 767 075	765 368	1 228 669	2 712 148	749 680	1 210 261	7 697	6 598
#常 熟	414 541	207 710	75 507	56 095	206 832	75 907	54 383	461	378
太 仓	4 081 411	2 064 066	585 054	887 114	2 017 345	570 293	874 999	5 918	5 097
张家港	983 271	495 299	104 807	285 460	487 972	103 480	280 879	1 318	1 123
南 通	826 862	521 740	140 560	232 677	305 123	78 581	147 668	899	732
常 州	215 123	114 604	28 883	56 838	100 519	22 978	54 563	295	252
江 阴	476 494	242 507	40 135	162 237	233 987	35 975	162 037	975	880
扬 州	498 104	286 432	78 063	130 306	211 672	58 350	94 972	481	374
泰 州	253 198	126 635	39 067	48 501	126 563	38 557	49 449	280	229
徐 州	–	–	–	–	–	–	–	–	–
连云港	–	–	–	–	–	–	–	–	–
无 锡	25 734	13 204	4 800	3 604	12 530	4 703	3 124	29	24
宿 迁	8 074	3 178	–	3 178	4 896	–	4 896	12	10
淮 安	150 383	76 015	3 484	68 158	74 368	3 444	66 535	297	267
扬州内河	–	–	–	–	–	–	–	–	–
镇江内河	–	–	–	–	–	–	–	–	–
杭 州	16 806	7 967	686	6 595	8 839	1 046	6 747	17	14
嘉兴内河	136 669	67 877	25 567	16 743	68 792	26 812	15 168	165	138
湖 州	206 189	104 771	39 431	25 909	101 418	38 270	24 878	189	146
合 肥	201 182	99 111	34 062	30 987	102 071	35 337	31 397	196	156
亳 州	–	–	–	–	–	–	–	–	–
阜 阳	–	–	–	–	–	–	–	–	–
淮 南	–	–	–	–	–	–	–	–	–
滁 州	–	–	–	–	–	–	–	–	–
马鞍山	223 049	110 354	51 208	7 933	112 696	52 434	7 823	176	150
芜 湖	602 059	286 264	110 516	64 987	315 795	120 739	74 094	382	262
铜 陵	42 503	19 919	963	17 993	22 584	763	21 058	39	29
池 州	9 690	3 850	456	2 938	5 840	534	4 772	12	10
安 庆	58 078	29 242	6 718	15 806	28 836	6 647	15 542	72	64

5-27 （续表三）

港口	总计（TEU）	出港（TEU）	40英尺	20英尺	进港（TEU）	40英尺	20英尺	重量（万吨）	货重
南昌	114 141	56 770	11 196	34 378	57 371	10 799	35 773	181	158
九江	273 937	136 781	28 947	78 887	137 156	28 793	79 570	387	332
武汉	1 132 933	567 623	140 539	283 195	565 310	138 209	285 458	1 597	1 370
黄石	30 028	15 156	1 197	12 762	14 872	1 290	12 292	44	38
荆州	101 140	50 807	6 180	38 447	50 333	6 284	37 765	123	103
宜昌	150 600	75 105	14 404	46 297	75 495	14 559	46 377	212	179
长沙	119 305	58 593	18 860	20 853	60 712	19 911	20 872	117	92
湘潭	–	–	–	–	–	–	–	–	–
株洲	–	–	–	–	–	–	–	–	–
岳阳	294 363	148 465	50 100	48 265	145 898	48 936	48 026	373	314
番禺	44 009	43 319	19 169	4 981	690	345	–	9	…
新塘	11 141	3 457	1 550	357	7 684	3 574	536	9	7
五和	140 762	68 336	19 675	28 986	72 426	20 418	31 590	183	151
中山	541 892	270 945	107 223	55 158	270 947	107 429	54 698	372	264
佛山	3 217 169	1 590 611	421 647	739 798	1 626 558	441 001	736 672	3 784	3 134
江门	772 683	390 129	141 581	99 687	382 555	140 838	99 006	681	527
虎门	519 682	243 493	99 242	45 009	276 189	115 309	45 571	542	438
肇庆	715 183	352 844	50 249	247 920	362 339	51 052	255 598	1 057	903
惠州	103 275	51 088	3 744	43 600	52 187	3 816	44 555	171	152
南宁	580	287	–	287	293	–	293	1	1
柳州	240	114	–	114	126	–	126	…	…
贵港	166 542	85 943	7 515	70 133	80 599	7 581	65 437	332	296
梧州	523 216	262 487	16 422	229 643	260 729	16 477	227 775	966	870
来宾	29 270	14 811	27	14 757	14 459	20	14 419	48	41
重庆	1 152 376	564 031	155 045	253 914	588 345	163 268	260 612	1 407	1 166
#原重庆	802 094	392 732	116 494	159 717	409 362	124 149	160 996	1 016	846
涪陵	36 016	15 391	–	15 391	20 625	–	20 625	53	44
万州	130 602	65 210	2 375	60 460	65 392	3 422	58 548	166	139
重庆航管处	40 310	18 231	1 397	15 437	22 079	1 664	17 624	66	57
泸州	501 017	249 861	105 830	38 187	251 156	107 985	35 168	582	484
宜宾	301 026	140 431	41 790	56 851	160 595	45 103	70 389	487	415
乐山	–	–	–	–	–	–	–	–	–
南充	–	–	–	–	–	–	–	–	–
广安	40	20	–	20	20	10	–	…	…
达州	–	–	–	–	–	–	–	–	–

5-28 规模以上港口集装箱吞吐量（重箱）

港 口	总计 （TEU）	出港 （TEU）	40 英尺	20 英尺	进港 （TEU）	40 英尺	20 英尺
总　计	144 343 446	86 402 785	26 462 477	32 409 702	57 940 661	16 063 037	25 645 034
沿海合计	128 785 948	78 032 079	24 328 888	28 317 676	50 753 869	14 101 120	22 398 528
丹　东	1 437 491	723 413	82 625	558 163	714 078	92 662	528 754
大　连	6 093 882	3 177 904	904 598	1 365 103	2 915 979	849 212	1 216 344
营　口	5 343 969	2 896 230	395 258	2 105 714	2 447 739	401 668	1 644 403
锦　州	468 261	368 636	18 161	332 314	99 625	8 248	83 129
秦皇岛	192 383	152 339	36 338	79 663	40 044	8 174	23 696
黄　骅	237 601	192 138	24 115	143 908	45 463	4 352	36 759
唐　山	989 853	649 746	48 536	552 672	340 106	37 947	264 210
#京　唐	840 490	519 307	31 110	457 085	321 182	32 341	256 498
曹妃甸	149 363	130 439	17 426	95 587	18 924	5 606	7 712
天　津	8 037 112	5 029 680	1 253 071	2 510 684	3 007 431	913 585	1 172 303
烟　台	1 052 270	605 046	166 361	272 324	447 224	130 683	185 858
#龙　口	350 748	203 473	53 294	96 885	147 275	43 413	60 449
威　海	367 522	253 753	86 950	71 634	113 769	30 917	50 859
青　岛	10 276 892	6 875 515	2 223 701	2 384 974	3 401 377	1 134 714	1 124 929
日　照	2 735 623	1 447 171	203 416	1 040 105	1 288 452	178 466	931 378
#石　臼	2 735 623	1 447 171	203 416	1 040 105	1 288 452	178 466	931 378
岚　山	-	-	-	-	-	-	-
上　海	27 594 177	16 936 298	6 009 364	4 726 329	10 657 879	3 555 077	3 521 865
连云港	1 933 174	1 109 197	221 626	664 935	823 977	109 698	604 187
盐　城	80 625	40 347	15 215	9 917	40 278	14 169	11 940
嘉　兴	862 565	389 487	139 456	110 566	473 078	139 106	194 866
宁波-舟山	13 345 867	9 280 584	3 556 854	1 965 485	4 065 283	1 318 444	1 417 260
#宁　波	13 020 954	9 107 018	3 487 549	1 930 801	3 913 937	1 259 693	1 383 647
舟　山	324 913	173 566	69 305	34 684	151 347	58 751	33 613
台　州	61 893	10 472	3 915	2 642	51 421	6 081	39 259
温　州	360 807	129 161	46 421	36 319	231 646	41 402	148 840
福　州	1 730 071	969 031	238 334	477 517	761 040	131 132	498 254
#原福州	1 681 057	951 268	238 159	460 104	729 789	130 986	467 295
宁　德	49 014	17 763	175	17 413	31 251	146	30 959
莆　田	10 603	2 657	672	1 313	7 946	3 692	507
泉　州	1 687 529	778 077	145 300	487 441	909 452	151 095	607 233
厦　门	6 594 590	4 028 005	1 266 616	1 399 719	2 566 586	680 952	1 188 268

5-28 (续表一)

港 口	总计 (TEU)	出港 (TEU)	40英尺	20英尺	进港 (TEU)	40英尺	20英尺
#原厦门	6 588 489	4 026 395	1 266 616	1 398 109	2 562 095	680 952	1 183 777
漳 州	6 101	1 610	–	1 610	4 491	–	4 491
汕 头	783 087	461 832	199 847	59 157	321 254	85 409	150 434
汕 尾	6 193	–	–	–	6 193	1 814	–
惠 州	91 653	80 449	35 500	8 513	11 204	2 870	5 448
深 圳	15 994 569	11 460 668	4 611 027	1 792 457	4 533 901	1 672 722	1 147 210
#蛇 口	4 096 671	2 675 848	1 040 837	581 281	1 420 823	489 521	437 596
赤 湾	3 784 181	2 297 568	884 577	488 958	1 486 613	538 766	397 334
妈 湾	–	–	–	–	–	–	–
东角头	–	–	–	–	–	–	–
盐 田	7 225 715	6 025 293	2 511 889	613 300	1 200 422	504 383	170 220
下 洞	–	–	–	–	–	–	–
虎 门	2 298 687	935 995	154 092	626 607	1 362 692	268 106	802 115
#太 平	15 657	1 287	374	539	14 370	3 331	7 708
麻 涌	95 448	56	28	–	95 392	41 768	88
沙 田	2 187 583	934 652	153 690	626 068	1 252 931	223 007	794 319
广 州	13 024 823	6 216 174	1 608 206	2 974 134	6 808 649	1 750 249	3 296 671
中 山	500 663	389 077	155 328	71 666	111 587	33 061	45 442
珠 海	1 234 459	719 442	168 997	380 534	515 018	90 440	334 016
江 门	269 574	125 935	24 598	76 532	143 639	22 536	97 255
阳 江	9 904	4 536	113	4 310	5 368	164	5 040
茂 名	75 598	36 321	3 909	28 503	39 277	6 263	26 751
湛 江	501 013	268 619	64 587	139 274	232 394	36 682	158 951
#原湛江	500 721	268 486	64 587	139 141	232 235	36 681	158 794
海 安	292	133	–	133	159	1	157
北部湾港	1 262 108	757 932	113 345	531 206	504 177	57 312	389 539
#北 海	103 230	51 642	11 126	29 390	51 588	10 044	31 500
钦 州	999 073	582 838	93 993	394 816	416 235	43 987	328 261
防 城	159 806	123 452	8 226	107 000	36 354	3 281	29 778
海 口	1 075 417	410 185	67 262	275 661	665 232	123 125	418 923
洋 浦	163 443	120 029	35 174	49 681	43 414	8 891	25 632
八 所	–	–	–	–	–	–	–
内河合计	15 557 498	8 370 706	2 133 589	4 092 026	7 186 792	1 961 917	3 246 506

5-28 （续表二）

港　口	总计 （TEU）	出港 （TEU）	40 英尺	20 英尺	进港 （TEU）	40 英尺	20 英尺
哈尔滨	–	–	–	–	–	–	–
佳木斯	–	–	–	–	–	–	–
上　海	–	–	–	–	–	–	–
南　京	1 523 429	927 057	274 807	374 909	596 372	152 356	290 794
镇　江	235 009	157 384	16 145	125 094	77 625	15 863	45 899
苏　州	4 297 869	2 114 822	544 255	1 025 725	2 183 047	619 396	942 027
＃常　熟	236 399	67 168	11 268	44 632	169 231	75 091	18 414
太　仓	3 379 320	1 651 953	453 201	744 989	1 727 367	476 675	772 509
张家港	682 150	395 701	79 786	236 104	286 450	67 630	151 104
南　通	457 130	271 199	71 339	128 276	185 930	42 102	101 715
常　州	131 151	91 700	22 456	46 788	39 451	6 038	27 375
江　阴	389 608	191 571	31 221	129 129	198 037	29 452	139 133
扬　州	272 014	187 962	53 961	80 040	84 052	20 020	44 012
泰　州	163 300	116 743	38 024	40 695	46 557	4 785	36 987
徐　州	–	–	–	–	–	–	–
连云港	–	–	–	–	–	–	–
无　锡	15 909	13 035	4 742	3 551	2 874	1 146	582
宿　迁	6 185	3 120	–	3 120	3 065	–	3 065
淮　安	95 597	70 334	2 751	64 150	25 264	2 137	20 337
扬州内河	–	–	–	–	–	–	–
镇江内河	–	–	–	–	–	–	–
杭　州	9 074	621	89	443	8 453	943	6 567
嘉兴内河	92 108	26 762	8 582	9 598	65 346	25 974	13 398
湖　州	133 885	75 823	32 662	10 499	58 062	18 188	21 686
合　肥	118 936	86 756	32 098	22 560	32 180	2 670	26 840
亳　州	–	–	–	–	–	–	–
阜　阳	–	–	–	–	–	–	–
淮　南	–	–	–	–	–	–	–
滁　州	–	–	–	–	–	–	–
马鞍山	122 126	12 771	3 185	6 401	109 355	52 049	5 252
芜　湖	290 102	191 410	70 500	50 169	98 692	28 812	41 052
铜　陵	14 881	4 719	238	4 243	10 162	733	8 696
池　州	4 306	2 414	305	1 804	1 892	199	1 494
安　庆	37 410	26 141	6 363	13 415	11 269	1 278	8 713

5-28 (续表三)

港口	总计 (TEU)	出港 (TEU)	40英尺	20英尺	进港 (TEU)	40英尺	20英尺
南昌	84 707	54 717	10 935	32 847	29 990	3 200	23 590
九江	183 078	91 554	14 428	62 698	91 524	17 156	57 212
武汉	890 795	498 973	122 115	251 420	391 821	102 497	186 681
黄石	16 688	9 454	1 035	7 384	7 234	305	6 624
荆州	61 257	38 718	4 408	29 902	22 539	2 796	16 947
宜昌	90 718	62 598	9 753	43 092	28 120	5 646	16 828
长沙	78 717	44 907	15 746	13 395	33 809	9 283	15 241
湘潭	–	–	–	–	–	–	–
株洲	–	–	–	–	–	–	–
岳阳	211 128	109 168	34 912	39 344	101 960	34 775	32 410
番禺	690	–	–	–	690	345	–
新塘	9 969	2 672	1 249	174	7 297	3 394	509
五和	66 901	25 067	7 971	9 125	41 834	10 354	21 126
中山	301 364	251 043	106 023	37 663	50 321	10 042	30 221
佛山	1 966 078	1 081 673	225 393	630 480	884 404	279 476	317 872
江门	484 803	314 073	112 644	87 440	170 730	58 849	52 778
虎门	306 794	46 299	4 957	36 385	260 495	114 806	30 883
肇庆	444 769	146 714	15 066	116 582	298 055	42 094	209 239
惠州	84 712	35 727	2 012	31 703	48 985	3 770	41 445
南宁	280	147	–	147	133	–	133
柳州	114	114	–	114	–	–	–
贵港	122 585	53 822	6 761	39 520	68 763	2 999	62 765
梧州	321 199	243 339	14 613	214 113	77 860	5 183	67 494
来宾	15 872	13 977	13	13 951	1 895	–	1 895
重庆	823 129	379 431	102 295	174 836	443 698	122 343	198 983
#原重庆	604 994	312 780	91 093	130 589	292 214	86 234	119 719
涪陵	19 846	15 391	–	15 391	4 455	–	4 455
万州	83 493	25 396	1 968	21 460	58 097	1 850	54 397
重庆航管处	28 949	8 811	751	7 309	20 138	1 257	17 624
泸州	370 391	175 952	72 424	31 104	194 439	81 848	30 725
宜宾	210 715	118 204	35 113	47 978	92 511	26 615	39 281
乐山	–	–	–	–	–	–	–
南充	–	–	–	–	–	–	–
广安	20	20	–	20	–	–	–
达州	–	–	–	–	–	–	–

主要统计指标解释

码头泊位长度 指报告期末用于停系靠船舶,进行货物装卸和上下旅客地段的实际长度。包括固定的、浮动的各种型式码头的泊位长度。计算单位:米。

泊位个数 指报告期末泊位的实际数量。计算单位:个。

旅客吞吐量 指报告期内经由水路乘船进、出港区范围的旅客数量。不包括免票儿童、船员人数、轮渡和港内短途客运的旅客人数。计算单位:人。

货物吞吐量 指报告期内经由水路进、出港区范围并经过装卸的货物数量。包括邮件、办理托运手续的行李、包裹以及补给的船舶的燃料、物料和淡水。计算单位:吨。

集装箱吞吐量 指报告期内由水路进、出港区范围并经装卸的集装箱数量。计算单位:箱、TEU、吨。

六、交通固定资产投资

简要说明

一、本篇资料反映我国交通固定资产投资完成的基本情况。

二、公路和水运建设投资的统计范围为全社会固定资产投资，由各省（区、市）交通运输厅（局、委）提供，其他投资的统计范围为交通部门投资，交通运输部所属单位、主要港口和有关运输企业的数据由各单位直接报送。

6-1　交通固定资产投资额（按地区和使用方向分）

单位：万元

地　区	总　计	公路建设	沿海建设	内河建设	其他建设
总　计	198 876 289	179 758 051	8 652 276	5 521 455	4 944 507
东部地区	65 833 384	52 985 235	8 372 694	2 166 975	2 308 479
中部地区	44 761 427	42 062 683	–	1 904 332	794 412
西部地区	88 281 478	84 710 132	279 582	1 450 149	1 841 615
北　京	1 341 462	1 231 176	–	–	110 286
天　津	1 377 957	702 793	667 164	–	8 000
河　北	7 808 561	6 206 124	1 012 920	–	589 517
山　西	2 286 505	2 286 075	–	430	–
内蒙古	9 157 871	8 404 050	–	–	753 821
辽　宁	2 825 085	1 829 217	978 244	966	16 658
吉　林	3 205 473	3 202 898	–	–	2 575
黑龙江	1 915 323	1 891 133	–	9 650	14 540
上　海	2 526 200	1 163 374	410 081	253 748	698 997
江　苏	5 812 686	3 982 263	721 341	1 082 837	26 244
浙　江	13 283 918	10 846 541	1 392 859	459 450	585 068
安　徽	8 446 997	7 905 990	–	515 766	25 241
福　建	8 581 151	7 513 118	988 991	33 792	45 250
江　西	6 283 349	6 143 414	–	138 719	1 215
山　东	7 862 808	6 737 474	1 026 210	59 294	39 830
河　南	4 852 581	4 552 791	–	177 003	122 787
湖　北	10 257 890	8 942 900	–	719 395	595 595
湖　南	7 513 310	7 137 482	–	343 369	32 459
广　东	12 676 181	11 272 003	956 820	276 888	170 470
广　西	7 210 529	6 669 591	279 582	197 456	63 900
海　南	1 737 375	1 501 153	218 064	–	18 158
重　庆	4 588 349	4 211 394	–	301 182	75 773
四　川	13 335 570	12 650 288	–	526 255	159 027
贵　州	15 000 480	14 640 318	–	312 988	47 174
云　南	12 715 895	12 623 020	–	83 607	9 268
西　藏	4 027 367	4 022 583	–	–	4 784
陕　西	5 083 396	5 067 219	–	12 308	3 869
甘　肃	7 856 203	7 299 409	–	1 400	555 394
青　海	3 883 600	3 737 355	–	3 923	142 322
宁　夏	2 051 340	2 034 953	–	11 030	5 357
新　疆	3 370 878	3 349 952	–	–	20 926
#兵团	804 651	783 725	–	–	20 926

6-2 公路建设投资完成额

单位：万元

地 区	总 计	高速公路	其他公路	农村公路
总 计	179 758 051	82 353 222	60 812 820	36 592 010
东部地区	52 985 235	25 337 457	17 132 127	10 515 652
中部地区	42 062 683	17 552 183	15 559 010	8 951 491
西部地区	84 710 132	39 463 583	28 121 683	17 124 866
北 京	1 231 176	960 037	125 592	145 547
天 津	702 793	352 396	277 850	72 547
河 北	6 206 124	3 291 000	1 690 050	1 225 074
山 西	2 286 075	1 179 415	403 177	703 484
内蒙古	8 404 050	2 774 206	2 754 695	2 875 149
辽 宁	1 829 217	414 500	908 025	506 692
吉 林	3 202 898	2 450 138	551 360	201 400
黑龙江	1 891 133	408 451	1 090 452	392 230
上 海	1 163 374	362 227	496 129	305 018
江 苏	3 982 263	741 725	2 309 041	931 497
浙 江	10 846 541	4 501 323	3 288 588	3 056 630
安 徽	7 905 990	1 722 375	3 664 732	2 518 883
福 建	7 513 118	2 964 674	3 419 494	1 128 950
江 西	6 143 414	3 759 490	1 497 421	886 504
山 东	6 737 474	2 436 066	2 710 640	1 590 768

6-2 （续表一）

单位：万元

地 区	总 计	高速公路	其他公路	农村公路
河 南	4 552 791	1 413 094	1 703 255	1 436 442
湖 北	8 942 900	3 824 087	3 527 742	1 591 071
湖 南	7 137 482	2 795 133	3 120 871	1 221 478
广 东	11 272 003	8 489 099	1 289 026	1 493 878
广 西	6 669 591	4 181 151	1 897 853	590 587
海 南	1 501 153	824 410	617 693	59 050
重 庆	4 211 394	1 989 588	1 172 907	1 048 899
四 川	12 650 288	4 855 370	4 396 806	3 398 112
贵 州	14 640 318	8 863 518	3 416 102	2 360 698
云 南	12 623 020	8 137 968	2 404 102	2 080 950
西 藏	4 022 583	–	2 961 739	1 060 844
陕 西	5 067 219	2 280 815	1 702 050	1 084 354
甘 肃	7 299 409	3 077 673	3 141 762	1 079 974
青 海	3 737 355	1 689 602	1 684 537	363 216
宁 夏	2 034 953	930 790	704 953	399 210
新 疆	3 349 952	682 901	1 884 178	782 873
#兵团	783 725	–	695 756	87 969

注：其他公路指普通国道、普通省道、专用公路项目和场站项目。

6-3 公路建设投资

地 区	总 计	国 道	国家高速公路	省 道	县 道	乡 道
总 计	179 758 051	73 313 783	40 768 061	60 573 438	11 301 769	8 345 763
东部地区	52 985 235	18 633 362	12 359 254	20 100 466	6 283 319	1 421 734
中部地区	42 062 683	13 596 791	7 526 037	17 360 130	2 372 361	2 444 627
西部地区	84 710 132	41 083 631	20 882 771	23 112 842	2 646 089	4 479 402
北 京	1 231 176	676 885	616 871	375 828	117 938	22 920
天 津	702 793	196 067	37 400	433 224	22 000	23 700
河 北	6 206 124	1 694 390	1 054 150	2 977 213	303 944	269 470
山 西	2 286 075	1 150 749	876 138	411 255	201 958	199 533
内蒙古	8 404 050	4 249 898	2 348 106	962 675	73 994	54 533
辽 宁	1 829 217	547 410	368 000	658 457	135 209	208 457
吉 林	3 202 898	2 513 789	2 070 954	438 436	93 033	30 174
黑龙江	1 891 133	759 827	30 398	553 215	1 405	199 215
上 海	1 163 374	217 009	–	641 347	265 652	27 732
江 苏	3 982 263	717 860	194 543	1 636 380	769 865	46 307
浙 江	10 846 541	3 907 528	2 561 492	3 212 802	2 585 734	229 321
安 徽	7 905 990	1 911 049	995 293	3 387 774	400 105	957 412
福 建	7 513 118	3 724 762	1 870 481	2 053 004	834 317	173 832
江 西	6 143 414	2 327 798	1 400 446	2 858 120	371 432	15 733
山 东	6 737 474	2 350 187	1 649 181	2 328 811	439 649	118 559
河 南	4 552 791	1 131 986	187 432	1 766 442	322 482	418 372
湖 北	8 942 900	2 122 538	1 037 714	4 342 611	527 925	340 455
湖 南	7 137 482	1 679 057	927 662	3 602 277	454 022	283 733
广 东	11 272 003	3 655 084	3 182 726	5 329 550	777 208	296 718
广 西	6 669 591	3 685 140	3 017 149	2 159 448	–	589 592
海 南	1 501 153	946 179	824 410	453 850	31 804	4 718
重 庆	4 211 394	1 625 029	1 059 386	1 265 797	183 318	69 854
四 川	12 650 288	6 677 840	2 616 308	2 059 146	1 039 591	976 662
贵 州	14 640 318	4 574 370	1 696 004	7 387 308	310 677	187 214
云 南	12 623 020	5 830 445	4 070 571	4 457 192	294 973	1 685 208
西 藏	4 022 583	2 448 040	–	435 398	26 476	286 582
陕 西	5 067 219	3 294 916	1 609 353	613 234	293 348	239 319
甘 肃	7 299 409	3 784 353	1 663 456	1 454 843	142 183	76 254
青 海	3 737 355	2 360 396	1 659 407	972 802	14 067	76 416
宁 夏	2 034 953	974 540	470 090	577 718	115 887	3 200
新 疆	3 349 952	1 578 664	672 942	767 281	151 575	234 569
#兵 团	783 725	43 933	–	537 170	2 250	35 977

注：国道、国家高速公路、省道、县道、乡道、村道、专用公路投资完成额中均不包括独立桥梁、独立隧道部分。

完成额（按设施分）

单位：万元

村　道	专用公路	农村公路渡口改造、渡改桥	独立桥梁	独立隧道	客运站	货运站	停车场
15 599 727	954 800	159 720	2 279 238	131 090	2 434 271	4 650 799	13 654
2 498 335	252 667	1 578	961 222	770	832 203	1 996 855	2 726
3 379 939	113 695	86 913	887 576	15 563	594 354	1 199 806	10 928
9 721 453	588 438	71 229	430 440	114 757	1 007 714	1 454 139	–
–	–	–	3 677	–	20 613	13 315	–
26 300	647	–	855	–	–	–	–
629 834	6 530	–	24 025	–	49 350	250 900	468
284 039	2 786	1 077	11 343	3 862	19 474	–	–
2 736 230	91 704	–	63 894	–	55 613	115 510	–
139 155	–	–	37 790	–	42 677	60 062	–
78 193	–	–	16 135	–	19 139	14 000	–
170 930	36 285	–	15 253	–	57 412	97 591	–
6 501	–	–	5 133	–	–	–	–
67 103	1 266	–	43 914	–	115 420	584 149	–
176 521	21 500	1 578	124 863	770	189 206	396 718	–
1 139 616	–	–	16 504	–	53 717	39 813	–
98 347	222 724	–	33 121	–	109 970	262 541	500
370 985	–	–	155 266	–	31 081	13 000	–
987 958	–	–	69 633	–	106 386	334 534	1 758
424 157	22 089	–	295 944	–	38 198	133 121	–
666 384	–	–	110 167	–	259 493	573 328	–
245 635	52 535	85 836	266 964	11 701	115 841	328 953	10 928
353 865	–	–	598 412	–	166 530	94 636	–
–	144 948	–	30 759	–	33 624	26 080	–
12 751	–	–	19 799	–	32 051	–	–
732 851	–	7 084	89 439	27 337	191 157	19 529	–
1 368 028	164 998	13 831	–	–	189 430	160 762	–
1 820 721	–	9 477	35 643	–	143 733	171 175	–
44 289	148 967	850	55 087	–	69 742	36 267	–
737 862	–	–	17 227	68 246	2 752	–	–
509 420	2 992	39 987	26 831	2 174	34 529	10 469	–
856 466	12 325	–	5 012	–	139 003	828 971	–
270 980	–	–	1 598	–	41 096	–	–
275 903	17 251	–	2 008	–	16 870	51 576	–
368 703	5 253	–	102 943	17 000	90 165	33 800	–
49 742	–	–	62 600	–	18 253	33 800	–

主要统计指标解释

交通固定资产投资额 是以货币形式表现的在一定时期内建造和购置固定资产活动的工作量以及与此有关的费用的总称。它是反映交通固定资产投资规模、结构、使用方向和发展速度的综合性指标,也是观察工程进展和考核投资效果的重要依据。交通固定资产投资一般按以下分组标志进行分类。

按照建设性质,分为新建、扩建、改建、迁建和恢复。

按照构成,分为建筑、安装工程,设备、器具购置,其他。

按照行业,分为水上运输业、公路运输业、支持系统和交通部门其他。

七、交通运输科技

简 要 说 明

一、本篇资料反映交通运输系统科技机构、人员、基础条件建设、科技项目、科技成果基本情况。

二、交通运输科技活动人员、科研建设投资、实验室及工程技术中心统计范围是纳入统计的交通运输科技机构所拥有的科技活动人员、为科研投入的资金、所拥有的实验室及工程技术中心。

三、交通运输科技项目包括列入各级交通运输部门科技计划的科技项目、列入其他行业管理部门科技计划但纳入交通运输部门管理的科技项目、列入重点交通运输企事业单位科技计划的交通运输科技项目。

四、本篇资料由交通运输部科技司提供。

7-1 交通运输科技机构数量（按地区分）

计量单位：个

省　区	合计	交通运输部直属科技机构	省、自治区、直辖市属科技机构	市属科技机构	直属及联系紧密高等院校	事业、企业单位属科技机构
合　计	116	8	33	2	16	57
东部地区	65	8	8	1	8	40
北　京	22	7	-	-	-	15
天　津	7	1	1	-	-	5
河　北	1	-	-	-	-	1
辽　宁	2	-	1	-	1	-
上　海	11	-	-	-	2	9
江　苏	7	-	2	-	3	2
浙　江	2	-	1	-	-	1
福　建	2	-	1	-	1	-
山　东	2	-	1	-	1	-
广　东	9	-	1	1	-	7
海　南	-	-	-	-	-	-
中部地区	21	-	12	-	4	5
山　西	1	-	1	-	-	-
吉　林	2	-	2	-	-	-
黑龙江	2	-	1	-	1	-
安　徽	3	-	3	-	-	-
江　西	1	-	1	-	-	-
河　南	1	-	1	-	-	-
湖　北	7	-	1	-	1	5
湖　南	4	-	2	-	2	-
西部地区	30	-	13	1	4	12
内蒙古	1	-	-	1	-	-
广　西	4	-	-	-	1	3
重　庆	4	-	1	-	1	2
四　川	4	-	3	-	1	-
贵　州	2	-	1	-	-	1
云　南	3	-	2	-	-	1
西　藏	1	-	1	-	-	-
陕　西	5	-	-	-	1	4
甘　肃	1	-	1	-	-	-
青　海	1	-	1	-	-	-
宁　夏	1	-	1	-	-	-
新　疆	3	-	2	-	-	1

7-2 交通运输科技活动人员数量（按机构性质分）

计量单位：人

		总计	交通运输部直属科技机构	省、自治区、直辖市属科技机构	市属科技机构	直属及联系紧密高等院校	事业、企业单位属科技机构
合　计		**43 085**	**4 299**	**6 600**	**69**	**7 724**	**24 393**
按编制分类	事业编制	12 165	1 770	1 818	22	7 557	998
	企业编制	30 920	2 529	4 782	47	167	23 395
按性别分类	女　性	10 134	1 527	1 624	29	2 645	4 309
	男　性	32 951	2 772	4 976	40	5 079	20 084
按学位分类	博　士	4 608	435	198	8	3 087	880
	硕　士	12 406	1 682	2 275	38	2 845	5 566
	其　他	26 071	2 182	4 127	23	1 792	17 947
按学历分类	研究生	16 148	2 009	2 445	31	5 358	6 305
	大学本科	20 851	1 714	2 957	6	1 909	14 265
	大专及其他	6 086	576	1 198	32	457	3 823
按职称分类	高　级	14 494	1 555	2 210	11	3 637	7 081
	中　级	14 957	1 146	2 179	16	3 129	8 487
	初级及其他	13 634	1 598	2 211	42	958	8 825

7-3　交通运输科研实验室及研究中心数量（按地区分）

计量单位：个

省　区	实验室和研究中心数量总计	机构内设科研实验室数量					机构内设工程技术（研究）中心数量				
		合计	其中：省部级以上				合计	其中：省部级以上			
			小计	国家级	行业级	省级		小计	国家级	行业级	省级
合　计	332	180	148	14	54	80	152	127	17	22	88
交通运输部直属科技机构	34	27	14	2	12	–	7	6	4	2	–
省、自治区、直辖市属科技机构	80	38	31	2	7	22	42	30	2	6	22
市属科技机构	–	–	–	–	–	–	–	–	–	–	–
直属及联系紧密高等院校	115	79	75	4	21	50	36	33	3	4	26
事业、企业单位属科技机构	98	33	25	6	12	7	65	56	8	10	38
东部地区	186	91	69	5	31	33	95	77	13	8	56
北　京	39	27	12	1	11	–	12	9	2	2	5
天　津	11	8	8	1	4	3	3	3	2	–	1
河　北	1	–	–	–	–	–	1	1	–	–	1
辽　宁	35	25	24	–	4	20	10	10	1	1	8
上　海	40	9	7	1	5	1	31	28	7	1	20
江　苏	44	15	12	2	4	6	29	17	1	1	15
浙　江	1	–	–	–	–	–	1	1	–	1	–
福　建	5	2	2	–	–	2	3	3	–	–	3
山　东	4	3	3	–	2	1	1	1	–	–	1
广　东	6	2	1	–	1	–	4	4	–	1	3
海　南	–	–	–	–	–	–	–	–	–	–	–
中部地区	65	39	38	2	11	25	26	24	–	9	15
山　西	12	6	6	–	1	5	6	5	–	–	5
吉　林	3	3	3	–	1	2	–	–	–	–	–
黑龙江	6	4	4	–	2	2	2	2	–	–	2
安　徽	2	–	–	–	–	–	2	1	–	1	–
江　西	3	1	1	–	–	1	2	2	–	2	–
河　南	7	2	2	–	–	2	5	5	–	1	4
湖　北	9	5	4	–	3	1	4	4	–	2	2
湖　南	23	18	18	2	4	12	5	5	–	3	2
西部地区	81	50	41	7	12	22	31	26	4	5	17
内蒙古	–	–	–	–	–	–	–	–	–	–	–
广　西	6	1	1	–	–	1	5	5	–	1	4
重　庆	32	23	22	5	4	13	9	8	2	–	6
四　川	2	1	1	–	–	1	1	–	–	–	–
贵　州	1	–	–	–	–	–	1	1	–	1	–
云　南	10	4	1	1	–	–	6	3	–	–	3
西　藏	–	–	–	–	–	–	–	–	–	–	–
陕　西	23	15	11	1	6	4	8	8	1	3	4
甘　肃	1	1	1	–	–	1	–	–	–	–	–
青　海	4	3	2	–	1	1	1	1	1	–	–
宁　夏	1	1	1	–	–	1	–	–	–	–	–
新　疆	1	1	1	–	1	–	–	–	–	–	–

7-4 交通运输科技成果、效益及影响情况

指　标	计量单位	数量	指　标	计量单位	数量
形成研究报告数	篇	3 899	出版著作数	篇	181
发表科技论文数	篇	10 948		万字	9 686
其中：核心期刊	篇	4 682	形成新产品、新材料、新工艺、新装置数	项	352
向国外发表	篇	1 793	其中：国家级重点新产品	项	1
SCI、EI、ISTP收录	篇	2 019	省级重点新产品	项	37
建立试验基地数	个	57	政府科技奖获奖数	项	67
形成示范点数	个	126	其中：国家级	项	3
建立数据库数	个	88	省部级	项	64
建设网站数	个	48	社会科技奖获奖数	项	364
科技成果鉴定数	项	609	其中：公路学会奖	项	177
软件产品登记数	项	593	航海学会奖	项	60
成果转让合同数	项	292	港口协会奖	项	54
成果转让合同金额	万元	14 762	水运建设协会奖	项	36
研究成果推广数	个	462			
专利申请受理数	项	4 393	制定标准数	个	638
其中：发明专利	项	2 103	其中：国家标准	个	97
实用新型	项	2 227	行业标准	个	202
外观设计	项	63	地方标准	个	228
其中：国外申请受理数	项	2	企业标准	个	98
专利授权数	项	2 682	出台规章制度数	项	140
其中：发明专利	项	1 017	出台政策建议数	项	180
实用新型	项	1 609	培养人才数	人	11 906
外观设计	项	56	其中：博士	人	399
其中：国外授权数	项	5	硕士	人	2 558

八、救助打捞

简 要 说 明

一、本篇资料反映交通运输救助打捞系统执行救助和抢险打捞任务，完成生产，以及救助打捞系统装备的基本情况。

二、填报范围：交通运输部各救助局、各打捞局、各救助飞行队。

三、本篇资料由交通运输部救助打捞局提供。

8-1 救助任务执行情况

项　目	计算单位	总　计
一、船舶值班待命艘天	艘天	23 234
二、应急救助任务	次	1 388
三、救捞力量出动	次	1 949
救捞船舶	艘次	510
救助艇	艘次	273
救助飞机	架次	596
应急救助队	队次	570
四、海上救助志愿力量出动	人次	193
出动救助志愿船	艘次	1
五、获救遇险人员	人	1 996
中国籍	人	1 804
外国籍	人	192
六、获救遇险船舶	艘	167
中国籍	艘	158
外国籍	艘	9
七、获救财产价值	万元	552 162
八、打捞任务	次	22
其中：打捞沉船	艘	14
中国籍	艘	13
外国籍	艘	1
打捞沉物	件 吨	5 –
打捞坠海（水）航空器	架	–
打捞遇难人员	人	190
其他抢险打捞任务	次	20
九、应急清污任务	次	11
清除沉船存油	立方米	1 174
回收油污水	立方米	–

8-2 救捞系统船舶情况

项 目		计算单位	总 计
救捞船舶合计	艘数	艘	197
	总吨位	吨	681 396
	功率	千瓦	910 753
	起重能力	吨	18 826
	载重能力	吨	-
一、海洋救助船	艘数	艘	36
	总吨位	吨	116 257
	功率	千瓦	296 882
二、近海快速救助船	艘数	艘	12
	总吨位	吨	6 123
	功率	千瓦	59 720
三、沿海救生艇	艘数	艘	33
	总吨位	吨	1 355
	功率	千瓦	17 338
四、救捞拖轮	艘数	艘	81
	总吨位	吨	160 478
	功率	千瓦	452 753
五、救捞工程船	艘数	艘	27
	总吨位	吨	264 063
	功率	千瓦	78 840
六、起重船	艘数	艘	11
	总吨位	吨	140 495
	起重量	吨	16 326
七、货船	艘数	艘	-
	总吨位	吨	-
	载重量	吨	-

8-3 救助飞机飞行情况

项　　目	计算单位	总　　计
一、飞机飞行次数	架次	7 553
救助（任务）飞行次数	架次	596
训练飞行次数	架次	6 957
二、飞机飞行时间	小时	5839:37:00
其中：海上飞行时间	小时	3066:13:00
夜间飞行时间	小时	461:16:00
救助（任务）飞行时间	小时	1951:02:00
训练飞行时间	小时	3888:35:00

8-4 捞、拖完成情况

项　　目	计算单位	总　　计
一、打捞业务	次	41
其中：抢险打捞	次	17
内:（一）打捞沉船	艘	14
（二）救助遇险船舶	艘	16
（三）打捞货物	吨	2
二、拖航运输	次	80
三、海洋工程船舶服务	艘天	21 751
拖轮	艘天	16 323
工程船	艘天	3 261
其他	艘天	2 167
四、大件吊装	次	57
五、其他综合业务	次	138

主要统计指标解释

救捞力量 指交通运输部各救助局、打捞局、救助飞行队的救捞船舶、救助艇、救助飞机、应急救助队等。

防污 指执行清除海洋污染任务。

海洋救助船 指交通运输部各救助局拥有航速在30节以下的专业海洋救助船。

近海快速救助船 指各救助局拥有航速在30节以上的专业近海救助船。

沿海救生艇 指各救助局拥有的船长小于16米的专业小型沿海救生艇。

救捞拖轮 指各打捞局拥有的拖轮,包括救助拖轮、三用拖轮、平台供应船、港作拖轮等。

救捞工程船 指各打捞局拥有起重能力在300吨以下的各类用于海洋工程、抢险打捞等工作的船舶(含起重驳船)。

起重船 指各打捞局拥有起重能力在300吨以上的起重船舶。

货船 指各打捞局拥有用于货物运输的船舶,包括货船、集装箱船、滚装船、甲板驳、半潜(驳)船、油船等。

小型直升机 指各救助飞行队自有、租用的最大起飞重量在4吨及以下的直升飞机。

中型直升机 指各救助飞行队自有、租用的最大起飞重量在4吨(不含)至9吨(含)的直升飞机。

大型直升机 指各救助飞行队自有、租用的最大起飞重量在9吨(不含)以上的直升飞机。

固定翼飞机 指各救助飞行队自有、租用的CESSNA208机型或相当于该机型的飞机。

附录　交通运输历年主要指标数据

简 要 说 明

本篇资料列示了 1978 年以来的交通运输主要指标的历史数据。

主要包括：公路总里程、公路密度及通达情况、内河航道里程、公路水路客货运输量、沿海内河规模以上港口及吞吐量、交通固定资产投资。

附录1-1 全国公路总里程（按行政等级分）

单位：公里

年份	总计	国道	省道	县道	乡道	专用公路	村道
1978	890 236	237 646		586 130		66 460	-
1979	875 794	249 167		311 150	276 183	39 294	-
1980	888 250	249 863		315 097	281 000	42 290	-
1981	897 462	250 966		319 140	285 333	42 023	-
1982	906 963	252 048		321 913	290 622	42 380	-
1983	915 079	254 227		322 556	295 485	42 811	-
1984	926 746	255 173		325 987	302 485	43 101	-
1985	942 395	254 386		331 199	313 620	43 190	-
1986	962 769	255 287		341 347	322 552	43 583	-
1987	982 243	106 078	161 537	329 442	343 348	41 838	-
1988	999 553	106 290	162 662	334 238	353 216	43 147	-
1989	1 014 342	106 799	163 562	338 368	362 444	43 169	-
1990	1 028 348	107 511	166 082	340 801	370 153	43 801	-
1991	1 041 136	107 238	169 352	340 915	379 549	44 082	-
1992	1 056 707	107 542	173 353	344 227	386 858	44 727	-
1993	1 083 476	108 235	174 979	352 308	402 199	45 755	-
1994	1 117 821	108 664	173 601	364 654	425 380	45 522	-
1995	1 157 009	110 539	175 126	366 358	454 379	50 607	-
1996	1 185 789	110 375	178 129	378 212	469 693	49 380	-
1997	1 226 405	112 002	182 559	379 816	500 266	51 762	-
1998	1 278 474	114 786	189 961	383 747	536 813	53 167	-
1999	1 351 691	117 135	192 517	398 045	589 886	54 108	-
2000	1 679 848	118 983	212 450	461 872	800 681	85 861	-
2001	1 698 012	121 587	213 044	463 665	813 699	86 017	-
2002	1 765 222	125 003	216 249	471 239	865 635	87 096	-
2003	1 809 828	127 899	223 425	472 935	898 300	87 269	-
2004	1 870 661	129 815	227 871	479 372	945 180	88 424	-
2005	1 930 543	132 674	233 783	494 276	981 430	88 380	-
2006	3 456 999	133 355	239 580	506 483	987 608	57 986	1 531 987
2007	3 583 715	137 067	255 210	514 432	998 422	57 068	1 621 516
2008	3 730 164	155 294	263 227	512 314	1 011 133	67 213	1 720 981
2009	3 860 823	158 520	266 049	519 492	1 019 550	67 174	1 830 037
2010	4 008 229	164 048	269 834	554 047	1 054 826	67 736	1 897 738
2011	4 106 387	169 389	304 049	533 576	1 065 996	68 965	1 964 411
2012	4 237 508	173 353	312 077	539 519	1 076 651	73 692	2 062 217
2013	4 356 218	176 814	317 850	546 818	1 090 522	76 793	2 147 421
2014	4 463 913	179 178	322 799	552 009	1 105 056	80 338	2 224 533
2015	4 577 296	185 319	329 662	554 331	1 113 173	81 744	2 313 066
2016	4 696 263	354 849	313 324	562 103	1 147 192	68 325	2 250 469

注：自2006年起，村道纳入公路里程统计。

附录1-2 全国公路总里程（按技术等级分）

单位：公里

年份	总计	等级公路 合计	高速	一级	二级	三级	四级	等外公路
1978	890 236	–	–	–	–	–	–	–
1979	875 794	506 444	–	188	11 579	106 167	388 510	369 350
1980	888 250	521 134	–	196	12 587	108 291	400 060	367 116
1981	897 462	536 670	–	203	14 434	111 602	410 431	360 792
1982	906 963	550 294	–	231	15 665	115 249	419 149	356 669
1983	915 079	562 815	–	255	17 167	119 203	426 190	352 264
1984	926 746	580 381	–	328	18 693	124 031	437 329	346 365
1985	942 395	606 443	–	422	21 194	128 541	456 286	335 952
1986	962 769	637 710	–	748	23 762	136 790	476 410	325 059
1987	982 243	668 390	–	1 341	27 999	147 838	491 212	313 853
1988	999 553	697 271	147	1 673	32 949	159 376	503 126	302 282
1989	1 014 342	715 923	271	2 101	38 101	164 345	511 105	298 419
1990	1 028 348	741 104	522	2 617	43 376	169 756	524 833	287 244
1991	1 041 136	764 668	574	2 897	47 729	178 024	535 444	276 468
1992	1 056 707	786 935	652	3 575	54 776	184 990	542 942	269 772
1993	1 083 476	822 133	1 145	4 633	63 316	193 567	559 472	261 343
1994	1 117 821	861 400	1 603	6 334	72 389	200 738	580 336	256 421
1995	1 157 009	910 754	2 141	9 580	84 910	207 282	606 841	246 255
1996	1 185 789	946 418	3 422	11 779	96 990	216 619	617 608	239 371
1997	1 226 405	997 496	4 771	14 637	111 564	230 787	635 737	228 909
1998	1 278 474	1 069 243	8 733	15 277	125 245	257 947	662 041	209 231
1999	1 351 691	1 156 736	11 605	17 716	139 957	269 078	718 380	194 955
2000	1 679 848	1 315 931	16 285	25 219	177 787	305 435	791 206	363 916
2001	1 698 012	1 336 044	19 437	25 214	182 102	308 626	800 665	361 968
2002	1 765 222	1 382 926	25 130	27 468	197 143	315 141	818 044	382 296
2003	1 809 828	1 438 738	29 745	29 903	211 929	324 788	842 373	371 090
2004	1 870 661	1 515 826	34 288	33 522	231 715	335 347	880 954	354 835
2005	1 930 543	1 591 791	41 005	38 381	246 442	344 671	921 293	338 752
2006	3 456 999	2 282 872	45 339	45 289	262 678	354 734	1 574 833	1 174 128
2007	3 583 715	2 535 383	53 913	50 093	276 413	363 922	1 791 042	1 048 332
2008	3 730 164	2 778 521	60 302	54 216	285 226	374 215	2 004 563	951 642
2009	3 860 823	3 056 265	65 055	59 462	300 686	379 023	2 252 038	804 558
2010	4 008 229	3 304 709	74 113	64 430	308 743	387 967	2 469 456	703 520
2011	4 106 387	3 453 590	84 946	68 119	320 536	393 613	2 586 377	652 796
2012	4 237 508	3 609 600	96 200	74 271	331 455	401 865	2 705 809	627 908
2013	4 356 218	3 755 567	104 438	79 491	340 466	407 033	2 824 138	600 652
2014	4 463 913	3 900 834	111 936	85 362	348 351	414 199	2 940 986	563 079
2015	4 577 296	4 046 290	123 523	90 964	360 410	418 237	3 053 157	531 005
2016	4 696 263	4 226 543	130 973	99 152	371 102	424 443	3 200 874	469 719

附录1-3 全国公路密度及通达情况

年份	公路密度		不通公路乡(镇)		不通公路村(队)	
	以国土面积计算 (公里/百平方公里)	以人口总数计算 (公里/万人)	数量 (个)	比重 (%)	数量 (个)	比重 (%)
1978	9.27	9.25	5 018	9.50	213 138	34.17
1979	9.12	8.98	5 730	10.74	227 721	32.60
1980	9.25	9.00	5 138	9.37	–	–
1981	9.35	8.97	5 474	9.96	–	–
1982	9.45	8.92	5 155	9.35	–	–
1983	9.53	8.88	4 710	8.54	–	–
1984	9.65	8.88	5 485	9.16	265 078	36.72
1985	9.82	8.90	4 945	8.27	228 286	31.72
1986	10.03	8.96	4 039	6.79	218 410	30.17
1987	10.23	8.99	3 214	5.64	234 206	32.43
1988	10.41	9.00	6 500	9.70	197 518	28.92
1989	10.57	9.00	3 180	5.56	181 825	25.01
1990	10.71	8.99	2 299	4.02	190 462	25.96
1991	10.85	8.99	2 116	3.72	181 489	24.57
1992	11.01	9.02	1 632	3.27	169 175	22.93
1993	11.29	9.14	1 548	3.10	159 111	21.70
1994	11.64	9.33	1 455	3.00	150 253	20.50
1995	12.05	9.55	1 395	2.90	130 196	20.00
1996	12.35	9.69	1 335	2.70	120 048	19.00
1997	12.78	9.92	709	1.50	105 802	14.20
1998	13.32	10.24	591	1.30	92 017	12.30
1999	14.08	10.83	808	1.80	80 750	11.00
2000	17.50	13.00	341	0.80	67 786	9.20
2001	17.70	13.10	287	0.70	59 954	8.20
2002	18.40	13.60	184	0.50	54 425	7.70
2003	18.85	13.97	173	0.40	56 693	8.10
2004	19.49	14.44	167	0.40	49 339	7.10
2005	20.11	14.90	75	0.20	38 426	5.70
2006	36.01	26.44	672	1.70	89 975	13.60
2007	37.33	27.41	404	1.04	77 334	11.76
2008	38.86	28.53	292	0.80	46 178	7.10
2009	40.22	29.22	155	0.40	27 186	4.20
2010	41.75	30.03	13	0.03	5 075	0.79
2011	42.77	30.62	11	0.03	3 986	0.62
2012	44.14	31.45	12	0.03	2 869	0.45
2013	45.38	32.17	10	0.03	1 892	0.30
2014	46.50	32.81	7	0.02	1 155	0.18
2015	47.68	33.46	4	0.01	826	0.13
2016	48.92	33.96	2	0.01	397	0.06

附录 1-4 全国内河航道里程及构筑物数量

年份	内河航道里程(公里)	等级航道	通航河流上永久性构筑物(座) 碍航闸坝	船闸	升船机
1978	135 952	57 408	4 163	706	35
1979	107 801	57 472	2 796	756	40
1980	108 508	53 899	2 674	760	41
1981	108 665	54 922	2 672	758	41
1982	108 634	55 595	2 699	768	40
1983	108 904	56 177	2 690	769	41
1984	109 273	56 732	3 310	770	44
1985	109 075	57 456	3 323	758	44
1986	109 404	57 491	2 590	744	44
1987	109 829	58 165	3 134	784	44
1988	109 364	57 971	3 136	782	55
1989	109 040	58 131	3 187	825	46
1990	109 192	59 575	3 208	824	45
1991	109 703	60 336	3 193	830	45
1992	109 743	61 430	3 184	798	43
1993	110 174	63 395	3 063	790	44
1994	110 238	63 894	3 177	817	51
1995	110 562	64 323	3 157	816	48
1996	110 844	64 915	3 154	823	50
1997	109 827	64 328	3 045	823	48
1998	110 263	66 682	3 278	872	56
1999	116 504	60 156	1 193	918	59
2000	119 325	61 367	1 192	921	59
2001	121 535	63 692	1 713	906	60
2002	121 557	63 597	1 711	907	60
2003	123 964	60 865	1 813	821	43
2004	123 337	60 842	1 810	821	43
2005	123 263	61 013	1 801	826	42
2006	123 388	61 035	1 803	833	42
2007	123 495	61 197	1 804	835	42
2008	122 763	61 093	1 799	836	42
2009	123 683	61 546	1 809	847	42
2010	124 242	62 290	1 825	860	43
2011	124 612	62 648	1 827	865	44
2012	124 995	63 719	1 826	864	44
2013	125 853	64 900	1 835	864	45
2014	126 280	65 362	1 836	864	45
2015	127 001	66 257	1 839	856	45
2016	127 099	66 409	1 838	859	46

注：等级航道里程数，1973年至1998年为水深1米以上航道里程数；自2004年始，内河航道里程为内河航道通航里程数。

附录 1-5 公路客、货运输量

年 份	客运量 （万人）	旅客周转量 （亿人公里）	货运量 （万吨）	货物周转量 （亿吨公里）
1978	149 229	521.30	151 602	350.27
1979	178 618	603.29	147 935	350.99
1980	222 799	729.50	142 195	342.87
1981	261 559	839.00	134 499	357.76
1982	300 610	963.86	138 634	411.54
1983	336 965	1 105.61	144 051	462.68
1984	390 336	1 336.94	151 835	527.38
1985	476 486	1 724.88	538 062	1 903.00
1986	544 259	1 981.74	620 113	2 117.99
1987	593 682	2 190.43	711 424	2 660.39
1988	650 473	2 528.24	732 315	3 220.39
1989	644 508	2 662.11	733 781	3 374.80
1990	648 085	2 620.32	724 040	3 358.10
1991	682 681	2 871.74	733 907	3 428.00
1992	731 774	3 192.64	780 941	3 755.39
1993	860 719	3 700.70	840 256	4 070.50
1994	953 940	4 220.30	894 914	4 486.30
1995	1 040 810	4 603.10	939 787	4 694.90
1996	1 122 110	4 908.79	983 860	5 011.20
1997	1 204 583	5 541.40	976 536	5 271.50
1998	1 257 332	5 942.81	976 004	5 483.38
1999	1 269 004	6 199.24	990 444	5 724.31
2000	1 347 392	6 657.42	1 038 813	6 129.39
2001	1 402 798	7 207.08	1 056 312	6 330.44
2002	1 475 257	7 805.77	1 116 324	6 782.46
2003	1 464 335	7 695.60	1 159 957	7 099.48
2004	1 624 526	8 748.38	1 244 990	7 840.86
2005	1 697 381	9 292.08	1 341 778	8 693.19
2006	1 860 487	10 130.85	1 466 347	9 754.25
2007	2 050 680	11 506.77	1 639 432	11 354.69
2008	2 682 114	12 476.11	1 916 759	32 868.19
2009	2 779 081	13 511.44	2 127 834	37 188.82
2010	3 052 738	15 020.81	2 448 052	43 389.67
2011	3 286 220	16 760.25	2 820 100	51 374.74
2012	3 557 010	18 467.55	3 188 475	59 534.86
2013	1 853 463	11 250.94	3 076 648	55 738.08
2014	1 908 198	12 084.10	3 332 838	61 016.62
2015	1 619 097	10 742.66	3 150 019	57 955.72
2016	1 542 759	10 228.71	3 341 259	61 080.10

附录1-6 水路客、货运输量

年 份	客运量（万人）	旅客周转量（亿人公里）	货运量（万吨）	货物周转量（亿吨公里）
1978	23 042	100.63	47 357	3 801.76
1979	24 360	114.01	47 080	4 586.72
1980	26 439	129.12	46 833	5 076.49
1981	27 584	137.81	45 532	5 176.33
1982	27 987	144.54	48 632	5 505.25
1983	27 214	153.93	49 489	5 820.03
1984	25 974	153.53	51 527	6 569.44
1985	30 863	178.65	63 322	7 729.30
1986	34 377	182.06	82 962	8 647.87
1987	38 951	195.92	80 979	9 465.06
1988	35 032	203.92	89 281	10 070.38
1989	31 778	188.27	87 493	11 186.80
1990	27 225	164.91	80 094	11 591.90
1991	26 109	177.20	83 370	12 955.40
1992	26 502	198.35	92 490	13 256.20
1993	27 074	196.45	97 938	13 860.80
1994	26 165	183.50	107 091	15 686.60
1995	23 924	171.80	113 194	17 552.20
1996	22 895	160.57	127 430	17 862.50
1997	22 573	155.70	113 406	19 235.00
1998	20 545	120.27	109 555	19 405.80
1999	19 151	107.28	114 608	21 262.82
2000	19 386	100.54	122 391	23 734.18
2001	18 645	89.88	132 675	25 988.89
2002	18 693	81.78	141 832	27 510.64
2003	17 142	63.10	158 070	28 715.76
2004	19 040	66.25	187 394	41 428.69
2005	20 227	67.77	219 648	49 672.28
2006	22 047	73.58	248 703	55 485.75
2007	22 835	77.78	281 199	64 284.85
2008	20 334	59.18	294 510	50 262.74
2009	22 314	69.38	318 996	57 556.67
2010	22 392	72.27	378 949	68 427.53
2011	24 556	74.53	425 968	75 423.84
2012	25 752	77.48	458 705	81 707.58
2013	23 535	68.33	559 785	79 435.65
2014	26 293	74.34	598 283	92 774.56
2015	27 072	73.08	613 567	91 772.45
2016	27 234	72.33	638 238	97 338.80

附录2-1 沿海规模以上港口泊位及吞吐量

年份	生产用泊位数(个)	万吨级	旅客吞吐量(千人)	离港	货物吞吐量(千吨)	外贸	集装箱吞吐量(TEU)
1978	311	133	5 035	5 035	198 340	59 110	—
1979	313	133	6 850	6 850	212 570	70 730	2 521
1980	330	139	7 480	7 480	217 310	75 220	62 809
1981	325	141	15 970	8 010	219 310	74 970	103 196
1982	328	143	16 290	8 140	237 640	81 490	142 614
1983	336	148	17 560	8 790	249 520	88 530	191 868
1984	330	148	17 990	8 950	275 490	104 190	275 768
1985	373	173	22 220	11 060	311 540	131 450	474 169
1986	686	197	38 660	19 170	379 367	140 487	591 046
1987	759	212	40 409	20 038	406 039	146 970	588 046
1988	893	226	57 498	28 494	455 874	161 288	900 961
1989	905	253	52 890	26 195	490 246	161 688	1 090 249
1990	967	284	46 776	23 288	483 209	166 515	1 312 182
1991	968	296	51 231	24 726	532 203	195 714	1 896 000
1992	1 007	342	62 596	31 134	605 433	221 228	2 401 692
1993	1 057	342	69 047	34 204	678 348	242 869	3 353 252
1994	1 056	359	60 427	27 957	743 700	270 565	4 008 173
1995	1 263	394	65 016	31 324	801 656	309 858	5 515 145
1996	1 282	406	58 706	29 909	851 524	321 425	7 157 709
1997	1 330	449	57 548	29 026	908 217	366 793	9 135 402
1998	1 321	468	60 885	30 746	922 373	341 366	11 413 127
1999	1 392	490	64 014	31 798	1 051 617	388 365	15 595 479
2000	1 455	526	57 929	29 312	1 256 028	523 434	20 610 766
2001	1 443	527	60 532	30 423	1 426 340	599 783	24 700 071
2002	1 473	547	61 363	30 807	1 666 276	710 874	33 821 175
2003	2 238	650	58 593	29 231	2 011 256	877 139	44 548 747
2004	2 438	687	71 398	35 742	2 460 741	1 047 061	56 566 653
2005	3 110	769	72 897	36 524	2 927 774	1 241 655	69 888 051
2006	3 291	883	74 789	37 630	3 421 912	1 458 269	85 633 771
2007	3 453	967	69 415	34 942	3 881 999	1 656 307	104 496 339
2008	4 001	1 076	68 337	34 190	4 295 986	1 782 712	116 094 731
2009	4 516	1 214	76 000	38 186	4 754 806	1 979 215	109 908 156
2010	4 661	1 293	66 886	33 814	5 483 579	2 269 381	131 122 248
2011	4 733	1 366	73 255	37 128	6 162 924	2 523 176	145 955 734
2012	4 811	1 453	71 195	36 179	6 652 454	2 762 213	157 520 053
2013	4 841	1 524	70 160	35 557	7 280 981	3 024 311	169 015 371
2014	4 970	1 614	72 513	36 695	7 695 570	3 208 391	180 835 358
2015	5 132	1 723	73 072	36 940	7 845 778	3 253 260	188 079 698
2016	5 152	1 793	73 377	37 078	8 109 327	3 390 264	194 807 332

注：1. 旅客吞吐量一栏1980年及以前年份为离港旅客人数。
2. 2008年规模以上港口口径调整。

附录 2-2 内河规模以上港口泊位及吞吐量

年份	生产用泊位数(个)	万吨级	旅客吞吐量(千人)	离港	货物吞吐量(千吨)	外贸	集装箱吞吐量(TEU)
1978	424	-	-	-	81 720	-	-
1979	432	-	-	-	85 730	-	-
1980	462	-	-	-	89 550	-	-
1981	449	4	-	-	87 860	834	-
1982	456	4	-	-	96 000	1 286	-
1983	482	6	-	-	106 580	1 802	6 336
1984	464	7	-	-	109 550	2 781	14 319
1985	471	16	-	-	114 410	5 913	28 954
1986	1 436	20	44 380	22 130	165 920	6 483	39 534
1987	2 209	20	41 943	21 518	236 203	8 616	42 534
1988	1 880	25	73 642	36 210	238 466	8 498	63 943
1989	2 984	23	59 659	29 773	249 041	8 792	86 605
1990	3 690	28	48 308	23 631	232 888	9 363	115 044
1991	3 439	28	49 899	24 552	246 196	10 893	153 000
1992	3 311	30	58 367	28 291	273 064	13 695	193 754
1993	3 411	39	51 723	26 439	277 437	18 104	280 373
1994	4 551	42	43 415	23 447	295 172	15 596	359 726
1995	4 924	44	38 874	20 124	313 986	19 336	574 828
1996	5 142	44	63 210	33 649	422 711	22 484	555 807
1997	7 403	47	40 235	20 373	401 406	28 702	701 700
1998	8 493	47	45 765	22 804	388 165	28 993	1 023 558
1999	7 826	52	34 280	16 346	398 570	37 547	1 884 731
2000	6 184	55	27 600	13 538	444 516	43 968	2 021 689
2001	6 982	57	26 470	12 669	490 019	50 861	1 986 468
2002	6 593	62	23 364	11 800	567 008	59 530	2 361 163
2003	5 759	121	17 926	9 191	662 243	72 650	2 810 798
2004	6 792	150	16 369	8 557	864 139	84 577	3 625 749
2005	6 833	186	13 224	6 602	1 014 183	100 630	4 542 438
2006	6 880	225	11 056	5 568	1 175 102	120 597	6 356 928
2007	7 951	250	10 169	5 470	1 382 084	140 086	8 086 212
2008	8 772	259	8 794	4 625	1 594 806	142 882	9 641 322
2009	13 935	293	25 479	12 979	2 216 785	182 965	12 170 563
2010	14 065	318	21 539	11 014	2 618 223	210 246	14 586 422
2011	14 170	340	18 804	9 537	2 955 216	239 667	17 251 325
2012	14 014	369	17 140	8 712	3 122 277	268 314	19 373 065
2013	13 904	394	15 180	7 707	3 367 926	299 606	20 404 144
2014	13 894	406	13 097	6 648	3 492 457	320 909	20 479 620
2015	13 532	414	11 571	5 775	3 618 038	360 464	22 221 879
2016	12 923	423	10 568	5 115	3 779 388	395 580	23 842 862

注：1. 旅客吞吐量一栏 1980 年及以前年份为离港旅客人数。
　　2. 2008 年规模以上港口口径调整。

附录 3-1 交通固定资产投资（按使用方向分）

单位：亿元

年份	合计	公路建设	内河建设	沿海建设	其他建设
1978	24.85	5.76	0.69	4.31	14.09
1979	25.50	6.04	0.72	4.39	14.34
1980	24.39	5.19	0.70	6.11	12.38
1981	19.82	2.94	0.84	5.80	10.25
1982	25.74	3.67	0.76	9.41	11.91
1983	29.98	4.05	1.37	12.37	12.19
1984	52.42	16.36	1.95	16.17	17.94
1985	69.64	22.77	1.58	18.26	27.03
1986	106.46	42.45	3.68	22.81	37.51
1987	122.71	55.26	3.38	27.42	36.66
1988	138.57	74.05	5.07	23.12	36.33
1989	156.05	83.81	5.32	27.32	39.60
1990	180.53	89.19	7.13	32.05	52.17
1991	215.64	121.41	6.68	33.77	53.77
1992	360.24	236.34	9.39	43.83	70.68
1993	604.64	439.69	14.47	57.55	92.92
1994	791.43	584.66	22.51	63.06	121.20
1995	1 124.78	871.20	23.85	69.41	160.32
1996	1 287.25	1 044.41	29.35	80.33	133.16
1997	1 530.43	1 256.09	40.54	90.59	143.21
1998	2 460.41	2 168.23	53.93	89.80	148.45
1999	2 460.52	2 189.49	53.34	89.44	128.26
2000	2 571.73	2 315.82	54.46	81.62	119.83
2001	2 967.94	2 670.37	50.50	125.19	121.88
2002	3 491.47	3 211.73	39.95	138.43	101.36
2003	4 136.16	3 714.91	53.79	240.56	126.90
2004	5 314.07	4 702.28	71.39	336.42	203.98
2005	6 445.04	5 484.97	112.53	576.24	271.30
2006	7 383.82	6 231.05	161.22	707.97	283.58
2007	7 776.82	6 489.91	166.37	720.11	400.44
2008	8 335.42	6 880.64	193.85	793.49	467.44
2009	11 142.80	9 668.75	301.57	758.32	414.16
2010	13 212.78	11 482.28	334.53	836.87	559.10
2011	14 464.21	12 596.36	397.89	1 006.99	462.97
2012	14 512.49	12 713.95	489.68	1 004.14	304.71
2013	15 533.22	13 692.20	545.97	982.49	312.56
2014	17 171.51	15 460.94	508.12	951.86	250.59
2015	18 421.00	16 513.30	546.54	910.63	450.52
2016	19 887.63	17 975.81	552.15	865.23	494.45